Reinhard Finke • Carl Peters' Griff zum oberen Nil

AF237152

Reinhard Finke

CARL PETERS' GRIFF
ZUM OBEREN NIL

Die deutsche Emin-Pascha-Expedition
1889/90

nach Berichten des Dr. Carl Peters und des
Leutnants Adolf von Tiedemann

Impressum

Bibliografische Information der Deutschen Nationalbibliothek:
Die Deutsche Nationalbibliothek verzeichnet diese Publikation in der Deutschen
Nationalbibliografie; detaillierte bibliografische Daten sind im Internet über
http://dnb.dnb.de abrufbar.

© 2020 Reinhard Finke

Herstellung und Verlag: BoD – Books on Demand, Norderstedt

ISBN: 978-3-7526-4601-6

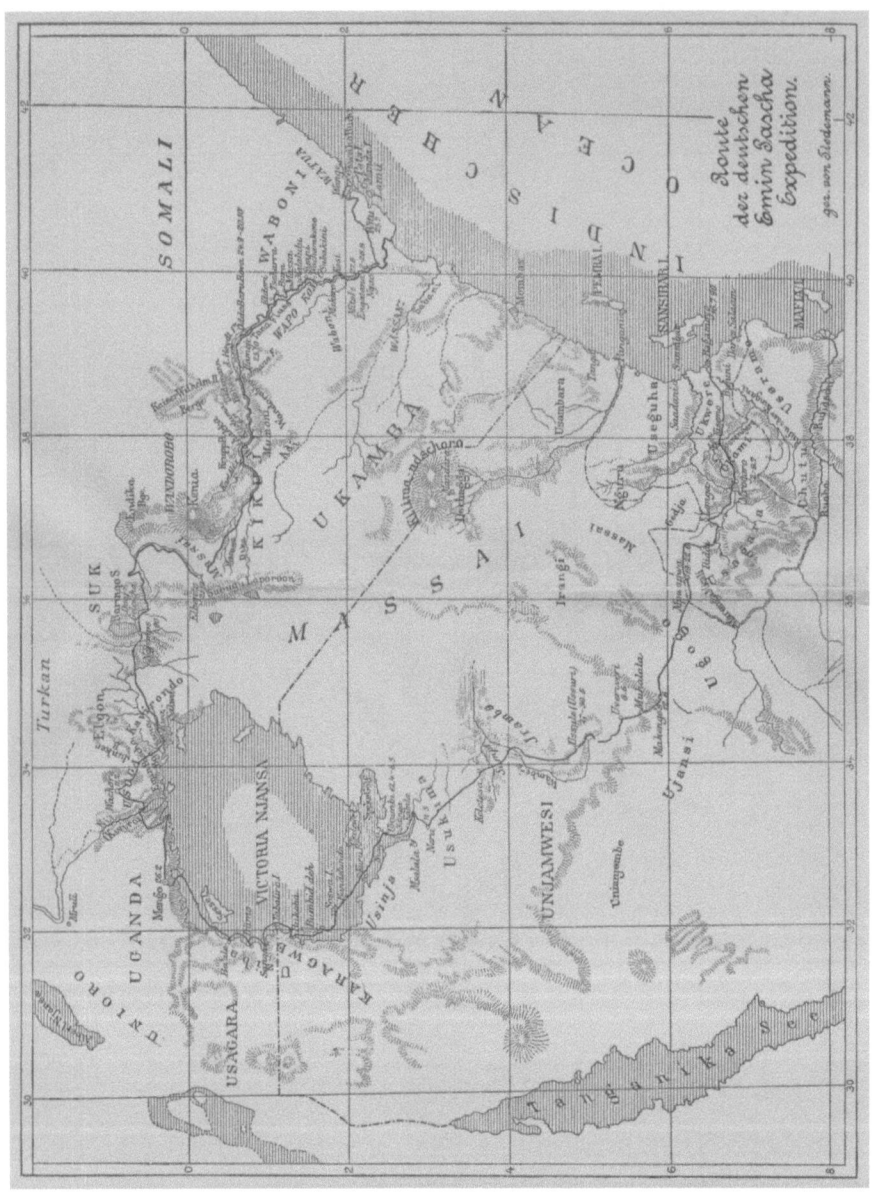

Karte in: Adolf von Tiedemann, Tana – Baringo – Nil, Berlin 1892

Inhaltsverzeichnis

I

VORWORT

Die deutsche Emin-Pascha-Expedition des Dr. Carl Peters 1889/90 war eines der abenteuerlichsten und bizarrsten Unternehmen in der deutschen Kolonialgeschichte. Öffentlich proklamiert wurde es als Rettungsaktion für den deutschen Landsmann Eduard Schnitzer, der in Europa unter dem Namen Emin Pascha als Gouverneur der ägyptischen Äquatorialprovinz den Nimbus eines Kolonial-Heros genoss und durch den Mahdi-Aufstand im Sudan von der Außenwelt abgeschnitten worden war.[1] Carl Peters ging es allerdings weniger um die Erfüllung einer vaterländischen Ehrenpflicht zur Rettung eines Landsmannes als vielmehr darum, wieder eine große Rolle in der kolonialen Erwerbungspolitik zu spielen, nachdem ihm die Herrschaft über das deutsch-ostafrikanische Schutzgebiet, das spätere Deutsch-Ostafrika, entglitten war, zu dem er mit seiner tollkühnen Usagara-Erwerbungsexpedition im Jahre 1884 die Grundlage geschaffen hatte.

Bei seiner Emin-Pascha-Expedition, zu der er mit nur zwölf somalischen Askari – Soldaten aus Somali – und etwa 100 schwarzen Trägern ins Innere Afrikas aufbrach, hatte Carl Peters als einzigen Weißen den jungen Dragonerleutnant Adolf von Tiedemann an seiner Seite. Als beide, nachdem man sie in der Heimat schon als verschollen oder für tot gehalten hatte, mit ihrer dezimierten Truppe lebend ins deutsche Schutzgebiet zurückkehrten, wurden sie als Helden gefeiert. Gemessen an den Zielen, die Peters vor Augen gehabt hatte, war das ganze Unternehmen allerdings ein krachender Fehlschlag: Emin Pascha war längst von Henry Morton Stanley on Sicherheit gebracht worden.

Carl Peters machte sich unmittelbar nach seiner Rückkehr nach Deutschland daran, die voluminöse Darstellung „Die deutsche Emin-Pascha-Expedition" zu verfassen,[2] in der die Expedition als selbstlos mutiges Wagestück im Dienste nationaler Ehre und kolonialer Größe erscheint, und zeichnete damit das Bild eines Kolonialhelden, bereit für weitere große Aufgaben. Der dickleibige Prachtband erschien

---

[1] Als Mahdi galt ein Nachkomme Mohammeds mit heilsgeschichtlicher Sendung. Als Mahdi galt Muhammad Ahmad beim 1881 einsetzenden Mahdi-Aufstand im Sudan gegen die ägyptische Herrschaft. 1885 eroberten die Mahdisten Khartum, wobei der als Generalgouverneur eingesetzte Charles Gordon getötet wurde. Nach dem Tode Muhammad Ahmads im gleichen Jahr währte die Herrschaft der Mahdisten unter einem Nachfolger Muhammad Ahmads im Sudan bis 1898. Die Mahdisten wurden von einem britisch-ägyptischen Expeditionskorps unter der Führung Herbert Kitcheners geschlagen.

[2] Carl Peters, Die deutsche Emin-Pascha-Expedition, München und Leipzig (Oldenbourg) 1891.

bereits 1891. Das Werk ist die Selbstdarstellung eines megalomanen Irrläufers unter der Flagge Schwarz-Weiß-Rot, der in Afrika eine Blutspur hinterließ.

Auf dem Buchrücken ist die Gestalt eines Schwarzen mit schwarz-weiß-roter Flagge in der rechten und einem Revolver in der linken Hand abgebildet. Auf dem vorderen Buchdeckel werden zwei schwarze, bis auf den Federkopfschmuck nackte Gestalten mit Speer und Schild gezeigt – Massai, die Schrecken Afrikas, von denen einer, offenbar von einer Kugel getroffen, zu Boden geht.

Auf der Titelseite stellt Peters ein Goethewort als Motto voran: „Nur der verdient sich Freiheit wie das Leben,/Der täglich sie erobern muß".

Das Vorsatzblatt der Titelseite zeigt ein Porträt des Verfassers nach Franz von Lenbach: Ein markantes Gesicht im Dreiviertelprofil mit Schnauzbart unter kräftig ausgeprägter Nase und über einen Kneifer schauenden Augen mit in sich gekehrtem und gleichzeitig stechend vorausschauendem Blick. Es ist das Gesicht eines Philosophen und gleichzeitigen Tatmenschen mit zwei Seelen in der Brust.

Das Vorwort verfasste Peters in Essen, Auf dem Hügel.[3]

Dem Text sind zahlreiche Illustrationen mit 32 Vollbildern (ganzseitigen Bildern) und 66 Textabbildungen (in eine Textseite gestellte Bilder) von Rudolf Hellgrewe, Berlin, beigegeben. Sie zeigen häufig eindrucksvolle Landschaftsszenerien oder Peters in das umgebende Geschehen beherrschender Position oder bestimmender Pose.

Bei der Darstellung des Expeditionsverlaufs legt Peters besonderes Gewicht darauf, dass er all die Hindernisse überwand, welche die konkurrierenden Engländer ihm in den Weg legten, mit denen sich eine schwächliche deutsche Politik verbündete, um ihn letztlich um all seine Verdienste zu bringen. Ausführlich werden kolonialpolitische Erwägungen angestellt. Den größten Raum nimmt die Erzählung vom Kampf eines moralisch Überlegenen gegen Halbwilde und Wilde und vom Vordringen durch eine fremdartig feindliche und gleichzeitig faszinierende Natur ein.

---

[3] D.h. als Gast Friedrich Krupps, der in seiner Villa Hügel residierte.

Am Ende des Bandes finden sich ein Anhang mit der Liste der 105 Angehörigen des Deutschen Emin-Pascha-Komitees, Korrespondenzen und Vertragstexten und ein Namens- und Sachverzeichnis. Eine Faltkarte im Farbendruck, gezeichnet von E. Borrmann nach Peters' Itinerar, ist dem Band beigegeben

Adolf von Tiedemann, Sohn Christoph von Tiedemanns, des ersten Chefs von Bismarcks Reichskanzlei von 1878 bis 1881 und Mitglied des preußischen Abgeordnetenhauses, verfasste ein etwa 300 Seiten umfassendes Buch „Tana-Baringo-Nil. Mit Karl Peters zu Emin Pascha", erschienen im Jahre 1892.[4]

Im Vorwort verweist Tiedemann darauf, dass es sich um Auszüge aus seinem Tagebuch, das er während der Expedition führte, und Briefe in die Heimat handelt – Kinder des Augenblicks, die keine erschöpfende Darstellung des Verlaufs und der Ergebnisse der Expedition bezwecken. Das will nichts anderes heißen, als dass in geradezu naiv erscheinender Weise auf jede kritische Erwägung zur Führung der Expedition verzichtet wird. Auf dem Buchdeckel ist ein auf einem zusammengebrochenen Zelt thronender Löwe abgebildet und ein unter den Trümmern hervorlugender Tiedemann – einem Abenteuerbuch für die Jugend angemessen.

Die dem Text beigegebenen Illustrationen hat Hans Looschen nach Skizzen Tiedemanns angefertigt. Einige Kartenskizzen und Notenskizzen zu Gesängen Eingeborener verfertigte Tiedemann. In einem Anhang findet sich die „Geschichte Kintus, des ersten Königs von Uganda", die Tiedemann von einem französischen Missionar diktiert bekam und ins Deutsche übersetzte. Am Ende des Bandes gibt eine Karte, gezeichnet von Tiedemann, die Route der Expedition wieder.

Das Vorsatzblatt der Titelseite zeigt ein Foto des Dragonerleutnants Adolf von Tiedemann in Paradeuniform, die linke Hand am Säbel, in der Rechten die Pickelhaube mit Paradebusch, und aus einem schnauzbärtigen kräftigen Gesicht blicken kneiferbewehrte Augen. Das Foto entstand offensichtlich nach der Expedition. Ein Exemplar dieses Buches versah Tiedemann mit der Widmung „Frau Geheimrat Krupp in dankbarer Erinnerung an schön auf dem Hügel verlebte Stunden überreicht. Berlin, Weihnacht 1896."

In einer späteren Volksausgabe, erschienen 1907,[5] ohne Illustrationen und ohne die Geschichte Kintus, zeigt das Vorsatzblatt der Titelseite Tiedemann in Uniform, allerdings mit aufgesetzter Pickelhaube und ohne Schnurrbart mit noch sehr jugendlich wirkendem Gesicht im Jahre 1889, d.h. kurz vor Beginn der Expedition. Wahr

---

[4] Adolf von Tiedemann, Tana-Baringo-Nil, Berlin (Walther & Apolant) 1892.
[5] Adolf von Tiedemann (Major a.D., vormals im großen Generalstab), Tana-Baringo-Nil, Volksausgabe, Berlin (Schwetschke und Sohn) 1907.

Adolf von Tiedemann 1889.

scheinlich hat Tiedemann einen Abzug dieses Fotos, wie aus seinem Bericht hervorgeht, während der Expedition mit sich geführt.

Peters unterließ es nicht zu versichern, dass Tiedemann immer loyal zu ihm gestanden habe – so loyal, dass er Tiedemann als reine Nebenfigur oder Staffage auf der Bühne seiner Selbstdarstellung als geniale Expeditionsführer erscheinen lassen konnte. Die Rolle, die Tiedemann in seinem eigenen Buch mit der Perspektive von Kindern des Augenblicks spielt, vermittelt allerdings auch einen enthüllenden Blick auf ein Führungsgenie, das wie der Kaiser in seinen neuen Kleidern der Geschichte voranstolziert. Und gleichzeitig gibt Tiedemann auch das Bild von einer Gefolgschaftstreue, ohne die eine Geschichte dieser Art nicht möglich geworden wäre. Diese Geschichte wird im Folgenden erzählt.

Es ist auch eine Geschichte derjenigen, ohne die die Expedition nicht einen Schritt hätte unternehmen können und von denen keinerlei Zeugnis für die Nachwelt hinterlassen wurde. Ganz namenlos blieb die Kolonne der Askari und Träger allerdings nicht, denn sie wurde auf Listen erfasst als das für die Expedition notwendige ‚Menschenmaterial', wie es Paul Reichard in seinen „Vorschlägen zu einer praktischen Reiseausrüstung für Ost- und Centralafrika" bezeichnete.[6] Und die Handhabung dieses Menschenmaterials erforderte von der Expeditionsführung ebensoviel an tätiger Aufmerksamkeit wie die Fährnisse oder Reize des Inneren Afrikas selbst.

Adolf von Tiedemanns und Carl Peters' Berichte lassen sich nicht einfach zu einer geschlossenen Geschichte zusammenstellen, obwohl, was Tiedemanns Bericht anbelangt, hier eine Art redaktioneller Abstimmung im Sinne Peters' angenommen werden darf. Mit Sicherheit hat Tiedemann bei seinen Tagebuchaufzeichnungen etliche Gedanken, zumal solche mit kritischer Sicht auf Peters, zurückgehalten, weil er, öfter den Tod vor Augen, annehmen durfte, dass sein Tagebuch möglicherweise das Einzige wäre, was von ihm übrig bliebe. Es galt, Unordnung in einem drohend frühen Nachleben zu vermeiden.

---

[6] Paul Reichard, Vorschläge zu einer praktischen Reiseausrüstung für Ost- und Centralafrika, Berlin (Dietrich Reimer) 1889.

Peters' und Tiedemanns Berichte weichen in einigen Details voneinander ab, und in einigen Details widerspricht sich Peters' eigener Bericht. Im letzteren Fall handelt es sich auch um Details, welche einen bestimmten Augenblick im Verlaufe der Expedition in einem ganz anderen Licht erscheinen lassen als es Peters in der Art eines Heldenepos ergreifend darzustellen versucht: Er berichtet, dass er vor seinem „Einmarsch" in Uganda, um von dort zu Emin Pascha in seiner Äquatorialprovinz vorzustoßen, mit Erschütterung die Nachricht erhalten habe, dass Stanley ihm längst zuvorgekommen war. Dies und auch seine Reaktion darauf - dass er sich nämlich schluchzend in sein Zelt zurückzog – war bei genauerem Hinsehen eine theatralische Inszenierung, die er seinem Begleiter Tiedemann vorgespielt hat und auch vor der Nachwelt aufrechterhalten wollte (die ihm seine Geschichte auch heute noch zu glauben scheint). Ob Tiedemann sich hier, wie auch seine Aufzeichnungen glauben machen, täuschen ließ und nicht zu der Meinung kam, dass Peters schon lange vorher von jener Nachricht wusste und sie Tiedemann aus Gründen vorenthielt, muss dahingestellt bleiben. Tiedemann schien jedenfalls früher davon überzeugt, dass Emin Pascha nicht mehr in seiner Äquatorialprovinz weilte.

Bei derartiger Beschaffenheit des Textmaterials ist es, um zu einem geschlossenen erzählenden Arrangement zu kommen, notwendig, eine erzählende Instanz einzuschmuggeln, die doch mehr weiß und ausspricht als das, was die Berichtstexte von sich aus offenlegen oder offenlegen wollen. Dabei gilt es auch, Verständnis- oder Wissenslücken zu schließen, vor denen schon Peters' und von Tiedemanns Zeitgenossen gestanden haben müssen, wenn sie die Expeditionsberichte lasen. Peters hielt es immerhin für nötig, darauf hinzuweisen, dass mit dem Helgoland-Sansibar-Vertrag zwischen Deutschland und England, der Peters' hochfliegende Erwartungen zunichte machte, die er gegen Ende seiner Expedition noch als deren Ergebnis hegte, Deutschland nicht Helgoland gegen Sansibar eingetauscht habe, denn es habe da nichts zu tauschen gegeben, weil Sansibar nicht deutsch war.

In seinem Expeditionsbericht bringt Peters Passagen wörtlicher Rede unter – anlässlich der Berichte über Verhandlungen mit Eingeborenen etwa – und schildert Wahrnehmungen, die er in seinem Itinerar sicher nicht festgehalten hat und die in gewisser Weise als fiktive Zutaten zu bewerten sind. Das inspiriert die erzählende Instanz, ebenso zu verfahren. Die erzählende Instanz blickt bei alledem nicht über den jeweiligen Ereignisstand des Expeditionsverlaufs hinaus und will auch nicht als eigene Instanz hervortreten. Sie amalgamiert sich den Berichtsebenen und bleibt in Peters' und Tiedemanns Gedankenwelt und Wahrnehmungen befangen – wobei sich Gedanken und Wahrnehmungen beider auch im Raume stoßen. Sie bleibt dabei auch befangen im Sprachgebrauch Peters' und Tiedemanns als Ausdruck derer ‚weltanschaulicher' – so hätte es Peters genannt – Prägung. Eine unabhängige Instanz, die bei der Expedition mitmarschiert wäre, um später mit Tinte und Feder etwa als moralisches Korrektiv hervorzutreten, fällt schon wegen der Besetzung der Expedition mit nur zwei über Schriftlichkeit verfügende Weiße naturgemäß aus. Wenn das im Ergebnis Anstoß erregt, so soll es nur recht sein.

Der hier erzählten Geschichte der Emin-Pascha-Expedition wird eine Darstellung von Peters' Lebensweg bis zu seinem Entschluss zur Expedition vorangestellt, um diesen als Konsequenz aus dem Vorhergehenden verständlich zu machen. Der Geschichte nachgestellt werden Lebensdaten Emin Paschas bis zu seinem Tode im Jahre 1892, Adolf von Tiedemanns bis zu seinem Tode im Jahre 1915 und Carl Peters' bis zu seinem Tode im Jahre 1918, in dem auch die kurze Kolonialgeschichte des zweiten Deutschen Reiches zusammen mit diesem ihr Ende fand.

Reinhard Finke, Bochum, 2020

1. Wie den Deutschen ein Kolonialpionier erstand, der mit Undank belohnt wurde[7]

Carl Peters wurde 1856 als achtes von elf Kindern im Pfarrhaus von Neuhaus an der Elbe geboren. In früher Kindheit bekam er mit, dass sein Vater David Livingstones Missionsreisen mit Interesse verfolgte.[8] Ein späteres missionarisches Interesse wurde dadurch bei ihm nicht geweckt. Nach dem Besuch der vom Vater ins Leben gerufenen Vorschule und entsprechender Vorbereitung durch den Vater in Griechisch und Latein wurde er im Alter von 14 Jahren für ein Jahr Schüler des Gymnasiums in Lüneburg und wurde dann als Internatsschüler auf die preußische „Königliche Klosterschule Ilfeld" im Südharz geschickt, eine Schule für Söhne meist adliger oder großbürgerlicher Herkunft. Mit dem Tode des Vaters im Jahre 1872 wurde die finanzielle Lage der Familie prekär, und Peters hatte darunter zu leiden, dass er bei den Mitschülern nicht als ihresgleichen auftreten konnte. Er stabilisierte sein Ego mit guten Leistungen, die ihm Ansehen bei den Lehrern verschafften, und unter rivalisierenden Schülergruppen trat er als Volkstribun auf. Das Abitur bestand Peters mit guten Noten.

Eine Enttäuschung war es für ihn, der die Reichseinigung in der Folge des Deutsch-Französischen Krieges 1870/71 mit Begeisterung erlebt hatte, dass er, als er sich zum einjährigen Militärdienst meldete, schon klein von Statur, wegen eingeschränkter Tauglichkeit abgewiesen wurde. Er verbreitete, dass seine Kurzsichtigkeit die Ursache gewesen sei. Eigenen späteren Schilderungen zufolge war er von frühester Jugend abgehärtet und im Schwimmen, Ringen und im Turnen geübt.

Zwei Semester studierte Peters in Göttingen. Mit geringen Mitteln ausgestattet, gab er Nachhilfestunden, begann Artikel für eine kleine Zeitung zu schreiben und verfügte über ein Stipendium von jährlich 210 Mark. Neben anderen Fächern wandte er sich vor allem der Philosophie zu. Schopenhauer und Eduard von Hartmann taten es ihm besonders an. Fichte, Hegel und Schelling waren ihm ein Gewäsch. Körperlich brachte oder hielt er sich in einem akademischen Turnverein in Schuss.

In Tübingen setzte Peters sein Studium fort und traf dort auf Karl Jühlke, einen Internatskameraden aus der Ilfelder Zeit, mit dem er eine eigene Studentenverbin-

---

[7] Autobiografisches hierzu in: Carl Peters, Die Gründung von Deutsch-Ostafrika. Kolonialpolitische Erinnerungen und Betrachtungen, Berlin (Schwetschke und Sohn) 1906. Motto: „Volk und Knecht und Überwinder/ Sie gestehn zu jeder Zeit,/ Höchstes Glück der Erdenkinder/ Sei nur die Persönlichkeit." (Goethe).

[8] David Livingstone (1813-1873), Missionsreisen und Forschungen in Südafrika, 2 Bde., Leipzig 1858.

dung gründete. Inzwischen schrieb er auch Artikel für größere deutsche Zeitungen. Finanziell wurde er unabhängig, als er mit einer historischen Preisarbeit für eine Stiftung ein Stipendium von 1200 Mark jährlich gewann.[9]

1878 immatrikulierte Peters sich in Berlin an der philosophischen Fakultät, promovierte und strebte eine akademische Karriere an. Der Mutter zu Gefallen legte er noch das Oberlehrerexamen als Historiker und Geograf für die Prima eines Gymnasiums ab.

Ende 1880 tat sich ihm eine ganz neue, glanzvolle Welt auf, als ihn ein in England zu Reichtum und geachteter gesellschaftlicher Stellung gekommener Onkel mütterlicherseits, Karl Engel, nach dem Tode seiner Ehefrau zu sich nach London einlud, wo Peters für einige Zeit das Leben eines Gentleman führen konnte. Er entwickelte ein starkes Interesse für die britische Kolonialgeschichte und Kolonialpolitik. Als ihm von seinem Onkel in Aussicht gestellt wurde, in England naturalisiert zu werden, war ihm die deutsche Heimat doch näher, und er kehrte nach 16 Monaten Aufenthalts in England nach Deutschland zurück, um seine akademischen Karrierepläne mit einer Habilitationsarbeit „Inwiefern ist Metaphysik als Wissenschaft möglich" weiter zu verfolgen.

Als ihn 1882 die Nachricht vom Suizid seines Onkels ereilte, begab er sich wieder nach London, um die Erbschaft seines Onkels abzuwickeln. Er selbst wurde dabei großzügig bedacht. Eine akademische Lehrtätigkeit erschien ihm nun nachgerade armselig: Nach akademischer Freiheit hätte ihn ein in Philistertum mündendes Leben erwartet. Zudem erwies sich seine umfangreiche Schrift „Willenswelt und Weltwille. Studien und Ideen zu einer Weltanschauung", die er bereits 1881 begonnen hatte und die 1883 bei Brockhaus erschienen war, nicht als Erfolg.[10] Sie war als Fortsetzung der Philosophie Schopenhauers gedacht, der, wie Peters vermutete, zu einer ganz anderen Weltsicht hätte kommen müssen, wenn er die Reichsgründung 1871 erlebt hätte.

Zusammen mit einem Amerikaner, den er in London kennen lernte, plante Peters, in Mashonaland südlich des Sambesi ein Minenunternehmen zu gründen, das er unter deutsche Flagge stellen wollte. Weil der Amerikaner aber die britische Flagge vorzog, siedelte Peters 1883 wieder nach Berlin über, um die deutsche Kolonialbewe-

---

[9] Es handelt sich um eine „Untersuchung zur Geschichte des Friedens von Venedig" (geschlossen zwischen Kaiser Friedrich I. (Barbarossa) und Papst Alexander III.). – Motto: „Es irrt der Mensch, solang er strebt." (Goethe) S. hierzu Carl Peters, Lebenserinnerungen (1918). – Motto: „Was ich besitze, seh ich wie im Weiten,/ Und was verschwand, wird mir zu Wirklichkeiten."(Goethe) In: Carl Peters, Gesammelte Schriften, 1. Bd., München und Berlin 1943, S. 50 ff.
[10] Carl Peters, Willenswelt und Weltwille. Studien und Ideen zu einer Weltanschauung, Leipzig (Brockhaus) 1883. – Motto: „Im Anfang war die That." Goethe („Faust").

gung für seinen Plan zu gewinnen. Nur äußerlich verfolgte Peters seine Universitätskarriere noch weiter.

Der 1882 gegründete „Deutsche Kolonialverein" mit einer um etliche Tausend breiten Mitgliederschaft, an den sich Peters wandte, hielt eine praktische Erwerbs- und Siedlungspolitik im großen Stil allerdings erst im 20. Jahrhundert für möglich. Mit Goethe zu sprechen: „Getretner Quark/ Wird breit, nicht stark ..." Das war die traurige Wahrheit über die kraftlosen aktuellen deutschen Kolonialbestrebungen – aber es konnte nicht die Wahrheit über die einem erweckten nationalen Stolz innewohnende Stärke sein: „... Schlägst du ihn aber mit Gewalt/ In feste Form, er nimmt Gestalt."

Gestaltend tätig zu werden bot sich Peters die Gelegenheit, als er im Konservativen Klub in Berlin Zutritt bekam und beim Grafen Behr-Bandelin ein offenes Ohr für seine afrikanischen Erwerbungspläne und deren Motiv fand. Hatte er, Peters, nicht als Deutscher im Ausland erlebt, dass man zu dem am Mindestgeachteten unter all den andern Völkern Europas gehörte, die Kolonien besaßen? Musste es nicht Ehrenpflicht sein, ein deutsches Nationalbewusstsein durch kolonialen Erwerb zu stärken?

Zunächst trat Peters publizistisch für die koloniale Sache ein, um dann vom Rufer zum Berufenen zu werden, der seine Pläne selbst in die Tat umsetzt.

Da es aussichtslos erschien, sich an irgendeinen Großkapitalisten von Ansehen wie etwa an Krupp in aller Stille zu wenden, musste es nach englischem Vorbild gelten, sich selbst eine Kapitalistengruppe zur Annexion und später zur Verwaltung möglichst großer Kolonialländer unter deutscher Flagge zu schaffen. Etwa 40.000 Mark sollten für's Erste reichen. Zusammen mit dem Grafen Behr-Bandelin gründete Peters 1884 „Die Gesellschaft für deutsche Kolonisation" und verfasste einen Aufruf an das deutsche Volk zur Unterstützung des Vorhabens zum Gebietserwerb. Eine für eine Expedition ausreichende Summe kam durch eine Reihe von Beteiligungen zusammen.

Über das geografische Ziel einer Erwerbungsexpedition wurde man sich in der Gesellschaft erst einig, als Peters bei einem Treffen vom Grafen Pfeil darauf hingewiesen wurde, dass Henry Morton Stanley in seinem Bericht „How I found Livingstone" Usagara in Ostafrika als ein für europäische Besiedlung geeignetes Land beschrieben hatte.[11] Usagara, etwa 200 km von der ostafrikanischen Küste landeinwärts gegenüber dem Sultanat Sansibar gelegen, wurde für das Unternehmen einer Landerwerbung unter dem Kommando Peters' ausersehen, mit Dr. jur. Jühlke, dem Freund

---

[11] Dt.: Henry Morton Stanley, Wie ich Livingstone fand. Reisen, Abenteuer und Entdeckungen in Central-Afrika, Leipzig (Brockhaus/ Reclam) 1879.

Peters' seit Ilfelder Internats- und späteren Studienzeiten, und dem Grafen Pfeil an seiner Seite.

Bevor noch das Auswärtige Amt eingeweiht war, machte sich Peters mit Jühlke, Pfeil und einem Kaufmann, Otto, der auf eigene Kosten mit dabei war und in Usagara eine Handelsstation einzurichten vorhatte, über Triest und Aden, als Jagdgesellschaft getarnt, auf nach Sansibar. Dort ereilte ihn über den deutschen Konsul die Nachricht, dass das Reich für sein Unternehmen keinen Schutz zu übernehmen bereit sei. Das hielt Peters nicht davon ab, seine Usagara-Expedition unter deutscher Flagge in Marsch zu setzen. Er kaufte auf Sansibar Waffen, Ausrüstung und Geschenke, heuerte Träger an und verpflichtete einige persönliche Diener. Unter letzteren war ein expeditionserfahrener früherer Begleiter Stanleys. Eine wichtige Rolle war dem Übersetzer Ramassan zugedacht.

Ein unverzüglicher Aufbruch war geboten, weil eine Expedition im Auftrage des belgischen Königs sich gleichzeitig bereit hielt, um ein Stationennetz von der Küste gegenüber Sansibar hin zum Kongo anzulegen. Die Nachricht von Hungersnot auf dem Festland und umherschweifenden Massaihorden hielt die Belgier zurück, und Peters setzte mit seiner kleinen Truppe zur Küste über und vollbrachte in einem Eilmarsch von fünf Wochen ein Bravourstück: Mit Häuptlingen im Lande Usagara schloss er nach Überreichung einiger Geschenke und Verabreichung alkoholischer Getränke Abtretungsverträge ab, für deren Richtigkeit der Übersetzer stand und unter welche die Häuptlinge und Zeugen aus Peters' Tross Handzeichen – d.h. Kreuze – machten. Auch Blutsbrüderschaften wurden geschlossen. Feierlich wurde jeweils die deutsche Flagge gehisst. Das alles war juristisch zwar eine reine Fiktion, aber entscheidend war, dass es in Europa anerkannt und von anderen Europäern in Afrika ebenso betrieben wurde. Die Berliner Kongo-Konferenz vom November 1884 bis Februar 1885 schuf die entsprechenden Voraussetzungen.

Die Belastungen, denen die Expeditionsteilnehmer ausgesetzt waren, waren enorm. Peters' Dominanzgebaren legte die Nerven der anderen blank. Graf Pfeil, der im Hauptort Usagaras als Wahrer der Interessen der Gesellschaft zurückgelassen wurde und dort eine Station zu errichten begann, erkrankte und wurde von einem französischen Nachbarn gerettet. Der Kaufmann Otto, der an der Seite Pfeils zurückblieb, erlag einem Fieber. Peters und Jühlke hatten während des Rückwegs zur Küste selbst den Tod vor Augen. Vor Fieber marschunfähig und dem Verhungern nahe, mussten sie sich große Strecken in Hängematten tragen lassen und dirigierten die widerspenstigen Träger mit Peitsche und Revolver. Ramassan brachte Rettung, als er von einem französischen Missionar in Simbamwene einiges Gemüse herbeischaffte. Kurz vor Bagamoyo wurden sie in ein französisches Kloster eingeladen, wo sich besonders der aus Deutschland vertriebene Bruder Oscar ihrer annahm und auch eine Dhau – ein arabisches Segelschiff – zum Übersetzen nach Sansibar besorgte. Dort genossen sie, noch vollständig geschwächt und von mächtigen Dosen Chinin fast taub, ärztliche Fürsorge.

Peters begab sich, als seine Gesundheit wieder hergestellt war, über Bombay zurück nach Berlin. Jühlke blieb als Peters' Vertreter in Sansibar zurück. Von Bombay aus telegrafierte Peters an Bismarck und unterrichtete ihn über seine Verträge und fügte hinzu, dass er den Kaiser die Oberhoheit über das Gebiet allergnädigst anzunehmen bitte. Das ganze Unternehmen hatte vier Monate gedauert und etwa 1000 Mark gekostet.

Die Gegner Peters' oder jene, die ihn nicht ernst genommen hatten, waren überrascht, als im Februar 1885 im Reichsanzeiger der kaiserliche Schutzbrief für Peters' Erwerbungen unter einer Hoheitsgesellschaft veröffentlicht wurde. Bismarck sprach bei einer Zusammenkunft Peters gegenüber im Tone des Wohlwollens von Usagara, während Peters lieber von Deutsch-Ostafrika gesprochen hätte. Er hatte nicht die Absicht, es dabei bewenden zu lassen, dem Reich eine Liliputkolonie zu Füßen gelegt zu haben. Bismarck zeigte sich allerdings nicht überzeugt, als Peters ihm weitere Erwerbungspläne vortrug, die noch gar nicht so weit reichten wie jene, die schon seine Vorstellungen beherrschten und sich auf Kenia, Uganda und Somaliland richteten. Ein großer Augenblick war es für Peters, als er gemeinsam mit dem Grafen Behr-Bandelin bei dem greisen Kaiser Wilhelm I. eine Audienz erhielt, um diesem seinen Dank auszusprechen. Auch vom Prinzen Wilhelm wurde Peters empfangen. Der Prinz zeigte sich sehr interessiert, war gut unterrichtet und verabschiedete Peters mit Händedruck und den Worten „Immer höher mit der deutschen Flagge!"

Als der Sultan von Sansibar in gleicher Weise wie Peters flaggehissend Ansprüche auf das von Peters bei seiner Usagara-Expedition erworbene Land geltend machte, wurde er durch eine deutsche Flottendemonstration zum Einlenken gezwungen.

Der kaiserliche Schutzbrief gab Peters jetzt die Möglichkeit, weitere Erwerbungspläne zu verfolgen, die er für die nächsten anderthalb Jahre von Berlin aus steuerte. Da die finanziell schlecht ausgestattete „Gesellschaft für deutsche Kolonisation" als Hoheitsgesellschaft dazu nicht geeignet war, wurde aus ihr heraus die „Deutsch-Ostafrikanische Gesellschaft Peters und Genossen" (DOAG) – eine Kommanditgesellschaft – gegründet und Peters die Generalvollmacht für die Ausübung aller Gesellschaftsrechte nach außen übertragen. Die erhoffte Beteiligung des Kapitals hielt sich allerdings in Grenzen. Nur der Elberfelder Bankier von der Heydt beteiligte sich mit 100.000 Mark, und Friedrich Krupp machte eine Zuwendung von 50.000 Mark. Das reichte immerhin, um weitere Expeditionen zu finanzieren. Dazu wurde eine eigene Flagge für die Deutsch-Ostafrikanische Gesellschaft geschaffen, um unter ihr neue Landschaften für ihr Eigentum zu erklären, bis die kaiserliche Regierung weiter entschied.

Eine Reihe von Erwerbungsexpeditionen unter draufgängerischen Führungen wurde in Gang gesetzt, für die Peters jeweils über Depesche das Kommando nach Sansibar gab – etwa „Pfeil sofort Njassa." Die Depeschenleitung nach Sansibar war allerdings in englischer Hand, so dass von dieser Seite mitgelesen wurde und Kollisionen mit englischen Interessen die Folge waren. Einen persönlich schmerzlichen Verlust erlitt Peters, als sein Freund Jühlke an der somalischen Küste einem Anschlag zum Opfer fiel – hinterrücks wie Siegfried von einem Speer durchbohrt, als er niederkniete, um den verletzten Fuß eines Somali zu behandeln.

Ein deutsch-britisches Ostafrika-Grenzabkommen legte 1886 zwischen England und Deutschland die Interessensphären in Ostafrika fest. Peters war in die Verhandlungen involviert, und sein Gegenspieler auf englischer Seite war William Mackinnon. Nur ein Teil der von den deutschen Erwerbsexpeditionen beanspruchten Gebiete blieb übrig. Auch die Somaliküste, wo Jühlke den Tod gefunden hatte, wurde weggegeben. Dem deutschen um Usagara arrondierten Schutzgebiet wurde der Hafen Daressalam gegen eine dem Sultan von Sansibar zu zahlende Zollpacht überlassen. Der Küstenstreifen gegenüber Sansibar blieb zunächst unter der Herrschaft des Sultans. Auf Peters' Betreiben wurde der Kilimandscharo dem deutschen Interessengebiet zugeschlagen.

Zum deutschen Schutzgebiet, unabhängig von Peters' Erwerbungsexpeditionen in Ostafrika, wurde auch das Sultanat Witu, wo die Gebrüder Denhardt mit der Witugesellschaft tätig geworden waren, etwa 600 km nördlich von Sansibar und ohne eigenen Hafen, erreichbar nur über die vorgelagerte, unter der Hoheit des Sultans von Sansibar stehende Insel Lamu.

Anfang 1887 wurde Peters als Bevollmächtigter der DOAG mit 26 Herren nach Sansibar geschickt. Die DOAG war inzwischen mit zusätzlichem Kapital von Bankhäusern und der Seehandlungsgesellschaft ausgestattet und in eine AG unter der Kontrolle eines Direktionsrates umgewandelt worden, so dass Peters an Einfluss verlor und nur noch einen weisungsgebundenen Direktorposten einnahm. Peters bezog in Sansibar Quartier in einem von der DOAG angemieteten arabischen Bau. In ihm war auch ein Waffenarsenal angelegt, zu dem sogar ein kleines Geschütz, eine Buschkanone, gehörte. Der Sultan von Sansibar erlaubte, die Flagge der DOAG aufzuziehen, und Peters ließ den Bau um einen neuen Flügel mit einem Gesellschaftssalon erweitern und stellte zwölf in Hellblau mit Silber livrierte Diener ein – doppelt so viele wie die im englischen Generalkonsulat in Rot und Gold gekleideten. So wurde das DOAG-Haus zum gesellschaftlichen Mittelpunkt der Deutschen auf

Sansibar mit einem eigenen Haushalt. Peters zur Seite gesellte sich die Freiin Frieda von Bülow,[12] Gründerin des Deutschnationalen Frauenbundes, die für den Frauenverein für Krankenpflege in den Kolonien nach Ostafrika gekommen war, um Krankenstationen einzurichten

Frieda Freiin v. Bülow.

Peters' Aufgabe war es, den Stand der Kolonisierung im Schutzgebiet einer Revision zu unterziehen und voranzutreiben und mit dem Sultan einen Vertrag über die Küste abzuschließen. Die bisherige Entwicklung im Schutzgebiet war über territoriale Arrondierungen kaum hinaus gekommen. Die anfangs propagierte Besiedlung durch deutsche Landwirte erwies sich als Illusion. Auch für eine Plantagenwirtschaft im großen Stil fehlte eine wesentliche Voraussetzung, denn die einheimische Bevölkerung war nicht ohne Schwierigkeiten zur Arbeit zu zwingen. Gelöst war noch nicht die Frage: „Wie erzieht man am besten den Neger zur Plantagenarbeit?"[13] Das Konzept, Stationen zur Verwaltung anzulegen, die sich wirtschaftlich selbst tragen und Blüten treiben sollten, kam nicht recht in Gang. Und bereits trassierte Eisenbahnlinien zur Erschließung des Landes auch zu bauen und in Betrieb zu nehmen fehlte immer noch das Kapital. Peters zweifelte allerdings nicht daran, dass sich auf Dauer ein ökonomischer Nutzen einstellen werde, zu dem die sich lange hinziehenden Verhandlungen mit dem Sultan über den Küstenstreifen, die auf eine Zollpacht hinausliefen, die Voraussetzung schaffen sollten.

Peters, der sich dem Sultan gegenüber als Vertrauter Bismarcks ausgab, konnte einen Präliminarvertrag aushandeln, den er zur Ratifizierung nach Berlin schickte. Und in einem Schreiben an die Direktion der DOAG bat er darum, sie möge bei der Reichsregierung beantragen, dass ihm neben seiner Stellung als Direktor der DOAG auch das Reichskommissariat für die Kolonie übertragen würde. Das hätte ihn vom deutschen Generalkonsul in Sansibar unabhängig gemacht. Peters' Ansinnen wurde mit dem Hinweis abgelehnt, dass er erst etwas leisten müsse, bevor er zum Reichs-

---

[12] Beigestelltes Foto in: Carl Peters, Die Gründung von Deutsch-Ostafrika (1906), S. 159.
[13] Hermann Bibo, Wie erzieht man am besten den Neger zur Plantagenarbeit? Und welche Ziele müssen wir verfolgen, um unsere Kolonieen für Deutschlands Handel und Industrie allgemein segensreich und nutzbar zu gestalten? Mit Originalplänen für ein tropisches Normalhaus, Berlin (Kolonialpolitischer Verlag, Walther & Apolants Verlagsbuchhandlung) 1887.

kommissar ernannt würde, und auf eine Ratifizierung seines Vertrages wartete er vergeblich.

In Berlin akzeptierte man den Küstenvertrag in der von Peters ausgehandelten Form nicht. Und als dem Sultan zu Ohren kam, dass Peters mitnichten der Vertraute Bismarcks war, als den er sich ausgegeben hatte, überging er Peters bei den weiteren Verhandlungen und ließ sie bis zu deren Abschluss über den deutschen Generalkonsul in Sansibar laufen. Peters wurde klar, dass seine Zusammenarbeit mit der DOAG sich ihrem Ende näherte. Im Dezember 1888 wurde er nach Berlin zurückgerufen. Die Freiin von Bülow kehrte 1889 wegen einer Malaria nach Berlin zurück.

2. DER PLAN ZU EINER DEUTSCHEN EMIN-PASCHA-EXPEDITION NIMMT GESTALT

Auf seiner Heimreise traf Peters in Genua mit dem Bankier von der Heydt zusammen und erfuhr von ihm, dass ein Herr Vohse als Verwalter der Finanzen der DOAG nach Afrika unterwegs war – eine für Peters kaum hinnehmbare Ämterteilung. Er sah sich als Opfer einer Intrige und um den Lohn aller seiner Bemühungen betrogen. Die Lösung seines Kontrakts mit der DOAG war nicht mehr fern.

Von der Heydt brachte die Sprache auf die Möglichkeit einer deutschen Emin-Pascha-Expedition. Bereits Peters' Freund, Professor Schweinfurth,[14] hatte auf die Stellung Emin Paschas am oberen Nil wiederholt aufmerksam gemacht ... Peters hatte ein neues Ziel vor Augen.

Emin Pascha, als Eduard Schnitzer im Jahre 1840 in Oppeln als Sohn eines jüdischen Kaufmanns geboren, war nach dem Tod des Vaters mit der Mutter, die ein zweites Mal heiratete, zum Protestantismus konvertiert. Schnitzer hatte Medizin studiert, war aber nicht zum Examen zugelassen worden, begab sich daraufhin ins osmanische Reich und machte dort Karriere beim Aufbau eines Gesundheitswesens. Nach seiner Entlassung und dem gescheiterten Versuch, doch noch in Deutschland Fuß zu fassen, ging er in die autonome osmanische Provinz Ägypten unter der Herrschaft des osmanischen Vizekönigs, des Khediven, der unter englischem Einfluss stand. Ägypten expandierte nach Süden, und Charles Gordon, in dessen Dienste Schnitzer trat, richtete die Äquatorialprovinz ein. Als Gordon 1876 nach England zurückkehrte, übernahm Schnitzer den Posten des Gouverneurs und wurde zum Emin Pascha. Nachdem im Sudan 1881 der Mahdi-Aufstand ausgebrochen war und Gordon 1884 von England zur Hilfe nach Ägypten geschickt worden war, wurde dem 1885 in Khartum von den Mahdisten sein Haupt abgeschnitten[15] ... Und seitdem war Emin Pascha in seiner Provinz von Kairo abgeschnitten.

Von Emin Pascha war die letzte sichere Kunde von Wilhelm Junker überbracht worden, der sich 1886 ganz allein von Emin Paschas Provinz nach Sansibar durchgeschlagen hatte. Eine Rettungsexpedition, die ihn und den Italiener Casati aus Emin

---

[14] Georg Schweinfurth, Botaniker und Paläontologe, hatte mehrere Afrikareisen unternommen, publizierte u.a. „Im Herzen von Afrika", Leipzig (Brockhaus) 1874 und wurde – wie auch von der Heydt – Mitglied des Emin-Pascha-Komitees (s. Abb. mit den Mitgliedern des Komitees weiter unten).

[15] Bereits im gleichen Jahr erschien in Deutschland: Gordon, der Held von Khartum. Ein Lebensbild nach Originalquellen. Mit Bildnis und Karten, F.a.M. (Schriften-Niederlage des Evangelischen Vereins) 1885. (Ohne Angabe des Verfassers bzw. des Herausgebers in Person.)

Paschas Provinz hatte herausholen sollen, finanziert von Junkers Bruder in St. Petersburg, war unter der Führung Dr. Fischers gescheitert. Und von der 1887 aufgebrochenen englischen Expedition zur Rettung Emin Paschas unter Führung Henry Morton Stanleys war bisher jede Nachricht ausgeblieben, sie wurde für verschollen gehalten ... Peters sah seine Chance. Auf der Reise von Genua nach Berlin hatte er Zeit, mit sich zu Rate zu gehen.

Sein alter Rivale, William Mackinnon, hatte das englische „Emin-Pasha-Relief-Committee" ins Leben gerufen und Stanley losgeschickt. Stanleys Unternehmen war groß angelegt. Vom Khediven in Kairo war Stanley mit sudanesischen Soldaten versorgt worden, und der Sultan von Sansibar hatte ihn bei der Anwerbung von etwa 600 Sansibariten als Träger unterstützt. Mit der Trägertruppe, den Soldaten, einer Menge mitgeführter Waffen und Munition, wozu auch ein ganz neuartiges Geschütz, eine Maxim-Schnellfeuerkanone, gehörte, war Stanley ums Kap der guten Hoffnung zur Kongomündung gefahren, um den Kongo aufwärts zu Emins Äquatorialprovinz vorzustoßen ...

Mit Stanley, der 1871 mit seiner Suchexpedition nach David Livingston erfolgreich gewesen war, hatte das englische Emin-Pascha-Komitee eine Figur ins Spiel gebracht, welche das Unternehmen als humanitäre Aktion erscheinen ließ, obwohl klar sein musste, dass es sich hier um die Sicherung englischer Interessen am oberen Nil handelte. Dazu sollte Emin Pascha in seiner Äquatorialprovinz über 75 Tonnen Elfenbein verfügen. Ein Schatz, mit dem sich die Kosten der Expedition mehrfach decken ließen ...

Und nun eine deutsche Expedition? Die Agitation zur Unterstützung einer deutschen Emin-Pascha-Expedition müsste diese als Rettungsaktion für einen deutschen Landsmann ausrufen. Das wäre ein starkes Argument neben dem rein humanitären. Falls Zweifel daran bestehen sollten, dass sich Emin Pascha selbst als Deutscher sah, so würden die sich in dem Augenblick zerstreuen, wo ihm ein Deutscher Landsmann als Retter entgegen trat ...

Eine deutsche Emin-Pascha-Expedition würde vom deutsch-ostafrikanischen Schutzgebiet aufbrechen müssen, um zu Emin Paschas Äquatorialprovinz vorzustoßen. Ohne Verbindung nach Ägypten, die durch den Mahdiaufstand unterbrochen war, konnte sie als „nobodys country" gelten. Und Emin Pascha müsste sich dann mit seiner Provinz unter deutschen Schutz stellen. Damit würde eine Verbindung vom deutsch-ostafrikanischen Schutzgebiet vom Indischen Ozean über den Viktoriasee zum oberen Nil hergestellt. Das bisherige deutsch-ostafrikanische Schutzgebiet würde ein Hinterland bekommen, wirtschaftlich aufblühen können. Deutschland würde eine Nilmacht!

3. Aufruf und Aufbruch

In einem Saal des Berliner Palais Hardenberg, Sitz des Hauses der Abgeordneten, versammelten sich am Abend des 28. Juni 1888 vierzehn Herren zu einer vertraulichen Besprechung mit dem Ziel und dem Ergebnis der Konstituierung eines provisorischen Komitees zur Unterstützung Emin Paschas und eines Aufrufs an das deutsche Volk zur Unterstützung der Rettung Emin Paschas. Eingeladen zu der vertraulichen Besprechung im Palais Hardenberg hatte Dr. Carl Peters.

Es sollte zur deutschen Ehrenpflicht gemacht werden, den Landsmann Emin Pascha in seiner Äquatorialprovinz zu retten. In dem beschlossenen Aufruf hieß es weiter, es gelte, erste Ansätze europäischer Gesittung dort vor drohender Vernichtung zu bewahren und dem Gräuel einer zügellos sich ausbreitenden Sklavenwirtschaft entgegenzutreten. Aufgabe des an die Öffentlichkeit gerichteten Aufrufs war es, die für die Ausrüstung und Durchführung einer deutschen Emin-Pascha-Expedition notwendigen Gelder aufzutreiben.

Peters selbst ließ sich bei der Besprechung und Konstituierung des provisorischen Komites zur Unterstützung Emin Paschas zum vorläufigen Vorsitzenden des Komites bestimmen – vorläufig, weil er selbst die Expedition anzuführen gedachte, von welchem Zeitpunkt an der Vorsitz des Komitees in andere Hände würde übergehen müssen.

Einige Tage nach der vertraulichen Besprechung wurde von dem vorläufigen Komitee in Eingaben an den Kaiser und den Reichskanzler Mitteilung von der geplanten Unternehmung gemacht und um allerhöchste Zustimmung gebeten, worauf ermutigende und zustimmende Antworten kamen. Der Rückhalt in einer Sache der nationalen Ehre schien nun sicher, und bald sollte der Aufruf öffentlich gemacht werden.

Die von Peters für seine Person vorgesehene Rolle als Leiter der Expedition schien allerdings neu bestimmt werden zu müssen, als der Premierleutnant a.D. Hermann Wissmann sich dem vorläufigen Komitee anschloss, um an der Expedition teilzunehmen. Zu Peters' Verdruss wurde Wissmann schon als beabsichtigter Führer des Unternehmens gesehen.[16]

---

[16] S. Untertitelung des beigestellten Bildes. Die Herkunft konnte nicht ermittelt werden.

Hermann Wißmann, der Führer der beabsichtigten deutschen Emin-Pascha-Expedition.
Nach einer Photographie von Zander Labisch in Berlin.

Wissmann hatte im Jahre 1881 als erster Europäer im Auftrage der ‚Afrikanischen Gesellschaft' das Innere Afrikas von Westen nach Osten durchquert – zunächst an der Seite des Afrikaforschers Paul Pogge, dann weiter allein und schließlich, am Ende seiner Kräfte, unterm Schutz des Sklavenhändlers Tippu Tip.[17] Später erforschte er im Dienste des belgischen Königs das südliche Kongobecken. Peters hatte Wissmann auf Sansibar kennengelernt und schätzte in ihm den Afrikareisenden und Afrikaforscher. In Sachen Kolonialpolitik schien er ihm eine Fehlbesetzung, denn Wissmann vertrat die Meinung, dass Deutschland, wenn es Kolonien haben wolle, dafür bezahlen müsse. Peters kolonialpolitische Vorstellungen verbanden sich hingegen mit der Aussicht auf ökonomischen Gewinn, wobei im Solde des Reiches stehende Beamte und Militärs in Kolonien wenig zu suchen hätten. Wie sollte nun eine Expedition organisiert werden, an der auch Wissmann teilnehmen wollte? Dass Wissmann, der erfahrene und um einige Jahre ältere Afrikareisende, ihm unterstellt würde, war nicht denkbar.

Als Lösung wurde erwogen, dass Peters, gemäß seiner ersten Planung, mit einer größeren Expedition vom deutsch-ostafrikanischen Schutzgebiet aus aufbrechen und Wissmann mit einer kleineren Expedition den von ihm favorisierten Weg über den Fluss Tana einschlagen sollte, um, nach getrennten Wegen, in der Äquatorialprovinz zusammenzutreffen. In Wadelei, wo Emin Pascha vermutet wurde, hätte Peters dann als führender Kopf des Gesamtunternehmens mit Emin Pascha die kolonialpolitischen Abmachungen auszuhandeln.

Die Mündung des in den Indischen Ozean fließenden Tana lag etwa 200 km nördlich des deutsch-ostafrikanischen Schutzgebietes. Zwischen ihn und das Schutzgebiet schob sich englisches Interessengebiet mit den Häfen Mombasa und Malindi. Die Route galt für Kolonnenverkehr als ganz ungeeignet. Das war der Stand der Überlegungen, als sich am 12. September 1888 in Wiesbaden bei einer öffentlichen Vorstandssitzung der Deutschen Kolonialgesellschaft das deutsche Emin-Pascha-

---

[17] Einen ausführlichen Bericht gab Wissmann erst Jahre später: Hermann von Wissmann, Unter deutscher Flagge quer durch Afrika von West nach Ost, Berlin (Walter & Apolant) 1889.

Komitee endgültig konstituierte. Mit einem Hoch auf den Kaiser wurde die Sitzung geschlossen.

Die Voraussetzungen für das Unternehmen änderten sich mit einem Schlag, als eine aufständische Bewegung an der Küste des deutsch-ostafrikanischen Schutzgebietes losbrach, die Buschiri-Rebellion, genannt nach ihrem Anführer.[18] Eine Depesche aus Sansibar – vom deutsch-ostafrikanischen Schutzgebietes aus gab es keine Drahtverbindung nach außen – gab erste Kunde hiervon. Konsul Vohse und seine Beamten der Deutsch-Ostafrikanischen Gesellschaft waren von der Küste nach Sansibar geflüchtet, und Peters schwante, dass damit die Kolonie verhunzt sei, dass die Spesen so hoch würden, dass sich das Geschäft dort nicht mehr zahlt. Die Deutsch-Ostafrikanische Gesellschaft musste sich um Schutz gegen den Aufstand an das Reich wenden und erklärte damit praktisch ihren Bankrott als Hoheitsgesellschaft.

Reichskanzler Bismarck entschloss sich zu einer Reichsaktion, an deren Spitze er Wissmann, nunmehr als Hauptmann, berief. In Deutschland hatte Wissmann Offiziere zu rekrutieren, und als Soldaten waren afrikanische Askari für die Truppe anzuwerben, mit welcher der Aufstand niedergeschlagen werden sollte. Damit fiel Wissmann für die Emin-Pascha-Expedition aus, was Peters nicht unrecht sein konnte.

Gleichzeitig stellten sich die wirren Verhältnisse im deutsch-ostafrikanischen Schutzgebiet so dar, dass es fraglich schien, ob von dort aus überhaupt die Emin-Pascha-Expedition ihren Ausgang würde nehmen können. Hans Meyer, dem Sohn des Lexikon-Meyer in Leipzig, waren auf einer Expedition, die zum Kilimandscharo führen sollte, nach dem Ausbruch der Buschiri-Rebellion die Träger davongelaufen. Meyer selbst wurde von Buschiri gefangengenommen und war nur gegen ein Lösegeld wieder frei gekommen. Hinzu kam, dass Deutschland mit England eine Küstenblockade vereinbarte, als deren Ziel angegeben wurde, den arabischen Sklavenhandel zu unterbinden, in dessen Zusammenhang die Buschiri-Rebellion gebracht wurde. Wenn das Interesse des Reiches ein mit England gemeinsames sein sollte, was würde das dann für eine Expedition bedeuten, die es offensichtlich zum Ziel hatte, England bei der Rettung Emin Paschas den Rang abzulaufen?

Peters indes verfolgte seinen Plan unbeirrt weiter. Am 31. Januar 1889 beschloss das Gesamtkomitee die unmittelbare Ausführung der Emin-Pascha-Expedition unter Peters' Kommando, die von Ostafrika im Einvernehmen mit der Reichsaktion aus-

---

[18] Abushiri ibn Salim al-Harthi, Plantagenbesitzer.

gehen sollte. Peters legte seinen Vorsitz im Komitee nieder, und an seine Stelle trat der Staatsminister von Hofmann.[19]

Schon im Januar hatte Peters seinen Vertreter in Sansibar, Herrn Fritz Bley, angewiesen, Träger für die Expedition anzuwerben, wobei eine Zahl von 600 angestrebt werden sollte. Als Begleiter für seine Expedition hatte er verpflichtet: Seinen Vertreter in Sansibar, Herrn Fritz Bley, Herrn Oskar Borchert, Kapitänleutnant a.D. Rust und den für die Dauer des Unternehmens vom Dienst freigestellten jungen Leutnant Adolf von Tiedemann. Am 1. Februar schickte Peters den Kapitänleutnant Rust mit einem Herrn Fricke nach Aden, um dort 100 Somalisoldaten für die Expedition anzuwerben.

Den Transport von Waffen, Munition und Ausrüstung brachte Peters durch den Norddeutschen Lloyd auf den Weg.

Am 20. Februar schickte Peters den Leutnant von Tiedemann mit der Instruktion nach Aden, von dort mit Kapitänleutnant Rust, Fricke und den 100 Somalis nach Lamu, dem Hafen der gleichnamigen der afrikanischen Küste vorgelagerten kleinen Insel zu dampfen, die, etwa 440 km nördlich Sansibars liegend, der Herrschaft des Sultans von Sansibar unterstand, dort mit den Somalis an Land zu gehen, wo Herr Töppen eine Schamba – d.h. eine Farm – betrieb, um dort unterzukommen und die Truppe militärisch zu drillen.

Kurt Töppen, seit sieben Jahren in Afrika und damit ein ‚siebenjähriger Afrikaner', war Bevollmächtigter der Witugesellschaft, die auf dem der Insel Lamu gegen-

---

[19] Beigestelltes Bild in: Peters (1891), S. 9.

überliegenden Festland im unter deutschen Schutz gestellten Sultanat Witu mit den Brüdern Gustav und Clemens Denhardt tätig war.

Peters hatte bereits für den Fall, dass ihm die Route durchs deutsch-ostafrikanische Schutzgebiet verschlossen sein sollte, ins Auge gefasst, von Sansibar aus mit Waffen, Ausrüstung und Trägern nach Lamu nachzurücken, um von dort ins deutsche Schutzgebiet des Sultanats Witu überzusetzen, dort die Expedition marschfähig zu machen, um dem Tana aufwärts, der Witu im Süden begrenzte, ins Landesinnere zum Kenia, dem gewaltigen Gebirgsmassiv, folgend, weiter durch Massaigebiet marschierend, vorbei am Baringo-See und weiter südwestlich bis zum aus dem Victoria-See abfließenden Nil und von dort zu Emin Paschas Äquatorial-Provinz vorzustoßen. Das Ziel, Wadelai, lag etwa 1.300 km von Witu entfernt.

Oskar Borchert.

Peters verabschiedete sich am 25. Februar am Anhalter Bahnhof in Berlin von seinen Freunden, an seiner Seite zwei Pointer, prachtvolle Rassehunde, mit sich führend. Mit ihm fuhr Herr Oskar Borchert,[20] der als Teilnehmer der Expedition vorgesehen war. Zwischenstation machten sie in Ägypten, um eventuell an Auskünfte über Emin Pascha zu kommen, ob der noch in seiner Provinz sei. Zu erfahren war nichts.

---

[20] Beigestelltes Bild in: Peters (1891), S. 22.

29

4. Leutnant von Tiedemann begibt sich unters Kreuz des Südens

Leutnant Adolf von Tiedemann begann mit dem Tag seiner Abreise von Berlin ein Tagebuch zu führen. Auch ein Skizzenbuch hatte er dabei. Als er am 24. Februar 1889 in Brindisi an Bord der „Oriental", eines Passagierdampfers der „Peninsular and Oriental Compagnie", ging, der nachts bei rauer See losstampfte, sagte er Europa sein Lebewohl: Wer weiß, ob wir uns wiedersehen! In acht Tagen sollte Aden erreicht werden.

Von Tiedemann teilte sich seine Kabine mit Wilhelm Janke, der als Proviant-meister im Offiziersrang zur in Aufstellung begriffenen Wissmanntruppe unterwegs war. Janke, von Profession Bergingenieur, galt als alter Afrikaner. Er war Teilnehmer der von Krupp finanzierten und gescheiterten Somali-Expedition zur etwa 150 km nördlich von Lamu gelegenen Küste gewesen, bei der Peters' Freund Karl Jühlke durch die Hand von Somalis den Tod gefunden hatte.

Die „Oriental" war ein recht luxuriöses englisches Schiff von über 5000 Ton-nen. Die Mannschaft bestand, wie Tiedemann bemerkte, weitgehend aus Indern und Negern. An Deck, bei gutem Wetter, fühlte Tiedemann sich sorgenfrei. Er ging einer geheimnisvollen, ereignisreichen Zukunft entgegen. Sein innigster Wunsch, fremde Länder und Völker zu sehen, näherte sich seiner Erfüllung. Und es wurde gesungen, getanzt.

Von Tiedemanns Augenmerk richtete sich auf eine niedliche, junge Englände-rin, die sich hier besonders hervortat: Annie mit Namen – wie er bald ausbaldowert hatte. Bei nächster Gelegenheit schlängelte er sich an Annie heran, als sie sich behag-lich graziös, ein elegant eingebundenes Buch studierend, auf einem Bombay-Chair ausgestreckt hatte. Zwar glaubte er, dass seine Sprachkenntnisse etwas mangelhaft waren, doch es gelang ihm, Annie in ein Gespräch zu ziehen, an dessen Schluss er ihr den Beginn eines in seiner Heimat viel gesungenen Liedes erzählte: „Annie, zu Dir ist mein liebster Gang."

In Port Said, wo die „Oriental" Kohle nehmen musste, ließ sich Tiedemann mit Janke und dem Marinearzt Dr. König, den er inzwischen auch kennen gelernt hatte, an Land rudern und betrat erstmals afrikanischen Boden. Und nachdem der Suezka-nal durchlaufen war, musste Tiedemann sich in Ismailia von Annie verabschieden, die nach Kairo wollte. Beide drückten sich herzlich die Hand und wünschen sich alles Gute – wobei Tiedemann verschwieg, dass er damit einen guten Mann meinte.

Die Fahrt durchs Rote Meer brachte das Erlebnis niederziehender Hitze mit sich. Am 4. März wurde der Steamer Point bei Aden erreicht. Dicht bei der Landungsstelle kauerten bereits in fünf Reihen zu je 20 Mann die angeworbenen Somali der deutschen Emin-Pascha-Expedition, düstere malerische Gestalten, stolz in Haltung und Gebärde. Kapitän Rust[21] und Fricke riefen gerade die Namen auf. Fricke, ein Mensch mit einer gewaltigen Stimme, hatte einige abenteuerliche Jahre in Ägypten und im Sudan hinter sich und war des Arabischen mächtig.

Kapitänlieutenant Ruft.

In Aden teilte sich Tiedemann mit Dr. König im „Hotel l' Europe" ein Zimmer. Abends war er beim deutschen Konsul eingeladen und sang gemeinsam mit dessen Frau mehr schlecht als recht die Loreley. Tags darauf marschierten Rust, Fricke und Tiedemann an der Spitze der Somalis vor's Haus des Konsuls, um Abschied zu nehmen.

Mit der „Mecca" von der „British India steam navigation Company'", vergleichsweise zur „Oriental" ein Äpfelkahn, ging es dann weiter. Mit an Bord war auch der Kapitänleutnant Kapelle, 1. Offizier von S.M. Schiff „Leipzig", dem Flaggschiff der Flottille des Admirals Deinhardt, das gegenüber Sansibar auf der Reede von Bagamoyo liegen sollte, das in deutscher Hand war. Zu den Passagieren gehört auch Herr Hugo Zöller, der als Berichterstatter der „Kölnischen Zeitung" die halbe Welt gesehen hatte und viel zu erzählen wusste.

Die Hitze während der Fahrt war unerträglich, das Essen unter aller Kritik, der Kapitän ein ungehobelter Bursche. Einer der Somalis hatte Streit mit seinem Häuptling und wurde von Fricke eine halbe Stunde lang angebrüllt.

Am 11. März gegen 6 Uhr nachmittags wurde die Linie, der Äquator, überquert. Fricke brachte von Tiedemann dazu, eine Flasche Sekt zu spendieren und ermunterte die anderen Erstüberquerer dazu, desgleichen zu tun. Fröhlichkeit kam auf. Doch plötzlich gab es an Deck einen schrecklichen Lärm, ein Schnattern der schwarzen Schiffsmannschaft vereinigte sich mit dem Getrappel mehrerer Dutzend Füße, Kommandorufe ertönten, die Bootsmannspfeife schrillte. Von Tiedemann, der mein-

---

[21] Beigestelltes Bild in: Peters (1891), S. 20.

te, unter den Somali sei eine Meuterei ausgebrochen, ergriff seinen Revolver und stürzte an Deck. Da hörte er im allgemeinen Tumult den Ruf „man over bord!" Ein Negerweib, hieß es, sei über die Reling gefallen. Eine sofort ausgeworfene Rettungsboje und ein ins Wasser gesetztes Boot konnten nichts mehr ausrichten. Das bedauernswerte Geschöpf konnte nicht gerettet werden.

Am 12. März morgens kam Lamu in Sicht. Tiedemann hielt sich mit seinen Somali bereit, an Land zu gehen. Gerade als die „Mecca" den Außenhafen ansteuern wollte, kamen zwei Boote des englischen Kriegsschiffes „Algerine" längsseits, ein englischer Marineoffizier erschien an Bord und überbrachte den strikten Befehl, weder Lamu noch Mombasa anzulaufen. Tiedemann bekam mit, wie Kapitän Rust eine Auseinandersetzung mit dem Engländer hatte, die in wütendes Geschrei überging, als auch noch untersagt wurde, zwei in der Nähe liegende Dhaus, arabische Segler, heranzubringen, um die Somali abzusetzen. Nach nur kurzer Zeit dampfte die „Mecca" wieder auf hoher See. Wo sollte Tiedemann nun mit seinen Somali hin?

Gegen Abend des folgenden Tages wurde auf der Reede von Sansibar, das herannahend wie ein Märcheneiland wirkte, Anker geworfen. Zu Tiedemanns Überraschung kam Leutnant Märcker, ein alter Bekannter, an Bord. Das Erstaunen, sich hier wieder zu treffen, war gegenseitig: Märcker ein Offizier der Wissmann-Truppe! Und Tiedemann Teilnehmer der deutschen Emin-Pascha- Expedition! Märcker brachte von Tiedemann mit seiner Jolle an Land und besorgte ihm ein Quartier in einem Hotel, wo es von Kakerlaken wimmelte. Märcker bummelte mit ihm noch etwas in der Stadt umher. So anmutig und malerisch Sansibar von außen war, so eng, schmutzig und unangenehm war es von innen. Bald ging Tiedemann zu Bett. Vom nahe gelegenen Fort des Sultans, einem alten portugiesischen Bauwerk, schallte das Geschrei der Wachtposten herüber. Sein Leben kam dem Leutnant von Tiedemann für einen Augenblick wie ein Traum vor: Vor acht Wochen noch hatte er im Kasernenhof von Deutsch-Eylau Rekruten gedrillt ... Dabei war die Wirklichkeit recht prosaisch von der Frage bestimmt, was jetzt aus den Somali an Bord der „Mecca" werden sollte ...

Am nächsten Tag wurde Tiedemann von Herrn Fritz Bley,[22] dem Vertreter von Carl Peters auf Sansibar, aufgesucht, der auch als Teilnehmer der Emin-Pascha-Expedition vorgesehen war. Von ihm erfuhr Tiedemann, dass der Sultan Said Chalifa auf keinen Fall die Somali in seine Stadt kommen lassen wolle. Der Sultan sei aber bereit, einen seiner Dampfer, die „Barawa", zur Verfügung zu stellen, um die Truppe ins Sansibar gegenüberliegende Bagamoyo bringen zu lassen.

---

[22] Beigestelltes Bild in: Peters (1891), S. 24.

So schnell wie möglich wurden die Somali unter erheblichen Schwierigkeiten von der „Mecca" auf die „Barawa" übergesetzt, und morgens darauf dampften von Tiedemann und Fricke mit ihnen auf Bagamoyo los. Rust blieb in Sansibar, wo er noch weitere Vorbereitungen für die Expedition zu treffen hatte.

Vor Bagamoyo lag die „Leipzig" vor Anker, die mit ihren Geschützen den Ort weitgehend zu einem Trümmerhaufen gemacht hatte. Das bis zur Buschiri-Rebellion als Sitz der Generalvertretung der DAOG genutzte Usagara-Haus in Bagamoyo wurde jetzt das Fort genannt,[23]

Fritz Bley.

war von 20 deutschen Gentlemen, einem Zug Matrosen und 100 Askari besetzt, die zusammen bisher alle Angriffe der Buschirirebellen zurück gewiesen hatten.

Die Herren des Forts empfingen die Neuankömmlinge, überließen ihnen 16 Mausergewehre und wiesen ihnen eine Unterkunft etwa 1000 m entfernt vom Fort zu. Dabei handelte es sich um vier große steinerne Kästen in noch leidlichem Zustand, die von ihren Besitzern verlassen worden waren. Jeweils 16 mit Gewehren versehene Somali schliefen auf den platten Dächern, während von Tiedemann und Fricke sich dort nachts mit der Wache abwechselten. Als Signalverbindung zum Fort dienten für den Notfall Laternen. Vom Fort erhielt von Tiedemann schwarzes, weißes und rotes Tuch und nähte daraus eine Flagge, die tagsüber zum Signalgeben dienen sollte.

---

[23] Beigestelltes Bild gez. v. W. Kuhnert (Ausschnitt), in: Dr. Franz Stuhlmann, Mit Emin Pascha ins Herz von Afrika. Ein Reisebericht, Berlin (Dietrich Reimer) 1894, Abb. 3, S. 12. Gezeigt wird das „Fort" im Zustand des Jahres 1890.

In den folgenden Tagen wurde die Unterkunft zur Festung ausgebaut und Schussfeld geschaffen. Eines Nachts, bei Vollmond, kam es dann auch zu einem Schusswechsel mit etwa 150 m entfernt herumhuschenden Gestalten. Tiedemann beobachtete durch seinen Krimstecher, den ihm sein Vater beim Abschied geschenkt hatte. Eine Wirkung der Schießerei ließ sich nicht erkennen. Das Ganze endete wie ein Spuk, die Gestalten verschwanden spurlos. Für die folgenden Tage fand sich auch Herr Zöller von der „Kölnischen Zeitung" zur nächtlichen Wacht auf dem Dach unterm Kreuz des Südens ein.

Neben strammer Arbeit beim Ausbau der Unterkunft zur Festung war für die Truppe Exerzieren angesagt. Von Tiedemann war mit der Disziplin zufrieden. Nur der schon auf der Fahrt mit der „Mecca" aufsässig gewordene Somali musste in Eisen gelegt werden und fand seinen Platz im Wachlokal. Besonders einer der Somali, Hussein Fara, gefiel von Tiedemann ausnehmend gut: Ein hübscher, fixer Kerl. Die Somali nannten von Tiedemann bald ‚gurry' – den Starken.

Von Tiedemann und Fricke aßen abwechselnd im Fort, zu dem sie jeweils bewaffnet und unter Bedeckung gelangten. Für Fricke mit seiner polternden Art empfand von Tiedemann zunächst eine gewisse Zuneigung, wenn der auch immer vom Fort stark angetrunken ‚zu Hause' kam. Von Tiedemann begnügte sich mit Tee oder Kokosmilch mit nur etwas Cognac oder Rotwein.

Einmal kam der Frère Oscar von der französischen Missionsstation zu Besuch, der sich Peters' am Ende dessen Usagara-Expedition so hilfreich angenommen hatte. Mit dem Leutnant zur See Meyer ging Tiedemann auf Jagd und traf dabei ab und zu auf menschliche Schädel, die noch von früheren Gefechten herumlagen. Und eines Tages dampfte die „Leipzig" zwischenzeitlich ab, um Saadani, etwa 40 km nördlich von Bagamoyo, zu bombardieren.

Unversehens endete dann von Tiedemanns Kommando in Bagamoyo nach nur elf Tagen. Fricke hatte im Fort erzählt, dass bei den Somali ein Komplott im Gange sei, weil von Tiedemann sie schlüge. Die Nachricht von einem bevorstehenden Mordanschlag auf Tiedemann wurde dem Admiral Deinhardt auf der „Leipzig" hinterbracht, welcher der Sache Glauben schenkte. Um Tiedemann der Rache der Somali zu entziehen, ließ er ihn mit einer Dampfpinasse nach Sansibar bringen. Tiedemann war das recht, denn die sozialen Verhältnisse waren für ihn in Bagamoyo inzwischen nicht mehr von erquicklicher Natur.

Bley und Rust waren überrascht, als Tiedemann am 26. März wieder zurück in Sansibar war. Er kam im Hause des Herrn Bley unter. Auch Zöller kam von Bagamoyo herüber und konnte berichten, dass er inzwischen von der „Leipzig" aus miterlebt hatte, wie Condutschi, etwa 40 km südlich von Bagamoyo, zerbombt wurde. Bereits am 28. März bat Bley Tiedemann, nach Lamu zu fahren, sich dort mit Herrn Kurt Töppen, dem Bevollmächtigten der Witugesellschaft, in Verbindung zu setzen und zu versuchen, Träger anzuwerben. Bley war es nicht, wie geplant, gelungen, in Sansibar an Träger zu kommen.

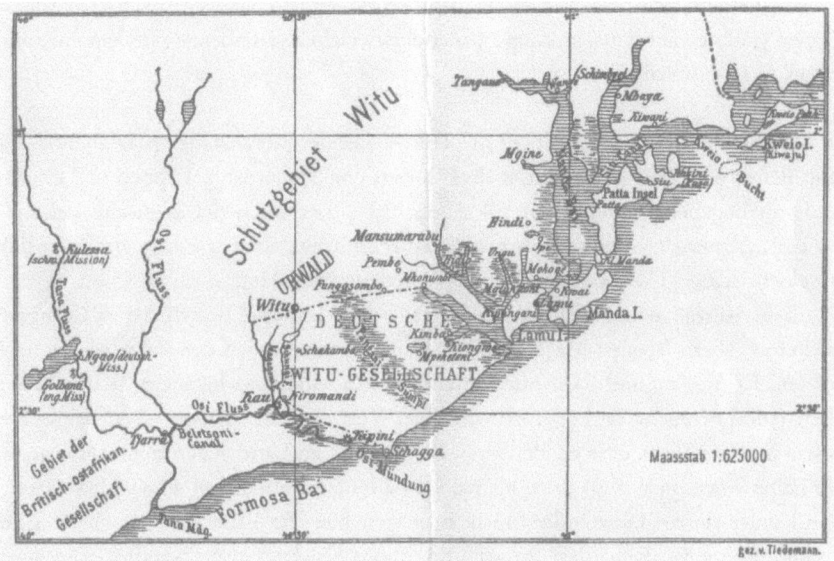

Schon zwei Tage später war Tiedemann wieder an Bord des Sultanatsdampfers „Barawa" und in Richtung Lamu unterwegs. Der Dampfer war bis Malindi, das auf der Strecke lag, voll besetzt. Der Liwali von Malindi, der Vertreter des Sultans von Sansibar, war mit seinem Gefolge an Bord. Vor Lamu, am 1. April, kam der englische Offizier der „Algerine" an Bord, der verhindert hatte, dass die Somali in Lamu an Land gebracht wurden, und schnüffelte. Er erkannte von Tiedemann allerdings nicht, denn der hatte sich bei dem Streit vor Lamu im Hintergrund gehalten. Tiedemann ging mit dem Kapitän der „Barawa" an Land.[24]

---

[24] Beigegebene Karte gez. von Adolf v. Tiedemann. In: Koloniales Jahrbuch. Das Jahr 1889. Hrsg. Gustav Meinecke, Berlin (Carl Heymann) 1890, S. 261.

Nun war er doch auf Lamu – allerdings ohne seine Somali. Er traf auf Herrn Töppen, von den Eingeborenen wegen seines Elfenbeinhandels bana pembe – Herr Elfenbein – genannt, den Assessor Behrendt vom Konsulat in Sansibar und Herrn Gustav Denhardt, der mit seinem Bruder Clemens Denhardt auf dem gegenüberliegenden Festland im unter deutschem Schutz stehenden Sultanat Witu mehrere Plantagen besaß. In den folgenden Tagen wurde dem Liwali von Lamu ein Besuch abgestattet. Es schloss sich ein Ausflug auf eine benachbarte Insel an, wo Töppen ein Haus hatte.

Bald stellte sich heraus, dass in Lamu selbst keine Träger zu beschaffen waren. Töppen glaubte allerdings, er könne wo anders welche auftreiben – Tiedemann sollte derweil in Lamu bleiben.

Da – nach einer Woche Aufenthalt in Lamu – lief der Sultanatsdampfer „Kilwa" ein – mit Peters und Rust an Bord! Die drei Herren von Tiedemann, Töppen und Gustav Denhardt begaben sich sogleich auf das Schiff – und auch der englische Leutnant von der „Algerine", offenbar um wieder zu schnüffeln. Rust zog sich gleich zurück. Um einen kleinen Tisch versammelt, gab Peters den drei Herren ein Lagebild.

Die „Kilwa" sei im Auftrag der IBEAC – der Imperial British Africa Company mit Peters' altem Rivalen Mackinnon als Vorsitzendem – auf der Fahrt weiter nach Norden. Er, Peters, und Rust nur Mitreisende. In Mombasa habe die „Kilwa" Zwischenstation gemacht, und dort habe ihm der Vertreter der Britisch-Ostafrikanischen Gesellschaft eröffnet, dass er, Peters, in Lamu nicht an Land gehen dürfe. Nur gegen sein Ehrenwort, dass er an Bord bleibe, sei Lamu jetzt überhaupt angelaufen worden – und unter diesen Umständen treffe man sich hier. Er habe sich entschlossen, in Begleitung von Rust mit der „Kilwa", die nun mal weiter nach Norden gehe, auch weiter mitzufahren, um an der Benadirküste, außerhalb des Blockadegebietes, Landungsmöglichkeiten zu erkunden, um dort die Somali aus Bagamoyo hinzubringen, um mit der Truppe von dort ins Sultanat Witu zu gelangen. Dabei sein sollten dann auch Waffen und Munition, die er noch in Sansibar erwarte.

Dass den Somalis verwehrt wurde, nach Lamu verbracht zu werden, habe er, so Peters weiter, auf seiner Fahrt von Aden nach Sansibar von Wissmann erfahren, der mit an Bord gewesen sei und eine von Sansibar nach Aden gegangene Depesche entsprechenden Inhalts ihm vorgelesen habe. Und auch Wissmann habe seine eigenen Probleme. Er habe vier kleine Dampfer zum Transport seiner Truppe gekauft, aber unklar sei, wann auf die zu rechnen wäre. Und als er, Peters, in Sansibar angekommen sei, habe er erfahren müssen, dass das deutsche und englische Blockadegebiet für die Emin-Pascha-Expedition verschlossen sei!

Peters gab sich während seines Berichts unaufgeregt, während der englische Leutnant ab und zu wie zufällig vorbeistreifte und einen Blick auf die vier warf. Nach kurzem Schweigen lehnte sich Peters scheinbar gemütlich zurück, schlug die Beine übereinander, ließ den Blick über seine schwarze Sonnenbrille hinweg über die drei Herren schweifen und fuhr fort:

„Zur Frage der Träger: Auf der Fahrt hierher habe ich erfahren, dass in Takaungu im englischen Interessengebiet von einem Araber Träger zu bekommen sind. Sie, Herr Töppen, bitte ich, gegen entsprechende Entschädigung zu versuchen, unter der Hand von diesem Sali Ben Hamis Träger zu besorgen und nach Lamu zu holen."

Töppen nickte ein ‚Verstanden'.

„Und Sie, Herr von Tiedemann bleiben hier in Lamu, um zehn an Sie adressierte Kamele samt fünf Treibern, die, von Aden kommend, hier anlanden werden, in Empfang zu nehmen. Auf Herrn Töppens Schamba werden sie untergebracht werden können. Und ich bitte Sie, Herr Töppen, mir ein Reitpferd zu kaufen ..."

Der englische Leutnant strich gerade wieder vorbei. Peters blickte ihm amüsiert lächelnd nach und wandte sich wieder den drei Herren zu.

„Ja – die Herren Engländer! In Mombasa habe ich erfahren, dass dort Anfang Januar sich im Auftrag der IBEAC die Expedition eines Mr. Pigott zum oberen Tana aufgemacht hat, von der man nichts mehr gehört hat. Wahrscheinlich gescheitert! Und eine Expedition unter Leitung eines Mr. Jackson ist vor Wochen ins Innere aufgebrochen mit Ziel Wadelei – und bereits wieder zurückgekommen – also gescheitert! Das sollte wohl die Expedition sein, mit der die Engländer schon, als unser Aufruf öffentlich gemacht wurde, gedroht hatten, dass sie einer deutschen Emin-Pascha-Expedition zuvorkäme ... Offenbar ein Unstern, unter dem das Unternehmen steht! In Aden war ich schon jenem Mr. Swaine begegnet, der bekanntermaßen als Anführer des Unternehmens ausersehen war und sich offenbar schon wieder auf die Heimreise begeben hat. Unter diesen Umständen wollen wir doch einmal sehen, ob die Engländer uns trotz ihres Vorsprunges irgendwann überholt haben werden."

Die drei Herren schmunzelten, und Peters gab sich jetzt kurz angebunden: „Ich selbst bin jetzt sozusagen schon wieder mit Herrn Rust auf dem Sprung nach Norden zur Benadirküste."

Peters erhob sich, sagte „Glück Ihnen!" und drückte jedem der drei Herren kurz die Hand, die ihm ihrerseits Glück wünschten.

Die drei verließen die „Kilwa". Der englische Leutnant von der „Algerine" mochte denken, was immer er wollte und darüber grübeln, was seinen Vorgesetzten mitzuteilen wäre. Bald darauf entschwanden Peters und Rust mit der „Kilwa".

Die von Peters in Aussicht gestellte geschäftliche Verbindung mit dem Araber in Takaungu herzustellen, bei dem Töppen Träger beschaffen sollte, bereitete Schwierigkeiten. Die Engländer stoppten jedes Schiff, welches in den Hafen wollte. Briefe von Deutschen in das englische Interessegebiet waren nicht hineinzubringen oder Briefe an Deutsche waren von dort nicht zu empfangen. Es war, als ob Krieg zwischen den Nationen herrschte. Und einen persönlichen Kontakt nach Takaungu aufzunehmen, wozu Tiedemann sich hätte auf den Weg machen können, war ausgeschlossen, weil inzwischen jeder, der nach Mombasa, eine Tagereise südlich von Takaungu, wollte, einen Pass vom englischen Generalkonsul in Sansibar haben musste.

Am 26. April wurde daher ein zuverlässiger Bote mit schwer bewaffneter Bedeckung die Küste abwärts mit einem Brief nach Takaungu geschickt. Eine Zeit des Wartens begann – des Wartens auf Träger, auf Kamele, auf Peters.

Tiedemann fand genügend Zeit und Muße, ausführliche Briefe an seine Eltern zu schreiben. Er berichtete vom Leben auf Töppens Schamba auf Lamu, das eher langweilig war: Zur Lektüre fanden sich einige Nummern alter „Gartenlauben" ... Geselligkeit wurde bei Verabredungen zum Skatspiel mit Gustav Denhardt gepflegt – für Getränke war bei diesen Gelegenheiten gesorgt. Eine Art Zeitvertreib war es, einen Käfig mit Affen zu besetzen und zu beobachten, wie die Tiere miteinander umgehen. Gelegentlich gab es Ausritte mit Töppens Pferd.

Fast vier Wochen nach seiner Abreise aus Berlin wurde Tiedemann durch Kanonenschüsse vom Fort des Liwalis und salvenweise abgefeuerte Gewehre von seinem Nachmittagsschlummer aufgeschreckt: der Beginn des Fastenmonat Rhamadan. Tiedemann stieg aufs Dach, um sich das Spektakel genauer anzuschauen. Jeder, der ein Schießgewehr hatte, stopfte es voll Pulver, setzte einen Pfropfen Papier darauf und ballerte, die Mündung auf die Erde gerichtet, los. Die schmale Mondsichel war also sichtbar geworden, nach der von den zwei Moscheen, vom Dach des Forts und von den Dächern aller Häuser Posten gespäht hatten. Von nun an durfte tagsüber niemand essen oder trinken, und wirklich fromme Muslime durften auch ihren Speichel nicht herunterschlucken, sondern mussten ihn ausspucken.

Der Ruf der Muezzine zum Gebet war Tiedemann inzwischen vertraut. Manche schrien mit unsympathischer Stimme, doch einer sang mit geradezu herrlicher Tenorstimme. Und wenn man zur Gebetszeit aufs Dach stieg, so konnte man sehen, wie sich die Gläubigen auf den Plattformen der Häuser versammelten, zum Gebet gegen Mekka gerichtet, bald niederkniend, Stirn auf die Erde, dann sich erhebend und im nächsten Augenblick der Länge nach auf dem Bauch liegend, dabei ständig vor sich hin murmelnd. Enthusiasten trieben diese Freiübungen manchmal eine Viertelstunde lang.

Das Kreuz des Südens am nächtlichen Sternenhimmel war nicht ganz so beeindruckend, wie Tiedemann es aus Beschreibungen – etwa von Humboldt – kannte. Auch der Orion war zu sehen – der große Jäger – und auch der Große Wagen. ,Per aspera ad astra' musste Tiedemann denken – durch raue Pfade zu den Sternen. Die verweigerten allerdings die Auskunft, ob und auf welchen Pfaden Wadelai zu erreichen sei – Wadelai, wo sich Emin Pascha aufhalten sollte. Per aspera ad Wadelai!

Starke Eindrücke hinterließ ein Besuch bei Futula bin Bana Hero Somali, einem unabhängigen Häuptling im Hinterland des gegenüberliegenden Festlandes. Der hatte eine Gesandtschaft zu Töppen geschickt, die sich mit kreischendem Kriegshorn und Flintenschüssen ankündigte, um dringend zum Kauf von Elfenbein einzuladen. Mit einer Töppenschen Dhau – dabei waren Träger für die persönlichen Sachen und ein Koch – wurde in zwölfstündiger, ziemlich windstiller Fahrt, vorbei an Negerdörfern, das Festland erreicht. Der anschließende Marsch wurde unterbrochen von einer Übernachtung im Dorf eines mit Töppen befreundeten Suaheli. Zwei Tage brauchte es, um die „Residenz" Fatulas, Starani, umgeben von dichten Urwäldern, zu erreichen. Außer Töppen und nun auch Tiedemann war hierher noch kein Weißer gewesen. Fatula empfing sie an der Spitze von etwa 100 Kriegern, die mit Hörnern und Flintenschüssen einen unbeschreiblichen Lärm machten. Tiedemann war von der Gestalt Fatulas beeindruckt: der schönste Neger, den er bisher gesehen hatte. Beste Haltung, Ruhe, Selbstbeherrschung und unbändiger Stolz. Sein Händedruck war von Bärenkraft, wovon Tiedemann von Töppen schon erzählt bekommen hatte und deshalb mit gleicher Münze bezahlte.[25] Auch die Begleiter beeindruckten: Gefährlich aussehende Burschen von zum Teil riesenmäßiger Größe und tadellos gewachsen.

---

[25] Beigestelltes Bild in: Tiedemann (1892), S. 26.

Im Dorf wurde eine von Fatulas Lehmhütten den Gästen zugewiesen. Fatula machte sich indessen rar und gönnte den Gästen Ruhe. Gegen vier Uhr nachmittags wurden beide zum Mittagsmahl geladen. Da sie vorab schon Beefsteak und Rührei gegessen hatten, waren sie von dem, was geboten wurde, zunächst nicht angetan: eine Schüssel Reis, in die aus mehreren Töpfen geschmolzene Butter hineingeschüttet wurde. Dazu Fleisch. Nachdem der Hausherr die Worte „Im Namen Allahs des Allmächtigen" gesprochen hatte, griffen alle mit den Händen zu, kneteten und wühlten in dem Topf herum. Anstandshalber aßen Töppen und Tiedemann etwas mit – und es schmeckte gar nicht schlecht. Zwischendurch gab es Sherbet, ein zuckersüßes, parfümiertes Getränk. Nachdem alles vertilgt war, wurde Wasser über die Hände gegossen, und jeder Gast gab durch möglichst häufige Naturlaute zu verstehen, dass es ihm vorzüglich geschmeckt hatte, worauf stets ein „Allah sei gedankt!" folgte. Dann ging eine Wasserpfeife von Mund zu Mund, und damit endete das Diner.

Dumpfe Trommelschläge und Kriegshörner kündigten einen Schwerttanz an, an dem Fatula selbst – das war unter seiner Würde – nicht teilnahm. Allerdings hatte er die Tänzer die Kunst gelehrt. Manchmal schien die Sache zwischen den Tänzern ernst zu werden ... Das faszinierende Schauspiel ging bis zum Sonnenuntergang. Töppen und Tiedemann zogen sich in ihre Hütte zurück, wo sie ihr Abendbrot erwartete. Dann erschien Fatula als Gast und ließ sich von Deutschland erzählen. Besonders die Armee interessierte ihn.

Gegen 1 Uhr nachts entstand an einem Ende des Dorfes furchtbarer Lärm, Pauken und eine alte Petroleumkanne wurden bearbeitet, dazu gellende Stimmen von Weibern und Kindern. Da spielte sich ein merkwürdiger Tanz ab. Im Kreise zahlreicher Zuschauer sprangen nackte Gestalten mit verdrehten Augen herum, Schaum vorm Mund, in den Händen Büffelschwänze, vom bösen Geist besessen – und das so lange, bis sie zu Boden sanken. Sie bekamen Wasser gereicht, erhoben sich wieder, und die zweite Tour begann.

Tiedemann erfuhr, dass dies Waboni waren, Urbewohner ... Er musste erst einmal seine Gedanken ordnen. Fatula war ja gar kein Neger, kein Msuaheli. Er sprach Kisuaheli, die Negersprache, aber diese Sprache hatten vor Jahrhunderten zugewanderte Somali, arabischstämmig also, angenommen und wurden deshalb auch Wasuaheli genannt,[26] beherrschten einen großen Teil der ostafrikanischen Küste und waren wegen ihrer Raubzüge ins Innere gefürchtet. Seine Gedanken gingen weiter: Noch gefürchteter sollten die zwischen Kilimandscharo und dem Gebirgsmassiv des Kenia sitzenden Massai sein, zugleich die schönsten und stärksten aller Stämme.

---

[26] In Kisuaheli, der Sprache, auf die sich Tiedemann inzwischen verstand, bedeutet das Präfix „Wa" eine Mehrzahl von Leuten, „M" ein einzelnes Individuum, „Ki" Sprache, Sitte usw., „U" das Land.

Bevor man dahin, den Tanafluss aufwärts, gelangt, sollte man auf Wapokomo treffen, denen ungeheure Körperstärke nachgesagt wird. Allerdings glaubte Tiedemann, dass ein starker Europäer dem Schwarzen überlegen ist. Dann wiederum glaubte er Nachtigal zu verstehen,[27] der ja geäußert haben sollte, dass er die Farbe der Neger viel schöner als die der Europäer gefunden habe. Verständlich: Wenn man sich jahrelang unter solchen Schwarzen aufgehalten hat, muss man naturgemäß einen Weißen als blass und elend aussehend finden ...

Am nächsten Tag pürschten Töppen und Tiedemann im Wald herum, schossen eine Menge seltsamer bunter Vögel, und Tiedemann gelang es, einen Affen zur Strecke zu bringen. Im Dorf erstand er ein zahmes Affenpärchen. Abends gab es wieder ein Gastmahl und Schwerttanz. Da Töppen inzwischen den Elfenbeinhandel abgeschlossen hatte, wurde der Abmarsch mit den Trägern für das Elfenbein, Sklaven Fatulas, auf den nächsten Morgen um drei Uhr festgelegt. Es gab ein freundliches Abschiednehmen, und Fatula erhielt eine Gegeneinladung Töppens nach Lamu.

Tiedemann bot sich auch Gelegenheit, das Sultanat Witu kennen zu lernen. Denhardt, der nahe der Residenz des Sultans von Witu eine Tabaksplantage besaß, lud ihn ein, mit ihm dort einen Besuch zu machen. Auf dem Weg dorthin, an der Lamu gegenüberliegenden Küste, lag Baltia, wo ein Kolonist, Herr Friedrich, Viehzucht betrieb. Sein Hausgenosse, ein Herr Gerstäcker, war, wie sich herausstellte, der Sohn des Schriftstellers Gerstäcker, dessen „Regulatoren von Arkansas" Tiedemann in seiner Knabenzeit mit Begeisterung gelesen hatte. Einige Tage blieb man in Baltia. Tiedemann trieb dort auch Heines „Buch der Lieder" auf und las darin zum wiederholten Male mit Vergnügen. Er half Gerstäcker beim Fang eines riesigen Käfers, der in einer Spiritusflasche neben allerhand anderem Getier untergebracht wurde. Als Gerstäcker die Türen und Fensterläden der mit allerlei merkwürdigen Stücken wie Büffelhörnern, Jagdtaschen, alten Journalen – aber auch den drei Kaiserbildern – vollgestopften Behausung zu streichen begann, machte sich Tiedemann beim Ausbessern des Daches nützlich, während acht Hunde verschiedener Größe bellend um das Haus herumtanzten. Der Weitermarsch zu Denhardts Schamba, eine Viertelstunde von Witu gelegen, ging durch Urwald.

---

[27] Gustav Nachtigal (1834-1885). Schrieb die Ergebniss einer fünfjährigen Afrikareise nieder. Trat in die deutsche Kolonialverwaltung ein. 1884 Reichskommissar für Deutsch-Südwestafrika. Errichtete die deutsche Schutzherrschaft über Togo, Kamerun und das Mahinland.

Bei einem Besuch beim Sultan Fumo Bakari,[28] zu dem ihn Denhardt mitgenommen hatte, verstieg sich Tiedemann beim Austausch höflicher Phrasen dazu, dem Sultan durch Denhardt sagen zu lassen, dass er viel Rühmens von Seiner Hoheit gehört habe, dass aber all seine hochgespannten Erwartungen bei weitem übertroffen seien. Der Sultan nickte zu diesem Kompliment, beobachtete Tiedemann scharf und fragte dann nach dessen Alter. Als er erfuhr, dass Tiedemann 24 Jahre alt sei, tat er erstaunt und äußerte, dass er ihn seiner Weisheit wegen für mindestens doppelt so alt gehalten habe.

Tiedemann nutzte den längeren Aufenthalt in Witu dazu, mit Herrn Dörfer, einem kleinen, gemütlichen Sachsen, der Denhardts Plantage leitete, auf Jagd zu gehen. Tiedemann wurde ein Jagdführer mit Namen Baraka zugesellt. Baraka war, wie von Denhardt zu hören war, als Diener des Kapitäns zur See Höhnel abgerichtet worden, der den Grafen Teleki bei seiner Afrikafahrt begleitet hatte. Teleki hatte vor über zwei Jahren seine Expedition in Sansibar ausgerüstet und war den Pangani aufwärts, über den Kilimandscharo, das Land der Kikuyu und der Massai über den Baringo-See hinaus ins Land Turkjan gelangt und hatte dort Seen entdeckt, denen er die Namen Rudolph-See und Stephanie-See gab. Letzten Oktober war die Expedition wieder an der Küste angelangt. In Sansibar hingen Teleki und Höhnel dann für zwei Monate mit Fieber fest. Anfang des Jahres hatten sie sich nach Aden aufgemacht. Möglicherweise waren sie inzwischen wieder in ihrer k.u.k. Heimat und dabei, ihre Reiseberichte zu verfassen.

Baraka war etwas größer als Tiedemann, schlank und wohlgebaut, angetan nur mit einem Hüftschurz und einem kupfernen Fingerring, sein Haar hing in Zöpfchen herab, und er war mit Fett eingesalbt, so dass er glänzte wie eine Schlange und stank wie ein Iltis. Mit sich trug er einen Bogen und vergiftete Pfeile.

Obwohl Affen nicht als jagdbares Wild galten, hatte Tiedemann Lust zu knallen, als sie auf ein ganze Herde riesenmäßiger Affen stießen. Eins der Tiere hatte sich auf einem Termitenhügel postiert. Tiedemann stellte das Visier auf 400 Schritt, zielte sogfältig, schoss, traf – der Affe tat einen Sprung, tauchte ab, und die Herde machte

---

[28] Beigestelltes Bild in: Tiedemann (1892), S. 51.

sich blitzartig davon. Von dem Affen, gezählte 327 Schritt entfernt, blieb allerdings nur eine Schweißspur zurück, er war verschwunden.

Tags darauf sollte es auf Antilopen gehen. Baraka kroch wie eine Schlange in Richtung einer Herde, Tiedemann folgte auf dem Bauch durch Schlamm und Wasser. Als er sich, hinreichend angenähert, neben einer Palme erhoben hatte und starr wie eine Bildsäule verharrte, verriet ihn dann doch eine Bewegung, als er seine Büchse anlegen wollte, und gleich war die Antilopengesellschaft im hohen Grase verschwunden. Baraka grinste und sagte „wa me toka" – sie sind weggegangen. Tiedemann verwünschte die Antilopen und Baraka und nahm sich vor, nie wieder auf Antilopenjagd zu gehen. Tage später versuchte er es wieder – mit dem gleichem Erfolg. Die afrikanische Jagd, stellte er fest, war nicht so leicht und wollte erst gelernt sein.

Der Rückweg von Witu führte wieder über Baltia, wo sich Friedrich und Tiedemann mit einer alten Lichtputzschere gegenseitig die Haare schnitten – wonach Friedrich allerdings wie ein schlecht geschabtes Schwein aussah. Als er Tiedemanns Interesse an den lebhaft herumspringenden Hunden bemerkte, von denen einer an Tiedemanns Stiefeln herumschnüffelte, offerierte er Tiedemann, das Geschöpf als Geschenk nach Lamu mitzunehmen. Erwartungsvoll schaute er Tiedemann an. Der nickte zustimmend und sprach gleich seinen neuen Genossen an:

„Na Mopke, komm!"

„Mopke?"

„Ja eben – Mopke: Entspricht in Farbe und Abmessung doch in etwa einem der Ziegel, mit dem unser Paradeplatz vor dem neuen Palais – der Mopke eben – gepflastert ist, auf dem vor unserem Kaiser zu präsentieren eine besondere Ehre ist ... Was eben nicht heißen soll, dass mein Mopke hier jemals zum Fußabtreter werden soll."

Sprach's, beugte sich zu Mopke herab und nahm die halbe Portion einer Suaheli-Rasse auf den Arm, einen etwas klein geratenen Fuchs, dem man Schwanz und Ohren abgeschnitten hatte – ein vollendetes Scheusal.

Tiedemann folgte auch einer Einladung Denhardts nach Wange, das von Lamu aus über den Manda-Kanal und die Manda-Bay erreicht wurde. In Wange hatte Denhardt eine Farm, die ganz allein von Herrn Schönert, der dort sein kleines Haus mit eigenen Händen erbaut hatte, bewirtschaftet wurde. Mit Schönert zusammen unternahm Tiedemann Jagdausflüge. Von einem Boot aus erledigte er ein Kiboko – ein Flusspferd – , das, zu Tode getroffen, im Wasser versank und verschwunden blieb. Es würde erst wieder auftauchen, wenn sein Leib sich mit Gasen gefüllt hätte ...

Wieder bei Töppen auf Lamu las Tiedemann in den Memoiren von Frau Ruete[29], der ehemaligen arabischen Prinzessin, die in Sansibar den Kaufmann Ruete kennen gelernt hatte und zu diesem nach Hamburg geflohen war. Aus der Sicht ihres wohlverschlossenen Harems hatte sie die tatsächlichen Verhältnisse, so meinte Tiedemann und schrieb es an seine Eltern, nicht schildern können, denn die Araber wären doch – Männer wie Weiber – abgefeimte Halunken, voll Lüge und Hinterlist, habsüchtig, grausam und engherzig – und das alles als Folge ihrer Religion. Von Natur aus allerdings stünde die Gastfreundschaft bei ihnen oben an und ein, Fremden gegenüber, reserviertes und aufmerksames Benehmen. Sklaven behandelten sie im Allgemeinen ausgezeichnet: Die hätten ein Stück Land für sich, was sie für sich bearbeiten könnten. Kaum ein Sklave würde weglaufen, um wieder in seine heimatliche Wildnis zurückkehren. Das läge im Geschäftsinteresse der Araber. Grausam seien nur die Sklavenjagden und Transporte. Und im Übrigen hätte man in Europa ein falsches Bild von der Sklaverei, wie es etwa durch Beecher Stowes larmoyantes „Onkel Toms Hütte" verbreitet worden sei. Anders als auf den westindischen Inseln ginge es in Ostafrika zu. Ginge man abends in einem Ort spazieren, wo Sklaven sind, nähme man Gesang und Tanz wahr und bekäme nicht den Eindruck ermüdeter, physisch und moralisch geknickter Menschen.

Und Tiedemann schrieb an die Eltern von der unverbrüchlichen Loyalität gegenüber Peters, dessen Ankunft er herbeisehnte. Zu Hause mochte schon in Umlauf gebracht worden sein, dass Tiedemann mit der Expedition bereits abgeschlossen habe. Er ließ indes wissen: „Solange von der Emin-Pascha-Expedition noch zwei Mann zusammen sind, ist Adolf Tiedemann der eine davon."

Die von Peters avisierten zehn Kamele trafen auf einem englischen Schiff fünf Wochen nach der Begegnung mit Peters ein, das vor Lamu ankerte. Sie kamen überhaupt nur an, weil an Bord des Schiffes niemand wusste, zu welchem Zweck sie bestimmt waren. Tiedemann überwachte das Ausladen. Da keine genügend große Dhau aufgetrieben werden konnte, mit der die Tiere hätten an Land gebracht werden können, wurden sie ins Wasser gelassen und ihre Köpfe an die Bootswände kleinerer Dhaus angebunden, um so mit ihnen im Schlepp ans Ufer zu segeln. Eins der Tiere bekam dabei eine Art Schlaganfall und überlebte die Prozedur nicht. Tiedemann ließ die Tiere auf Töppens Schamba unterbringen und einen großen Schuppen für die Nacht und für Regen für sie bauen, in dem auch die somalischen Treiber untergebracht wurden. Inzwischen hatte die Regenzeit eingesetzt, und die feuchte dumpfige Luft war für die Tiere, wie Tiedemann in seinem Tagebuch vermerkte, das reine Gift.

[29] Emily Ruete, Memoiren einer arabischen Prinzessin, Berlin 1886.

Am 28. Mai endlich kam Nachricht von dem arabischen Händler Salim Ben Hamis, dass von ihm so viele Träger, wie man haben wolle, zu bekommen seien. Gleich mit der nächsten Mail – dem Postschiff – wollte Tiedemann nach Sansibar fahren, um Peters die Nachricht zu überbringen. Die von Norden kommende Mail lief allerdings Lamu nicht an, stattdessen aber die von Sansibar kommende – und die brachte einen Brief von Peters mit, in dem er ankündigte, wahrscheinlich Mitte Juni in der Nähe von Lamu zu landen. Alles sei zum Aufbruch fertig – und: „Glück auf!"

Hatte Peters selbst schon genügend Träger beschafft? Und wo diese von ihm angekündigte Landung in der Nähe von Lamu von statten gehen soll, vermochte Tiedemann sich allerdings nicht recht vorzustellen.

Anfang Juni erschien ein Dampfer unter deutscher Handelsflagge vor Lamu. Peters? Tiedemann und Töppen segelten sofort hinüber: Es handelte sich um die „Vulkan" – eines der vier von Wissmann gekauften Schiffe zum Transport seiner Truppe, ein kleines Ding mit neun Mann Besatzung. Es war mit den drei anderen Wissmann-Dampfern von Aden losgefahren, in einen furchtbaren Monsun geraten und hatte die anderen Dampfer aus dem Gesicht verloren. Dem Untergang hatte die „Vulkan" nur dadurch entkommen können, dass sie unter Volldampf gegen die schwere See gehalten hatte. Dabei war fast der ganze Kohlevorrat, der bis Daressalam hatte reichen sollen, so gut wie aufgebraucht worden. So lag sie jetzt vor Lamu. Die Bitte um Kohle schlugen ein reichlich damit ausgestattetes englisches Kriegsschiff sowie die ebenfalls gerade anwesende Mail nach Aden ab: „That is not my business", sagten die beiden Kapitäne und dampften alsbald weiter. So musste denn die „Vulkan" noch einige Zeit vor Lamu bleiben. Mit der Mail ließ der Kapitän eine Nachricht nach Aden gehen, die von Aden nach Sansibar telegrafiert werden sollte, um von dort Hilfe zu bekommen. Töppen ließ es sich inzwischen angelegen sein, die Besatzung mit allem, was Leibes Notdurft und Nahrung betrifft, von seiner Schamba aus zu versorgen. Und da sich am nächsten Tag noch herausstellte, dass Pfingsten war, wurden der Kapitän und der Ingenieur der „Vulkan" zu einem vergnügten Nachmittag auf der Schamba eingeladen.

Am 17. Juni kam dann die Meldung aus Rasini, ein europäisches Schiff sei angekommen. Rasini, der Hafen auf der nördlich von Lamu gelegenen Insel Patta, war unter Umgehung der englischen Blockade nur in einem seemännisches Wagestück über die Kwaihu-Bucht zu erreichen. Dort auch anzulanden müsste für Peters eigentlich ausgeschlossen bleiben, denn der dortige Liwali stand unter englischem Einfluss. Peters eigentliche Landestelle müsste dann an einem Patta gegenüberliegenden, ins Land einschneidenden Creek liegen. Möglicherweise nahe Wange, wo Schönert seine kleine Schamba betrieb? Das gehörte schon zum Schutzgebiet Witu …

Am 18. Juni schrieb Tiedemann einen Brief an seinen Vater: „Triumph! Das von Rasini gemeldete Schiff liegt bei Schimbie. Rathe, wen es an Bord hat! Peters und sämmtliche Theilnehmer der Expedition, im Ganzen etwa 100 Mann! [...] Ich bin begreiflicherweise in sehr gehobener Stimmung [...], es ist mir ungefähr so zu Muth, wie einem Kinde am Tage vor Weihnachten, und immer summen mir die Worte im Ohr: jetzt geht's los, nun wird es Ernst. Körperlich bin ich so kräftig und gesund wie je; das Kisuaheli beherrsche ich genügend, um mich verständigen zu können; Land und Leute habe ich auch etwas kennen gelernt, also vorwärts! Mein Herz schlägt froh bei dem Gedanken an die vor mir liegende Zeit, an eine lange Reise voller Gefahren und Mühsal, und am Schluß derselben Ruhm, Ehre und – so Gott will – eine glückliche, fröhliche Heimkehr."

5. CARL PETERS ALLEIN GEGEN ENGLISCHE ANMAßUNG

Nach Peters' Treffen mit Tiedemann und den Herren Töppen und Denhardt im April vor Lamu auf der „Kilwa" war sein Versuch, weiter nördlich von Lamu gelegene Landungsplätze an der Benadirküste zu erkunden, ergebnislos geblieben: Europäer wurden gar nicht an Land gelassen – und als er es doch einmal wagte, mit Rust in einem Kanu an Land zu gehen, gab es einen Tumult, und Peters tat gut daran, auf den Befehl des dortigen Gouverneurs gleich wieder den Rückzug anzutreten. Bis es etwa zwei Monate später so weit war, dass Tiedemann seinem Vater begeistert die Ankunft Peters' samt seiner Truppe melden konnte, hatte Peters einen ungeahnten Berg von Schwierigkeiten zu bemeistern gehabt.

Am 17. April war Peters von dem ergebnislosen Besuch der Somaliküste zurück in Sansibar und stand unversehens vor ganz neuen Problemen. Was die Frage der Beschaffung von Trägern anbelangte, so hatte der Sultan von Sansibar, der offenbar mit den Engländern gemeinsame Sache machte, verlauten lassen, dass er in Sansibar jedem, der dort hinkomme, um sich als Träger zur Verfügung stellen, den Kopf abschlagen lassen wolle. Aber es kam noch schlimmer.

Peters' Jagdwaffen und Munition, die vom Norddeutschen Lloyd von Antwerpen nach Aden verschifft worden waren, waren dort entgegen Peters' Anweisung auf ein Schiff der ausgerechnet von Peters' altem Rivalen Mackinnon gegründeten ‚British-India-Line' verladen und nach Sansibar verbracht worden, wo sie der britische Admiral Freemantle sogleich beschlagnahmt hatte. Währenddessen lagerten die eigentlichen Kriegswaffen, Remington-Gewehre, welche Peters zu Emin Pascha bringen wollte – noch in Aden. Einer der Wissmann-Dampfer, der sie hätte nach Sansibar bringen sollen, war schon überfrachtetet, und Peters erhielt vom deutschen Konsul in Aden Nachricht, dass auch diese Waffen auf die ‚British-India-Line' verladen worden und auf dem Weg nach Sansibar seien. Der deutsche Generalkonsul in Sansibar zeigte sich nicht bereit, gegen die Beschlagnahmung auch dieser Waffen durch den Admiral Freemantle zu intervenieren, der sie umgehend nach Aden zurückschickte. Peters sah sich von einem Netz von Intrigen umgeben, das er nun durchreißen musste.

Seinem Stellvertreter in Sansibar, Fritz Bley, gelang es, noch im April von der „Bombay-Steam-Navigation-Company" den unter englischer Flagge fahrenden Dampfer „Neera" zu chartern, was Peters die Möglichkeit gab, in allen Richtungen – Waffenbeschaffung, Beschaffung von Trägern, Erreichen einer Landestelle für die

Expedition – freier zu agieren. Die „Neera" war ein Dampfer von immerhin 350 Tonnen, etwa 60 m lang und 7 m breit, der beachtliche 11 Knoten machen konnte.[30] Ihn zu chartern wurde allerdings so teuer, dass der geplante Umfang der Expedition von 100 Soldaten und 600 Trägern nicht mehr finanzierbar war. Peters entschloss sich deshalb zu einer Expedition mit 35 Soldaten und 100 bis 120 Trägern.

Auslaufen der „Neera" aus Dar-es-Salam.

Der Versuch, an die in Aden lagernden Waffen zu kommen, scheiterte. Es hätte einer diplomatischen Vermittlung durch das Auswärtige Amt des Reiches bedurft. Telegrafische Anfragen über das Emin-Pascha-Komitee in Berlin an das Auswärtige Amt ergaben allerdings, dass von dort keinerlei Unterstützung zu erwarten sei.

Peters musste sich auf andere Weise Waffen beschaffen. Und es fand sich ein Weg. Als Peters in Sansibar über die „Neera" verfügte, stellte er sie in Wissmanns Dienst und verschiffte gemeinsam mit Wissmann an Bord einige Hundert Wissmann-scher Truppen von Bagamoyo nach Daressalam. Und Wissmann war bereit, sich zu revanchieren. In seinen Depots in Bagamoyo und Daressalam lagerten Waffen, die für Wissmann als Teilnehmer der Emin-Pascha-Expedition angeschafft worden waren und die Peters jetzt als die seinigen betrachten durfte. Wissmann überließ Peters aus seinem Depot in Daressalam 100 Vorderlader und 50 Hinterlader. Wichtiger

---

[30] Beigestelltes Bild in: Peters (!891), S. 32.

noch als diese Waffen waren 17 Repetiergewehre, die Oskar Borchert vom Depotverwalter in Daressalam übergeben wurden. Alle diese Waffen wurden nach Bagamoyo verfrachtet und bei den dort für die Emin-Pascha-Expedition stationierten Somali untergebracht. In Bagamoyo erhielt Peters von Wissmann noch 3000 Patronen für die Repetiergewehre.

In Bagamoyo, wo inzwischen Rust das Kommando über die Somali führte, schickte Peters den raubeinigen Fricke weg. Es hatte sich herausgestellt, dass die angeblich drohende Rebellion unter den Somali, deretwegen Tiedemann das Feld hatte räumen müssen, sich gegen Fricke selbst gerichtet hatte, der wegen seiner Neigung zur Trunkenheit bei den Somali erheblichen Unmut hervorgerufen hatte.

Rust hatte in Bagamoyo unterdessen Beziehungen zur französischen Mission angeknüpft – mit dem Ergebnis, dass der Bruder Oscar mit etwa 60 Trägern aus Zentralafrika zur Hand sein wollte.

Am 26. Mai ging Peters mit der „Neera" zurück nach Sansibar und nahm 73 Somali mit hinüber, um sie dort zu entlassen. Die Herren Bley und Borchert und auch ein Herr Friedenthal, den Peters engagiert hatte, hatten inzwischen schon das Umpacken und die Verminderung der Lasten für die geschrumpfte Zahl der Expeditionsteilnehmer – Zelte, Expeditionsausrüstung, Tauschartikel – fast beendet. Hinzu kam die in einige tragbare Lasten zerlegbare Buschkanone aus dem Waffenarsenal des DOAG-Hauses. Bley erkrankte gleich darauf schwer und musste zurück nach Europa, so dass er für die Expedition ausfiel. Peters blieb noch eine Woche in Sansibar. Geklärt werden musste der Verbleib seiner vom britischen Admiral Freemantle beschlagnahmten Jagdwaffen und welche Möglichkeiten bestanden, mit der „Neera" die Blockade zu umgehen, um die Expedition ins deutsche Schutzgebiet Witu zu bringen und von dort in Marsch zu setzen. Freemantle lag mit seinem Flaggschaff „Boadicea" vor Mombasa. Sein stellvertretender Kommandeur in Sansibar eröffnete Peters, dass er mit der „Neera" nicht nach Mombasa fahren dürfe, so dass Peters sich recht bescheiden mit einem kleinen Schiff nach Mombasa aufmachen musste, um an Bord von Freemantles Flaggschiff zu gelangen. Die Zusammenkunft mit Freemantle ergab, dass Peters seine Jagdwaffen ausgeliefert bekam. Außerhalb der Blockadelinie, so ließ der Admiral weiter wissen, wolle er Peters mit seiner „Neera" nicht in den Weg treten. Und nach Lamu könne die „Neera" geschickt werden, wenn nicht Peters selbst oder Kriegskonterbande an Bord seien.

Peters fasste daraufhin den Plan, mit der „Neera" in die Kwaio-Bay einzufahren, 50 km nördlich von Lamu gelegen – ein gewagtes Unternehmen, an dessen Ausführbarkeit wohl niemand glaubte und dem sich deshalb auch keine Blockade entgegenstellen würde. Vor Rasini, einem dem Festland zugewandten Hafen der Insel

Patta, gedachte er zu ankern, Dhaus zu besorgen und mit diesen die Somali, die Träger, Waffen, Munition, Ausrüstung und einen Teil der Tauschwaren unter seiner Führung in eine der ins gegenüberliegende Festland greifenden Buchten zu bringen, um von dort ins südwestlich gelegene Innere des Sultanats Witu zu gelangen. Die „Neera" sollte, so der Plan, dann mit dem Großteil der an Bord verbliebenen Tauschwaren nach Lamu gehen, von wo aus diese ins Sultanat Witu zur Expedition gebracht werden sollten.

Die Ausführung des Plans forderte strikte Geheimhaltung. Und Peters versuchte seine Widersacher zunächst dadurch zu täuschen, dass er von Sansibar aus Verhandlungen über Trägerbeschaffung in Mozambique aufnahm. Er konnte davon ausgehen, dass sich das ohne sein Zutun herumsprechen und seine wahren Absichten verdecken würde.

Aus Berlin kam am 30. Mai vom Emin-Pascha-Komitee die Nachfrage nach dem Stand der Expeditionsvorbereitungen, und als Peters antwortete, dass die Frage der Bewaffnung gelöst sei, kam ein Telegramm: „Alles recht, vorwärts! Hofmann."

Nun gab es kein Halten mehr. Am 1. Juni, nachdem die Expeditionsausrüstung samt Peters' Jagdwaffen auf der „Neera" verpackt waren, dampfte Peters mit seinen beiden Pointern, Borchert und Friedenthal von Sansibar nach Bagamoyo, wo es einige Tage brauchte, bis Waffen, Munition, die von Frère Oscar bereitgestellten Träger, Rust und die Somali an Bord verbracht waren. Da der Bruder Oscar nur 53 Träger zusammenbrachte, lief Peters noch Daressalam an, um dort weitere 15 Träger zu heuern.

Am 9. Juni nahm die „Neera" von Daressalam weiter Kurs auf Süden, als ob es nach Mozambique gehen sollte, und drehte dann nach Osten auf den offenen Ozean ab. Jetzt erst informierte Peters den Kapitän über Weg und Ziel der Fahrt: Nach Norden abdrehend sollte es über den Ozean weit um Sansibar herum, an Pemba vorbei zur nördlich der Blockade gelegenen Kwaihubucht gehen – von Daressalam aus insgesamt eine Strecke von etwa 600 km.

Die Fahrt ging bei stürmischer See vor sich. Als bei heftigem Schlingern des Schiffes eine Petroleumlampe herunterfiel, in unmittelbarer Nähe eines Pulverfasses explodierte und nur durch beherztes Eingreifen ein Unglück gerade noch verhindert werden konnte, sah Peters dies als ein glückliches Zeichen der Vorhersehung: Ein unbedingtes Vertrauen auf den weiteren Verlauf der Expedition durchfuhr sein Herz.

Einen schweren Dispositionsfehler musste sich Peters nach drei Tagen Fahrt eingestehen: Infolge der zu wahrenden Diskretion über das weit entfernt liegende Ziel der Fahrt war für keine ausreichende Trinkwasserbevorratung gesorgt worden. Den Kapitän verließ der Mut, er wollte aufgeben und die Weiterfahrt abbrechen.

Aber Peters wusste Rat und schaffte Abhilfe. Er ließ Regenwasser einfangen, und das Unternehmen konnte fortgeführt werden. Ein Navigationsfehler führte schließlich noch dazu, dass die „Neera" zu weit nach Norden fuhr.

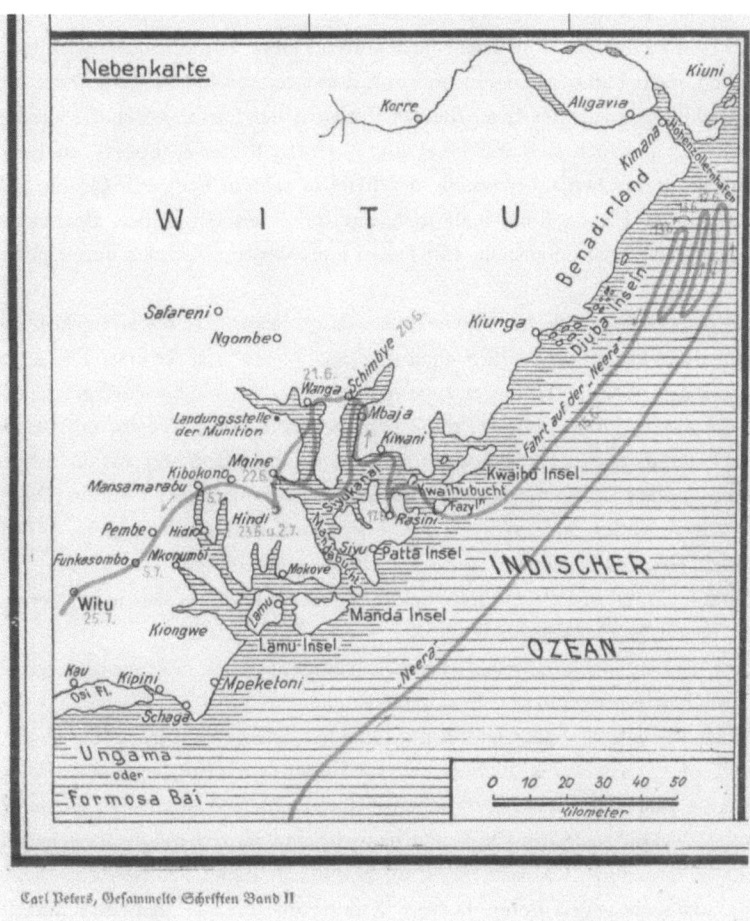

Am 15. Juni erst ging es dann durch die gefährliche Brandung der Kwaihubucht, nachdem man sie dreimal verpasst hatte und zu weit nördlich gefahren war.[31] Der Kapitän verweigerte zunächst die Durchfahrt – ein ohne Lotsen höchst

---

[31] Beigestellte Karte (nächste Seite) ist ein Ausschnitt aus der von C. Jaeschke gezeichneten Karte in: Peters, Gesammelte Schriften, Hrsg. Walter Frank, Bd. 2, München und Berlin (Becksche Verlagsbuchhandlung) 1943. Die von E. Borrmann gezeichnete Karte in Peters, Die deutsche Emin-Pascha-Expedition (1891), enthält nicht das hier wiedergegeben Detail des dreimaligen Vorbeifahrens an der Kwaihubucht.

gefährliches Unterfangen. Aber unter Drohungen führte er das Manöver durch. Die „Neera" warf vor der Insel Patta, fünf Meilen gegenüber dem Festland, Anker.

Nach vier Tagen Anspannung und Schlaflosigkeit fühlte sich Peters etwas aufgeregt: Es galt 100 Menschen und 20.000 Pfund – die gesamte Kriegskonterbande – aufs Festland zu bringen. Die Tauschartikel und Peters' Pointer sollten auf der „Neera" bleiben, nach Lamu verbracht und von dort nachgeführt werden. Dazu mussten Dhaus und Träger von der Insel für das Verladen der Lasten beschafft werden. Peters und Rust begaben sich mit einer Gig – einem Ruder-Beiboot – an Land und suchten den arabischen Gouverneur der Insel in seinem Fort auf. Da die „Neera" unter englischer Flagge fuhr, hielt man ihn für einen Engländer. Er bekam drei Dhaus mit Mannschaften gestellt, 150 Träger zum Verladen wurden ihm zugesichert.

Noch in der Nacht wurde bei schwerer See damit begonnen, die Kriegskonterbande unter der Bedeckung von zwölf Somali von der „Neera" auf die erste Dhau umzuladen. Allerdings blieb die Hilfe der zugesagten Träger aus – merkwürdig! Am Morgen wurde die zweite Dhau beladen, und auch die dritte Dhau lief an, um beladen zu werden. Peters begab sich mit Rust auf die erste Dhau, Borchert auf die zweite. Peters gab in stolzer Erregung das Kommando zur Abfahrt seiner Flottille. Da ertönte ein Ruf von Bord der „Neera" her – es war Friedenthal, der sich meldete:

„Halt! Ein Teil der Lasten ist noch nicht umgeladen!"

Peters, einmal in Fahrt, durchzuckte der Gedanke, dass sich jeder Verzug verbiete, da gleich die Flut verebben würde:

„Sie bleiben auf der „Neera", Friedenthal! Heute noch oder morgen schicke ich die dritte Dhau zurück, um den Rest nachzuziehen!"

Nach nur kurzer Fahrt ließen die Dhaubesatzungen plötzlich die Segel fallen und verlangten, dass Peters noch einmal zur Beratung im Fort erscheine. Peters witterte Verrat: Man hatte wohl inzwischen mitbekommen, dass es sich bei den Passagieren der „Neera" nicht um Engländer handelte und wartete möglicherweise auf eine Weisung Freemantles, was mit ihnen zu geschehen habe. Peters' Leute ließen die Dhaubesatzungen gegen deren kurzen Widerstand über Bord gehen und hissten erneut die Segel. Nun war Peters Herr von drei Dhaus und steuerte den Siyukanal an und dann eine weiter landeinwärts sich erstreckende Bucht, deren linkes Ufer bereits zu einer schmalen Halbinsel des Sultanats Witu gehörte, auf deren anderer Seite, an einem Creek, Wange lag, wo Herr Schönert eine Plantage Denhardts betrieb.

Abends ging er in der Bucht vor Mbaja, am Ufer gegenüber der Sultanatsküste von Witu, vor Anker. Leute und Ladung der dritten Dhau wurden auf die beiden anderen Dhaus umgeladen. Am nächsten Morgen wurde Borchert mit sechs Somali und der leeren Dhau zur „Neera" zurückgeschickt, um die restlichen Lasten Kriegskonterbande nach Schimbye nachzuziehen, einem Dorf in der Bucht gegenüber Mba-ja, auf Witugebiet liegend. Bei günstigem Wind und Sonne setzte Peters selbst in zwei Stunden zum Ankerplatz nahe Schimbye hinüber. Die Ladung wurde gelöscht.[32] Und im nahen Dorf Schimbye schließlich ließ Peters am 17. Juni unter der Flagge des Sultans von Witu sein Lager aufschlagen mit 60 Trägern, 27 Soldaten und 250 Lasten.

„Wissen Sie"– so Peters zu Rust – „ein gewisses Triumphgefühl kann ich nicht unterdrücken. Ich habe die Engländer überlistet, die sich ihrer Sache allzu sicher fühlten. Diese Selbstsicherheit ist ein Nationalfehler der Engländer überhaupt, der sie noch einmal teuer zu stehen kommen könnte. Aber noch sind wir der Willkür der Engländer ausgeliefert, solange wir an der Küste lagern. Was, wenn plötzlich englische Marinesoldaten hier erscheinen? Allerdings muss ich einige Tage hier halten lassen. Die erschöpften Leute brauchen Ruhe, die Zeltlasten müssen auseinander genommen werden, die Waffen und das Geschütz müssen gereinigt werden. Alles war dem Seewasser ausgesetzt."

Landung in Schimbye.

Peters unterzog die von der „Neera" nach Schimbye überführten Lasten einer Inspektion. Eine Nachricht an Tiedemann, Denhardt und Töppen in Lamu wurde noch am 18. Juni auf den Weg gebracht, dass Peters glücklich das Festland erreicht habe.

An Stelle von Borchert kam Friedenthal mit den restlichen Kriegswaffen von der „Neera" per Dhau in Peters' Lager an. Borchert selbst war auf der „Neera" geblieben, um mit ihr weiter nach Lamu zu gehen. Peters begab sich in Begleitung einiger Somali am folgenden Tag auf die andere Seite der schmalen Halbinsel nach Wange zu der von Schönert bewirtschafteten Station Denhardts. Hier hoffte er, zusätzliche Träger für die Überführung der Lasten von Schimbye nach Wange zu bekommen – vergeblich! Und von der Station aus bot sich ihm ein Blick auf die

---

[32] Beigestelltes Bild (folgende Seite) in: Peters (1891), Textbild S.41.

Mangabay: Dort lag das ihm wohlbekannte Flaggschiff des Vizeadmirals Freemantle, die „Boadicea"! Von Schönert begleitet ging es stracks zurück nach Schimbye.

Auf dem Weg dorthin kam Tiedemann entgegen. Auf der Suche nach Peters waren Tiedemann, Töppen, Denhardt und Gerstäcker mit der Töppenschen Dhau inzwischen nach Schimbye gekommen. Tiedemann war von Rust und den Somalis freudig begrüßt worden und hatte sich gleich in Richtung Wange aufgemacht, um Peters zu treffen. Jetzt erlebte er einen erhabenen Augenblick mit kräftigem Händedruck: Nur ein Peters konnte so ein Bravourstück wie die Umgehung der englischen Blockade fertig bringen!

Peters bemerkte, als man zusammen wieder in Richtung Schimbye ging, leichthin: „Mit etwas kühler Berechnung habe ich den Engländern ein Schnippchen geschlagen."

Und von Tiedemann erfuhr er, dass vor der Küste inzwischen vier englische Kriegsschiffe kreuzten. Die Nachricht, dass Töppen von dem arabischen Händler Salim Bin Hamis in Takaungu so viele Träger bekommen könne, wie immer er wünsche, dass aber unter den obwaltenden Umständen diese aus dem englischen Interessengebiet nicht herbeizuschaffen seien, nahm Peters mit Schweigen auf und schwieg weiter, bis man das Lager erreicht hatte.

6. HERSTELLEN DER MARSCHBEREITSCHAFT

Peters entwickelte vor den um ihn versammelten Herren den Plan für das weitere Vorgehen.

„Die Frage weiterer Trägerbeschaffung wird sich in Witu beim Sultan klären lassen müssen, wo ich in Sicherheit bin. Als nächstes gilt es erst einmal Hindi zu erreichen – etwas weiter von der Küste entfernt und gegenüber Lamu gelegen bin ich dort vor dem Zugriff der Engländer schon etwas geschützt. Dort muss die Expedition marschbereit gemacht werden. Nach Hindi sind auch meine Kamele von Lamu zu bringen und auch die noch auf der „Neera" verbliebenen Tauschartikel, die Herr Borchert in Lamu anlanden wird. Herr Töppen wird jene Tauschartikel, die bei der Route durchs Massaigebiet nicht zu gebrauchen sind, gegen solche eintauschen, welche allein bei den Massai begehrt sind: Eisendraht, Kupferdraht und Massaiperlen. Und aus Sansibar bitte ich Herrn Töppen dort noch bereitliegende Lasten für die Massairoute beizubringen. Eisendraht, Kupferdraht, Massaiperlen. Ohne Eisendraht, Kupferdraht und Massaiperlen ist bei den Massai, die Wegezoll – hongo - fordern, kein friedliches Durchkommen und kein Geschäft zu machen. Das wussten mir in Aden Graf Teleki und Herr Kapitän Höhnel zu berichten, die ich dort zu treffen das Glück hatte, nachdem die beiden noch einen Abstecher ins abessinische Harar gemacht hatten. Die hatten bei ihrer Expedition ins Innere etwa 100 Rollen Eisendraht dabei. Interessant, was sie über ihre Begegnung mit den Massai zu berichten wussten – eine wertvolle Ergänzung zu oder gegenüber dem, was man bisher aus Thomsons Bericht[33] über diese Schreckensgestalten erfahren hat. Thomson überhaupt, der sich bei den Massai durch lächerliche Zauberkunststücke zum Kasper degradiert hat! Teleki und Höhnel – tolle Burschen das! Haben sich während ihrer Expedition doch tatsächlich auch als Viehdiebe durchschlagen müssen ..."[34]

Hatte Tiedemann richtig gehört? Konnte es sein, dass Tauschartikel auf der „Neera" mitgeführt wurden, die für die Tana-Massai-Route gar nicht zu gebrauchen waren, Brauchbares vielleicht noch in Sansibar lag? Ein Täuschungsmanöver des

---

[33] Dt.: Joseph Thomson, Durch Massai-Land. Forschungsreise in Ostafrika zu den Schneebergen und wilden Stämmen zwischen dem Kilima-Ndjaro und Victoria Njansa in den Jahren 1883 und 1884, Leipzig (Brockhaus) 1885.
[34] Der entsprechende Reisebericht erschien 1892: Ludwig von Höhnel, Zum Rudolph-See und Stephanie-See. Die Forschungsreise des Grafen Samuel Teleki in Ost-Aequatorial-Afrika 1887-1888, Wien (Hölder) 1892.

Doktors für überall herumschleichende Spione im englischen Sold über die geplante Route? Ein Dispositionsfehler? Peters fuhr fort:

„Vor uns liegt ein hartes Stück Arbeit: 250 Lasten und nur 60 Träger. Da werden die einzelnen Etappen auf dem Weg nach Hindi, wo dann meine Kamele dazu stoßen, von den Trägern mehrmals zurückzulegen sein. Als erstes wird die ganze Mannschaft mit allen Lasten von hier erst einmal rüber nach Wange zu bringen sein, wo wir vor den Engländern sicherer sind. Die nächste Etappe muss dann Mgine an der Mandabay sein, von wo es nach Hindi geht. Also, sobald hier alles marschbereit ist: Wange!"

Als alles Kriegsgerät und ein Teil der anderen Lasten unter der Leitung Schönerts von Schimbye nach Wange getragen worden war, erwog Peters, auf schnellerem Wege Mgine zu erreichen – statt Landmarsches mittels der Dhaus, die ihm jetzt zur Verfügung standen. Es würde sich zeigen, ob das unter den Augen der Engländer möglich war. Ausgenommen sein musste freilich das Kriegsmaterial. Wenn das in die Hände der Engländer fiele, wäre die Expedition am Ende. Peters beorderte zwei der gekaperten Dhaus und die Töppensche Dhau, die noch vor Schimbye lagen, um die Halbinsel herum nach Wange. Und tatsächlich nahmen die Engländer von den Dhaus keine Notiz. Peters schickte die Dhaus wieder nach Schimbye zurück, wo noch Rust mit dem Rest der Lasten und Friedenthal mit der kleineren der gekaperten Dhaus waren. Rust und Friedenthal sollten mit den verbliebenen Lasten und Trägern per Dhaus direkt Mgine ansteuern. Die Aktion verlief erfolgreich – wieder mal ließen sich die Engländer täuschen! Friedenthal kam schon morgens um 9 Uhr in Mgine an, dann folgte Gerstäcker mit einer Dhau.

Das Kriegsmaterial schickte Peters von Wange mit der Töppenschen Dhau unter Töppens Kommando mit Tiedemann und 7 Somalis zur Bedeckung an eine nur eine kurze Strecke entfernt liegende Stelle des Creeks. Von dort aus war Mgine in nur zweieinhalbstündigen Landmarsch, englischer Sicht entzogen, zu erreichen. Tiedemann hielt während der Überfahrt mit seinem Krimstecher die „Bodicea" im Blick, bereit, bei Annäherung einer Dampfpinasse die Dhau sofort auf den Strand laufen zu lassen und die Kisten in Sicherheit zu bringen. Aber die Engländer schienen sich um eine beliebige Dhau nicht kümmern zu wollen, so dass die Anlandung des Kriegsmaterials unbehelligt vonstatten ging. Peters behielt, gemeinsam mit Denhardt, das Unternehmen von Wange aus im Blick, wohin Töppen mit seiner Dhau wieder zurückkehrte. Von dort ließ sich Peters mit den verbliebenen Lasten und Trägern nach Mgine verfrachten, wo er um 18 Uhr ankam.

Tiedemann saß indessen den Tag über bis zur Dunkelheit ohne Essen und Trinken bei den Lasten am Ufer des Creeks. Der Durst setzte ihm zu, ein Somali lag schwer fieberkrank darnieder, stöhnte und schrie zu Allah. Abends wurden endlich einige Konserven von Mgine gebracht: Stark geräucherte Wurst, mixed pickles und Sardinen – bestens geeignet, um durstig zu machen - und nichts zu trinken!

Um 10 Uhr abends wurde zu Tiedemanns Freude der Befehl des Doktors überbracht, er solle sofort nach Mgine kommen. Er legte die Strecke, wie ein Hase laufend, in eineinhalb Stunden zurück, konnte endlich seinen Durst löschen und wurde bis zum Morgen von Hyänengeheul wach gehalten. Mit 30 Trägern holte er am nächsten Tag die Lasten unter erheblichen Schwierigkeiten nach Mgine. Der Somali Hussein, Tiedemanns „schwarze Perle", führte die Träger an, und auf dem Marsch schoss er auf eine ungeheure zwei Meter lange Puffotter. Als Tiedemann sich bückte, um sie näher in Augenschein zu nehmen und um mit der Hand zuzugreifen, richtete die Bestie sich plötzlich auf und öffnete den Rachen mit herrlichsten Giftzähnen. Tiedemann machte einen Luftsprung rückwärts und zerschmetterte mit einer Revolverkugel ihren Schädel. Abends saß man dann in Mgine beim Skat.

Das Überführen der Lasten von Mgine nach Hindi am nächsten Tag machte Tiedemann deutlich, dass der Trägertruppe noch jede Disziplin fehlte.

Peters, mit den Askari voran, die er inzwischen als ‚seine' Somali bezeichnete, hatte gerade sein Zelt mitten im Ort aufschlagen, die umliegenden Hütten für die Askari besetzen und Posten zur Wache aufziehen lassen, als Borchert, auf einem Esel reitend, von Lamu herüber kam, das von Peters gewünschte Reitpferd mit sich führend und auch Peters' Pointer. Peters und die Hunde waren außer sich vor Wiedersehensfreude. Borchert, von Fieber etwas gezeichnet, konnte zu dieser Szene nicht einmal beifällig schmunzeln. Er hatte eine Nachricht zu überbringen, die auf das eben Fahrt aufnehmende Unternehmen wie ein auf die Geleise geworfener Hemmschuh wirken musste.

Die Engländer hatten die „Neera", als sie mit Borchert vor Lamu lag, gekapert, obwohl keine Kriegskonterbande an Bord war, und nach Sansibar entführt! Offenbar Freemantles Rache für dessen missglückten Blockadeversuch.

Peters zog sich mit Borchert zu einer langen Besprechung in sein Zelt zurück. Die Pläne zur Beschaffung und Bereitstellung der Tauschwaren für die Tana-Massai-Route waren mit der Entführung der „Neera" über den Haufen geworfen. Von Sansibar aus sollte Borchert Tauschwaren für die Massai auf irgendeinem anderen Weg über Lamu nach Witu durchschleusen. Im vorhandenen Lastenbestand fand sich gerade eine Rolle Eisendraht! Und Borchert bekam den Auftrag, von Sansibar aus einen Prozess um die „Neera" anzustrengen. Als Teilnehmer der Expedition fiel nun auch Borchert aus, nachdem schon Bley krankheitshalber Afrika schleunigst den Rücken hatte kehren müssen ...

Als Tiedemann im Lager erschien, teilte er das beschämende Gefühl ohnmächtiger Wut über die englische Vergewaltigung. Aber er war sich sicher, dass der Doktor einen Ausweg finden würde. Die Träger wurden auf umliegende Hütten verteilt, Friedenthal beaufsichtigte die Lagerküche und die Essensausgabe.

Zum Abendbrot kochten Tiedemann und Peters sich eine Büchse Hammelkohl. Als man sich zum Essen vor Peters Zelt setzte, verging dem plötzlich der Appetit, und mit Ekel blickte er auf das, was da angerichtet war:

„Ich perhorresziere das ... Es sind Zwiebeln drin."

Tiedemann war erstaunt.

„Sie haben es doch selbst ausgesucht, lieber Doktor ... Und bedenken Sie: ‚Die Zwiebel ist des Juden Speise/ Das Zebra trifft man stellenweise.' ... Unser Ziel ist Wadelei ... und auf dem Weg dorthin werden wir zweifellos auf Zebras treffen und dortselbst, so Gott will, auf unseren Landsmann, der ja nun auch ein Spross jenes Volkes ist, das es verstand, trockenen Fußes das Rote Meer zu kreuzen. So lässt sich ein Reim auf das machen, was vor uns steht bzw. liegt – alles passend und im Plan ... ein gutes Omen gleichsam ..."

Peters rang sich ein Lächeln ab und nickte Tiedemann zu.

„Alles recht. Und ein Spross jenes Volkes ist auch mein Freund Dr. Arendt,[35] der in Berlin unsere Sache entschieden und an entscheidender Stelle unterstützt. Aber in diesem Fall muss ich aus Gründen vorausehbar unkontrollierter Darmtätigkeit ... nein, dazu nichts weiter ... ich will nicht auch Ihnen den Appetit verderben ..." Er stöhnte leicht und schob sein Essbesteck von sich.

Tiedemann lachte: „Tant mieux, j'ai mangé la boite moi seul." Um so besser also – er konnte die ganze Büchse allein leeressen.

Tags darauf trafen die Kamele mit ihren Treibern aus Lamu ein, und am 25. Juli war die gesamte Truppe beieinander. Tiedemann erbat von Peters Urlaub, um seine Sachen von Lamu zu holen und machte sich mit einem Esel auf den Weg. Seit einer Woche unrasiert, den breitrandigen Hut auf dem Kopf – einen Tropenhelm trug hier niemand – lederne Gamaschen an den Beinen, mit umgehängter Büchse und Revolver und Messer im Gürtel kam er sich vor wie ein Ritter von der Landstraße. Nach Verpacken seiner Lasten, für deren Transport es drei Träger brauchte, war er nach zwei Tagen mit Tropenhelm statt Hut und in Stiefeln wieder zurück und brachte auch seinen Hund Mopke mit.

Um sich nützlich zu machen, versuchte er, eine Liste der verschiedenen Kisten und deren Inhalts anzulegen, die von der „Neera" glücklich bis Hindi geschafft worden waren. Es herrschte da aber ein solch furchtbares Tohuwabohu, dass kein Durchfinden war. Tiedemann gab auf.

---

[35] Dr. Otto Arendt, Schriftführer des Emin-Pascha-Komitees.

Einer der Kameltreiber stahl eine Ziege und jagte sich in seinem Zelt eine Kugel durch den Kopf, als Peters befahl, ihn in Ketten zu legen. Der Mann wollte der Schmach entgehen. Tiedemann war beeindruckt vom hohen Ehrverständnis der Somali.

Bei einer Lagebesprechung, zu der Peters rief, wurden seinen verbliebenen Begleitern neue organisatorische Entscheidungen bekannt gegeben.

„Dem aktuellen Mangel an Trägern wird mit einer Aufteilung der Expedition in zwei Kolonnen begegnet. Die erste unter meiner Führung geht mit der Hälfte der zur Verfügung stehenden Somali, 150 Lasten und allen Trägern tanaaufwärts und weiter bis zum Kenia. Zu meiner Kolonne gehören auch die Kamele und Esel als Tragtiere. Die zweite Kolonne wird, von Herrn Rust angeführt, mit der anderen Hälfte der Somali, 150 Lasten und mit noch anzuwerbenden Trägern zum Kenia folgen und die noch von Sansibar zu erwartenden Tauschartikel für die Massairoute mit sich führen."

Aufteilung der Expedition! Das war nun freilich eine ganz neuartige Disposition ... Und Tiedemann fragte sich, zu welchem Teil er geschlagen würde. Aber so weit war es jetzt noch nicht. Peters fuhr fort:

„Zunächst ist in fünf Tagesmärschen die Residenz des Sultans zu erreichen, wo die Expedition durch Vermittlung von Herrn Denhardt für 14 Tage Station machen kann und endgültig in Sicherheit ist. Dort sind auch die Tauschwaren aus Sansibar zu erwarten. In fünf Tagen werden wir das Lager hier abbrechen, bis dahin muss alles zum Abmarsch fertig sein."

Inzwischen hatte ein dauerhafter Regen eingesetzt, alles schwamm im Wasser. Kamele, Esel und Peters' Reitpferd waren ohne Obdach. Peters Pointer und Tiedemanns Mopke fanden Unterschlupf in den Zelten ihrer Herren. Unter den Somali brach Dysenterie – Ruhr – aus. Abends kramte Tiedemann in der Bibliothek des Doktors und entdeckte mit Entzücken die Werke Bulwers, seines Lieblings, und auch Carlyles „Friedrich der Große".

Die folgenden Tage ließ Peters unter seiner Aufsicht Ordnung in die zu transportierenden Gepäckstücke bringen. Er teilte sie in verschiedene Haufen ein: Für Kamele, für Esel, für Träger und ließ alles listenmäßig erfassen. Einige Kamele konnte er noch hinzukaufen, und einige Träger für den Transport nach Witu ließen sich noch anwerben. Und endlich wollte er auch einmal mit sich allein sein. Mit seinem Pferd machte er Ausritte bis hin zur Düne, die nach Lamu hinüberging, das ihm verschlossen war, und blickte, eine einsame Gestalt zu Pferde, hinüber zur See. Von einem Zurück konnte keine Rede mehr sein, er musste sich den unerforschlichen Ratschlüssen der Vorsehung überlassen.

Der für den 3. Juli um 8 Uhr geplante Aufbruch verzögerte sich bis um 12 Uhr. Die Träger waren nur schwer zusammen zu bekommen. Es herrschte Geschrei, Geschimpfe in acht Idiomen: Deutsch, Französisch, Englisch, Kisuaheli, Kinyamwesi, Kinyema, Kisomali und Arabisch. In den ersten vier konnte sich Tiedemann gut verständigen. Der Wirrwarr war allgemein beim Zuordnen der Lasten – diesem war eine zu schwer, einem anderen eine zu groß. Tiedemann ging mit dem Stock dazwischen, teilte Jagdhiebe aus. Schließlich setzte er sich resignierend auf eine Zwiebackkiste und merkte dann doch: Es geht – wenn auch nur langsam. Rust blieb mit den ihm zugeteilten Somali zurück, um die noch übrigen Lasten zu bewachen, die Tiedemann am nächsten Tag noch nachholen musste.

Peters trabte hoch zu Ross, seine beiden Pointer liefen nebenher, mit frohen Empfindungen der Kolonne voraus nach Kikobone, nur zehn Kilometer entfernt, das er gegen Mittag erreichte. Erst gegen Abend kam Tiedemann dort an, schlug sein Zelt auf und schlief gleich ein. Einige Träger hatten sich vorm Tragen gedrückt oder ganz davon gemacht.

Peters beschloss, sich für den nächsten Marschtag ans Ende der Kolonne zu setzen, um die Sache besser unter Kontrolle zu haben. Ziel war Mansa Marabu, wohin Friedenthal mit einem Teil der Kolonne zuerst aufbrach, um dann mit seinen Trägern zum Aufnehmen übriger Lasten zurück zu kommen. Er kam nachts zurück, und von Tiedemann brach mit ihm gemeinsam nach Mansa Marabu auf. Es wurde ein chaotischer Marsch, da die Truppe nicht zusammen gehalten werden konnte. Die Träger gingen einen kürzeren Weg, der für die Kamele und Esel nicht passierbar war. Esel brachen unter ihrer Last zusammen, Kamele mit ihren Treibern verliefen sich. Nachdem man morgens das Ziel erreicht und das Lager aufgeschlagen hatte, kam auch Peters zu Pferde an. Er entrüstete sich:

„Alle Träger sind natürlich hier. Aber auch alle Lasten? Nein! Ich werde herausfinden, wer sich ohne Lasten durch die Gegend geschlichen hat. Es ist Zeit für eine Vorstellung vor versammelter Mannschaft ... Auspeitschen der Delinquenten mit der Rhinozerospeitsche und in Eisen legen ...“

„Was hier im Schutzgebiet nahe der Küste politisch nicht opportun ist ...“, warf Tiedemann ein.

„Stattdessen aber ...?“

„Stattdessen die gelisteten Lasten jeweils einem bestimmten Träger zuordnen, dann kann sich keiner drücken.“

Im gleichen Augenblick erhob sich ein fürchterlicher Lärm. Kamele, Esel, Ziegen und Menschen rasten wie wahnsinnig durcheinander. Ein riesiger Bienenschwarm hatte das Lager überfallen. Nach dem ersten Erschrecken zündete die Mannschaft geistesgegenwärtig Feuer an, deren Rauch vor den Angreifern schützte.

Eine kleine Ziege, die angebunden und von den bestachelten Teufeln bedeckt war, hatte sich gesenkten Kopfes in ihr Schicksal ergeben.

„Erlösen Sie das arme Tier von seinen Qualen!", rief Peters Tiedemann zu und bedeutete ihm, von seinem Revolver Gebrauch zu machen. Von Tiedemann eilte zu dem Tier, schnitt den Strick durch und rettete es, indem er es in den Rauch eines Feuers trug. Er selbst wurde dabei arg zerstochen. Gegen Abend wollte ein Esel infolge der Bienenstiche unter Qualen krepieren. Tiedemann beförderte ihn mit einem Revolverschuss schmerzlos ins Jenseits.

In der übernächsten Nacht, noch in Mansa Marabu, hörte von Tiedemann erstmals Löwengebrüll.[36]

Lager in Mansamarabu. (Zu S. 60.)

Als nächstes Zwischenziel wurde dann recht geordnet der Ort Funga Sombo erreicht – von wenigen Störungen abgesehen: Tiedemann musste zunächst noch mit drei Somali in Mansa Marabu zur Bewachung mehrerer Lasten zurückbleiben, die eigentlich zur Kolonne Rust gehörten. Er konnte sie erst weiter transportieren, nachdem ihm von Funga Sombo ein Kamel zurückgeschickt worden war. Auf dem Weg nach Funga Sombo brannte das Tier durch, nachdem ihm der Tragsattel unter den Bauch gerutscht war, und musste erst wieder eingefangen werden.

---

[36] Beigestelltes Bild zum Lager in Mansamarabu in: Peters (1891), zu S. 60.

In Funga Sombo dann wurde die Truppe für ihr Auftreten in Witu vorbereitet. Tiedemann übernahm die Aufgabe, Paspelierungen für die „Uniformen" der Somalisoldaten herzustellen.

Zum Marsch nach Witu setzte sich Peters wieder an die Spitze. Tiedemann musste zunächst zurückbleiben. Als er schließlich mit einem Kamel, das zu ihm zurückgeschickt worden war, in Richtung Witu aufbrach, kam ihm schon ein ganzes Wüstengeschwader unter der Führung Friedenthals aus dem urwaldumgebenen Witu entgegen, das zurück nach Hindi unterwegs war, um die Kolonne Rust nachzuziehen.

Der Einzug in Witu ging unter einem ungeheuren Volksauflauf vor sich. Sultan Fuma Bakari stellte vier Häuser um einen großen Platz bereit, in denen die Askari unterkamen. Die Träger wurden in umliegende Hütten verteilt. Friedenthal betrieb und überwachte die Küche und die Essensausgabe. Auf dem Platz selbst hatte jeder der Herren der Expedition ein Zelt für sich mit guter Bettstelle. Die gemeinsamen Mahlzeiten wurden in Peters' Zelt eingenommen. Die Flagge Schwarz-Weiß-Rot und die des Sultanats wurden aufgezogen. Zwei Somali in in ihren schwarz-weiß-rot paspelierten weißen Uniformen mit dem roten Torbusch auf dem Kopf wurden als Wachen aufgezogen. Die Kanone wurde zusammengesetzt, aufgestellt, und Tiedemann machte sich mit ihr vertraut: 3,7 cm Buschkanone von Krupp. Dazu 100 Schuss Kartätschmunition und 100 Schuss Granaten. Macht einen erheblichen Aufwand an Trägern bei einer Expedition mit 150 Lasten, die nicht viel mehr als eine Jagdgesellschaft sein wird und sich durch Urwald schlagen muss. Aber sicher auch, wenn erst einmal aufgestellt, furchteinflößend, ohne dass ein Schuss abgegeben werden müsste.

Bisweilen bekam Tiedemann in seinem Zelt Besuch von Peters' stolzen Pointern, die von Mopke, der sich als braves, anhängliches Geschöpf erwiesen hatte, jedesmal mit eifersüchtigem Knurren empfangen wurden.

Am 8. Juli traf Peters erstmals den Sultan bei einer ihm gewährten einstündigen Audienz. Die Großen des Ortes statteten Peters abends in seinem Zelt Besuche ab. Aus den Lasten hatte er das Herophon herausgesucht, und die Gäste lauschten bewundernd den etwas trivialen, aber melodischen Weisen, die von den aufgelegten Lochplatten des Leierkastens ertönten.

Tiedemann fiel besonders der erste Offizier des Sultans auf: In arabischer Tracht eine imponierende Erscheinung, aber in die preußische Uniform eines Artillerieoffiziers gezwängt eine vollendete Karikatur. Die Beinkleider, noch von ganz engem Schnitt, rutschten in Ermangelung ihrer Stege bis an die Knie in die Höhe, unten die bloßen Füße in Sandalen ... Tiedemann zeigte ihm die Fotografie, auf der er als Dragonerleutnatnt abgelichtet war und die er seit Beginn seiner Reise als eine Art Selbstversicherung seines Ego mit sich trug: Eine achtunggebietende Gestalt, gestiefelt und gespornt, in einer Uniform von tadellosem Sitz, die Hand am Degen, in halb lässiger Haltung ...

In den nächsten Tagen traten dann ernsthafte Probleme auf, die Peters mitunter zweifeln ließen, ob Witu überhaupt als Basis für die Expedition tauglich war. Er musste erfahren, dass auch hier keine Träger in ausreichender Zahl zu gewinnen waren, weil Kolonnentransporte über Land unüblich waren. Und von besonderem Gewicht war die Nachricht von am Tana herrschender Hungersnot. Es war also den Tana aufwärts kein Getreide für die Ernährung der Truppe gegen mitgeführte Tauschwaren zu bekommen! Zur Lösung des Problems nahm Peters mit einem Araber in einem nahe der Küste gelegenen Ort, Kau, Verbindung auf und vereinbarte die Lieferung von Getreide, das per Tanabooten – Miau (der Plural von Mau) – den Tana herauf nach Engatana, etwa einen Tagesmarsch westlich von Witu, gebracht werden sollte. Mit der Abwicklung des Geschäfts wurde Herr Clemens Denhardt beauftragt, der sich inzwischen auch in der Residenz des Sultans eingefunden hatte, und bekam von Peters eine entsprechende Anweisung für die Bank.

Ein unvorhergesehenes Ereignis trat ein, als eine Gesandtschaft von etwa 100 Kawallallah-Somali, die östlich von Kenia sitzen, mit ihrem Scheriff Hussein ungeladen, aber ganz selbstbewusst im Gänsemarsch im Ort erschien – größtenteils mit Flinten bewaffnet, aber auch mit Schild und Speer und Bogen und Pfeilen. Ganz Witu geriet in Aufregung, und die verängstigte Bevölkerung machte sich rasch unsichtbar. Die im Lager aufmarschierten Askari samt der Kanone flößten den Kerls allerdings ordentlich Respekt ein. Scheriff Hussein wollte mit Sultan Fumo Bakari die Möglichkeit eines Durchzugs zum Tana verhandeln, weil er dort gegen Engländer und Gallas im Krieg lag. Peters vermutete, dass es zwischen der Expedition des Mr. Pigott und den Somali zu Auseinandersetzungen gekommen war und die Somali nun auf einen Rachezug aus waren.

Mit diesen Somali hatte man auf der Tanaroute also auch zu rechnen! Peters ergriff die Gelegenheit, einen Vertrag mit Hussein, dem Sheriff der Somali, zu schließen, der sich gegen Engländer und Gallas richtete. Und schließlich konnte er von den Somali noch vier Kamele erhandeln.

Vom Sultan bekam Peters ein Begleitschreiben, das dessen am linken Tanaufer wohnenden Untertanen zur Unterstützung der Expedition verpflichtete.

Nach den geplanten 14 Tagen Aufenthalt in Witu wartete man immer noch vergeblich auf die von Borchert zuzuführenden Tauschwaren für die Tanaroute. Weitere Kamele und Esel wurden gekauft. Und immerhin konnten doch noch einige Träger angeworben werden, aber es wurde auch deutlich, dass sich hier nimmermehr eine hinreichende Anzahl von Trägern für die Kolonne Rust würde anwerben lassen.

Peters entschied, dass er die Träger seiner Kolonne Tiedemanns besonderer Obhut anvertrauen werde. Tiedemann hatte genügend Eindrücke gesammelt, um eine Einschätzung seiner Aufgabe abgeben zu können: „Am wenigsten ist mir bange um unsere 15 Menschenfresser aus dem Innern Afrikas, die Manyema mit ihrem Anführer Nogola, die Sie aus Daressalam mitgebracht haben. Die haben wir am sichersten in der Hand. Wie es mit den hiesigen Zugeworbenen geht, muss sich zeigen. Die werden noch am ehesten zur Desertion neigen."

Tiedemann, der sich bisher bester Gesundheit erfreut hatte, beneidet sogar von Peters, bekam einen heftigen Fieberanfall, und es warf ihn für fünf Tage aufs Bett. Friedenthal kündigte inzwischen – warum auch immer – seinen Dienst auf.

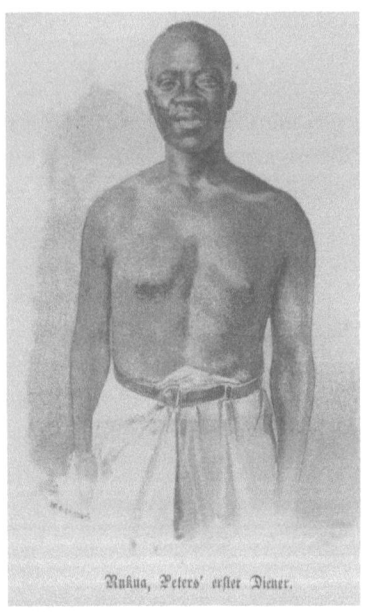

Rukua, Peters' erster Diener.

Endlich war die erste Kolonne komplettiert und die Zeit reif für deren Aufbruch. Ihr Bestand belief sich auf 16 Kamele, 8 Esel, 1 Reitpferd, 2 Hunde, 85 Träger und 13 Trägerweiber für das Privatgepäck ihrer Herren, 12 Somalisoldaten, 4 Somali als Kameltreiber und 8 Privatdiener[37] für verschiedene Aufgaben. Hamiri, einen Lamumann, hatte Peters als Wegführer für den Tana engagiert. Seinen Hund Mopke hatte Tiedemann inzwischen Herrn Friedrich zurückgegeben, weil er Mopke die zu erwartenden Bedingungen des Marsches nicht zumuten wollte; für den Umgang mit den Pointern des Doktors schien er nicht soziabel zu sein.

Zwei Tage vor dem Aufbruch versammelte Peters in seinem Zelt neben von Tiedemann und Rust auch die beiden Denhardts. Über die Ravensteinschen Karte der Imperial British East African Company gebeugt erklärte Peters:

„Ich gehe mit meiner Kolonne, zu der nun endgültig Herr von Tiedemann gehören wird, nach Engatana und den Tana aufwärts bis zum Sultanat Oddobarurova, wo die Gallas hausen. Dort werde ich Station machen. Herr Kapitänleutnant Rust

---

[37] Beigestelltes Bild des Dieners Rukua in: Peters (1891), S. 76.

wird mit seiner Kolonne dorthin folgen – und zwar, da nun hier an keine Träger zu kommen ist, mit Miau, Tanabooten – mitsamt den noch von Herrn Borchert zu erwartenden Tauschartikeln. Oddobarurova also und nicht Kenia, weil bald nach Oddobarurova der Tana nicht mehr schiffbar ist. Dort, bei den Gallas, müssen dann weitere Träger angeheuert oder auch Esel gekauft werden."

Wäre ein photografischer Apparat dabei gewesen, wäre jetzt der Zeitpunkt für eine Aufnahme gewesen ... Peters gab nach kurzem Innehalten bekannt:

„Meine Kolonne bricht übermorgen, am 26. Juni, 7 Uhr, auf, um Engatana in zehnstündigem Marsch zu erreichen."

Man blickte von der Karte auf. Es gab Bedenken. Man hatte gehört, dass mit der Wüstenschiffkolonne, den Kamelen, schwerlich Engatana, nur wenige Kilometer von Witu entfernt am Tana liegend, auf direktem Wege zu erreichen sei, weil nach dem Weg durch die Steppe dem Tanaufer undurchdringliches Waldgebiet vorgelagert sei. Peters, der inzwischen schon ganz andere Schwierigkeiten bemeistert hatte, verkündete nach längerem Hin und Her entschlossen:

„Übermorgen Abmarsch mit Tagesziel Engatana!"

Tiedemann schwieg dazu, hatte allerdings seine eigenen Gedanken. Wie konnte es sein, dass Peters den Weg zum naheliegenden Engatana nicht hatte vorab erkunden lassen? Zeit dafür hatte es mehr als reichlich gegeben. Und es hätte Grund genug dafür gegeben: Kolonnenverkehr war hier aus Gründen nicht üblich – kaum durchdringliche Vegetation war der Schutzwall für das Sultanat.

7. DER MARSCH NACH ENGATANA

Peters eröffnete Tiedemann am Tage vorm Aufbruch der Kolonne eine Planänderung: „Ich werde am ersten Tag nur einige Meilen vorstoßen, damit sich die Truppe ans Marschieren gewöhnen kann, und in der Nähe einer Plantage des Sultans das Lager aufschlagen lassen."

Am Morgen des Aufbruchs gab Tiedemann um 7 Uhr das Trompetensignal. Peters hatte noch im Landhaus von Clemens Denhardt zu tun, wo er Rust letzte Anweisungen gab, und machte sich dann, nachdem die Kolonne von Tiedemann bereits insgesamt in Marsch gesetzt worden war, zu Pferde auf den Weg, seine Pointer an seiner Seite. Die Würfel waren im Rollen. Ein Zurück würde es jetzt nur noch auf dem Umweg über den Tana, Baringo, Nil, und wenn Gott es wollte, über die Äquatorialprovinz geben. Er ließ es im schnellen Trab gehen, um noch rechtzeitig beim Aufschlagen des Lager am vorausbestimmten Platz die notwendigen Anordnungen selbst treffen zu können. Sein Erstaunen war groß, als dort, die Sonne stand inzwischen brennend im Mittag, von der Expedition nichts zu sehen war. Im zur Plantage des Sultans gehörenden Landhaus erfuhr er, dass die Kolonne an einer Stelle in nordwestlicher Richtung lagern wolle. Peters begab sich, ohne weitere Zeit zu verlieren, dorthin und erwartete Meldung. Wie konnte Tiedemann seine, Peters', Instruktionen missachten und an einem anderen Ort als dem bezeichneten lagern wollen? Von Tiedemann fasste sich knapp:

„Die vorgesehene Route ist nach Versicherung der von Witu mitgegebenen Wegführer für Kamele nicht weiter passierbar. Vorschlag deshalb, hier das Lager zu beziehen, da die Wasserversorgung sichergestellt ist, bis die vorgesehene Route für weiteren Marsch nach Engatana näher erkundet ist oder eine Änderung der Route entschieden wird –nach Ngao mit seiner Missionsstation, weiter tanaabwärts von Engatana gelegen. Für letzteren Fall sollten noch Wegführer aus Witu besorgt werden."

Peters ließ seinen Blick schweifen und musste, wenn auch unfrohen Herzens erkennen: Der Ort war als Lagerplatz geradezu geschaffen – ein Tal mit einem Wasserlauf und von daher bestens geeignet, um über den nächsten Tag zu kommen. Westlich davon dichter Wald. Peters gab den Befehl, die Lasten zusammenzustellen und die Zelte aufzubauen.

Tiedemann nahm mit stiller Freude wahr, wie geschwind die Träger sich nette Grashütten bauten. Peters war wenig erfreut, dass erst hohes Steppengras weggeräumt werden musste, damit sein Zelt aufgeschlagen werden konnte. Und dabei zeigten sich seine Leute noch recht ungeübt. Er war niedergeschlagen, weil die Suaheli von Witu nicht einmal bis Engatana verlässliche Wegeauskünfte hatten geben können. Der Marsch über die Tanaroute würde ein Sprung ins Dunkle werden ... Peters schickte einen Boten nach Witu mit der Nachricht, dass die Route nach Engatana unpassierbar sei, und forderte einen Wegeführer nach Ngao an.

Im Lager herrschte inzwischen gute Stimmung, nachdem Peters einen Ochsen hatte schlachten lassen. Der Wali der Gegend erschien mit seiner Frau, um über Nacht zu bleiben. Er brachte Hühner und Eier mit und versprach, dass der Wegeführer noch am selben Abend ankommen sollte. Am nächsten Tag sollte es weiter gehen. Abends kamen aus Witu noch die Denhardts, Dörfer und auch Friedenthal zu einer Visite. Friedenthal musste noch die Lasten seiner persönlichen Ausrüstung, die irrtümlich mitgenommen worden waren, zurück nach Witu bringen.

Für Peters ergab sich ein Bild von der Poesie des Lagerlebens einer binnenafrikanischen Expedition an Lagerfeuern mit schmausenden, singenden und erzählenden Gruppen. Der über Nacht bleibende Wali und seine Frau sprachen eifrig Rum und Cognac zu.

Der Abmarsch am nächsten Tag konnte noch nicht erfolgen, weil erst noch ein von der Weide entlaufenes Kamel wieder eingefangen werden musste. Es wurde, arg durch Dornen lädiert und ohne Sattel, im Walde aufgespürt. Der Tag wurde unterdessen genutzt zur Erprobung des Geschützes und für Waffendrill. An alle Leute wurde Munition verteilt.

Ngao, das in zehn Stunden erreicht werden sollte, wurde erst nach einem Marsch, der von einem nicht vorgesehenen Nachtlager unterbrochen wurde, erreicht. Von Tiedemann hatte erhebliche Schwierigkeiten mit den Trägern. Einem, der sich alle fünf Minuten hinsetzen und sterben wollte, hatte er einen Stoß mit dem Kolben seiner Jagdbüchse gegeben, der dabei abgebrochen war. Künftig würde er sich mit einem Repetiergewehr behelfen müssen. Zwei Träger verschwanden während des Marsches auf Nimmerwiedersehen, ihre Lasten wurden gefunden.

Schließlich wurde der Tana unter dem Jubel der Träger erreicht – Wasser! – und endlich Ngao mit der dortigen deutschen Missionsstation. Zu Essen gab es da allerdings wegen der allgemeinen Hungersnot nichts. Es bestand die Gefahr, dass die eben erst begonnene Expedition auseinander lief.

Nahrung lag erst flussaufwärts in Engatana bereit, das aber ohne Nahrung für die Truppe schwerlich zu erreichen war. Peters schickte Hamiri, den Wegeführer für die Tanaroute, mit zwei Somali per Mau, welche ihm die Mission stellte, hinauf nach Engatana, um acht Lasten nach Ngao herunterzubringen, die genügend Nahrung für den Marsch bis Engatana hergeben mussten. Tatsächlich traf Hamiri mit den acht Lasten auch schon am nächsten Abend ein.

Nachts zuvor hatten weitere sechs Träger das Weite gesucht, und Tiedemann wurde mit einer Mau den Tana abwärts zu einer englischen Missionsstation geschickt, um den Trägern nachzuspüren – ergebnislos. Von entlaufenen Trägern hatte dort niemand gehört. Stattdessen bekam er eine andere interessante Nachricht zu hören: Die Expedition des Mr. Pigott zum oberen Tana sollte seit Anfang Juli schon wieder zurück in Mombasa sein ...

Bei Gelegenheit der Flussfahrt beeindruckten Tiedemann die Bootsleute vom Stamme der Pokomo, der entlang des Tana hauste: hünenhafte Gestalten mit unglaublichen Muskelpaketen, gestählt durchs Rudern, die mit einem Faustschlag, wie es hieß, einem Ochsen das Lebenslicht ausblasen konnten. Aber feige sollten sie sein wegen der Unterdrückung durch umherschweifende räuberische Gallas und Somali, weswegen sie sich gar nicht erst auf Viehzucht einließen, sondern nur etwas Ackerbau betrieben. Zur Jagd sollten sie sich nur in der Regenzeit bequemen, wenn das Wild es ihnen leicht machte, weil es im Sumpf stecken blieb.

Von seiner Mission zurück, musste Tiedemann feststellen, dass sich auch sein Boy Freemantle, den er freundlich behandelt hatte, davon gemacht hatte – mitsamt Tiedemanns Barschaft von 700 Goldmark, die er besser in Lamu gelassen hätte.

Weiter nach Engatana! Einer der Missionare zog mit einer Mau mit, um sein vor ihm liegendes Aufgabengebiet näher zu erforschen. Tiedemann legte ab jetzt seinen Schrittmesser an. Der Marsch ließ sich nicht an einem Tag bewältigen: Steppe und Sumpf wechselten einander ab. Der Transport des Geschützes, das von zwei Mann gezogen wurde, bereitete besondere Schwierigkeiten. Tiedemann grauste bei dem Gedanken an die nachfolgenden Kamele. Tatsächlich blieben sie im Sumpf stecken, mussten abgeladen werden, und die Lasten lagen im Sumpf. Tiedemann eilte von Marfano, wo Station bezogen wurde, mit 20 Trägern zurück, um die Lasten zu bergen. Ein Kamel, bis zum Hals versackt, konnte erst nach anderthalbstündiger Arbeit ins Trockene gebracht werden. Peters schickte von Marfano die Mau des Missionars zur Hilfe zurück, um die restlichen Lasten nach Marfano zu bringen. Dort verhedderte sich nachts eins der Kamele in den Tauen von Tiedemanns Zelt und riss das luftige Gebäude um. Es war ein höllischer Marschtag!

Peters sah sich in seiner früheren Ansicht gerechtfertigt, dass die Tanaroute für seine Expedition denkbar ungünstig war. Geeignet war sie tanaaufwärts bis nach Oddobarurova nur für Boote. Boote mussten deshalb her – zumal Träger entlaufen waren. In Marfano war allerdings niemand bereit, freiwillig eine Mau bereitzustellen – zweifellos eine Folge des Einflusses von Arabern, die hier durchgezogen waren und sicher von den Engländern aufgehetzt worden waren, Peters' Marsch alle möglichen Hindernisse in den Weg zu legen. Peters berief sich auf das Recht der Selbsterhaltung und nutzte das Schreiben des Sultans als Ermächtigung, Boote zu requirieren. Die Besitzer zweier Miau wurden gezwungen, unter der Bedeckung einiger Somali etliche Lasten zu befördern.

Ohne weitere Schwierigkeiten wurde am 2. August das recht malerisch am steilen Tanaufer gelegene Engatana erreicht. Wäre es nach dem Doktor gegangen, wäre man schon am 27. Juli hier gewesen ... Aber dafür sollten hier an die 100 Lasten Getreide liegen, um einen zügigen Weitermarsch sicherzustellten.

8. ENGATANA: ‚EIN FESTE BURG IST UNSER GOTT'. DAS GEFECHT VON COSI NDERANA – DER KIMPALLAMPALLA

Nachdem Tiedemanns Zelt aufgeschlagen worden war, schickte er sich an, zu Peters herüber zu schlendern. Der stand merkwürdig regungslos wie ein Pointer, der ein Wild aufgestöbert hatte, wobei seine beiden Hunde allerdings in einiger Entfernung ganz entspannt auf dem Boden lagen. Was mochte deren Herr entdeckt haben? Tiedemann trat langsam einige Schritte näher, und nun brach es aus dem Doktor heraus:

„Ich hatte von Witu aus 100 Lasten Getreide nach hierhin kontrahiert, dazu sollten sechs Miau für den weiteren Transport flussaufwärts bis Oddobarurova bereitliegen. Sechs Lasten davon hat Hamiri bereits der Truppe zugeführt. Nun finden sich hier nur 54 Lasten vor und keine einzige Mau! Wie hat es dazu kommen können?"

Tiedemann war etwas verwundert, ließ es sich aber nicht anmerken. Woher die Überraschung? Vor drei Tagen noch war Hamiri hier gewesen, sicher in der Lage bis 100 zu zählen und die Abwesenheit der Miau zu bemerken – wäre er denn beauftragt worden, entsprechend nachzuzählen oder nachzusehen. Peters empörte sich weiter:

„Und dabei hatte ich noch kurz vor unserem Aufbruch in Witu Sie zu Denhardt geschickt, über den am Ende der Kontrakt lief. Zu Denhardt habe ich Sie geschickt um Auskunft, ob der Kontrakt in Ordnung ginge. Und Sie haben mir gemeldet, es sei alles in Ordnung."

Tiedemann verzog keine Miene. Von Denhardt hatte er genau das erfahren, was er Peters gemeldet hatte. Und etwaigen Friktionen bei der stillen Post zwischen Denhardt und dem Araber nachzuspüren war er nicht instruiert gewesen. Zudem hatte Peters am Morgen des Abmarsches selbst noch Clemens Denhardt in seinem Haus aufgesucht und hätte dort noch einmal entsprechend nachfragen können. Und auch beim ersten Marschlager waren beide Denhardts noch im Lager erschienen. Tiedemann glaubte zu verstehen, weshalb Friedenthal, den Peters auf Sansibar für die Expedition engagiert hatte und der als eine Art Pack- und Verpflegungsmeister tätig gewesen war, kurz vor dem Aufbruch nach Engatana die Lust verloren und seinen Dienst quittiert hatte.

Auch Peters schwieg jetzt, legte dann seinen Kopf leicht in den Nacken, wendete sich um, ließ Tiedemann stehen und schritt sehr aufrecht, eine tragische Gestalt, seinem immer noch im Aufbau befindlichen Zelt zu, wo man sicher noch Anweisungen von ihm zu erwarten hatte.

Als das Lager eingerichtet war, wurde Tiedemann von Peters' erstem Boy zu seinem Herrn gerufen. Peters lud Tiedemann ein, gemeinsam unterm Zeltvordach Platz zu nehmen und kam gleich zur Sache.

„Sicher, wir stehen vor einer Krisis. Aber ich werde sie meistern. Hamiri, der inzwischen seine Zuverlässigkeit bewiesen hat, ist jetzt unser wichtigster Mann. Ich habe ihn nach Kau geschickt, um 100 Lasten Getreide herbeizuschaffen. Das wird einige Zeit brauchen, während der wir uns hier mit den vorhandenen 54 Lasten über Wasser halten können. Wir werden uns hier für gut 10 Tage einrichten müssen. Und an Denhardt habe ich die Anweisung gehen lassen, zehn Ochsen zu kaufen und hierher zu schicken, denen die Kolonne dann gerne folgen wird ..."

Peters hatte sich wieder gefasst.

Am folgenden Abend saßen Peters und Tiedemann bei Mondschein vor Peters' Zelt am Ufer des Tana. Es war recht kühl. Peters hatte seinen modernen, erbsengelben Winterpaletot übergezogen, den Stolz der Friedrichstraße. Eine Flasche Hennessy (***) hatte er bereitgestellt. Tiedemann hatte sich in seine rohseidene Decke eingehüllt und war in unbestimmter Erwartung darüber, was neben dem Cognac das Beisammensein bringen würde. Nach einem ersten Schluck ließ der Doktor eine kurze Zeit verstreichen, sein Blick schweifte zum Mond, dann fixierte er Tiedemann.

„Herr von Tiedemann, Sie werden sicher nie Veranlassung gefunden haben, mich für einen Mystiker zu halten. Aber mit Zahlen hat es für mich eine merkwürdige Bewandtnis. Meine Zahl ist die Drei. Wann auch immer in meinem bisherigen Leben eine Wende bevorstand, ein besonderes Ereignis sich einstellte, war eine Drei mit im Spiel. Ich gleiche bei jedem Ereignis die Zahlen-Daten miteinander ab. 1881 war für mich ein Schicksalsjahr, als mein verehrter Onkel mich nach London rief, bei dem ich einige Zeit das Leben eines Gentleman hatte führen können. Er hätte mich mit seinen Beziehungen leicht naturalisieren und mir eine Karriere im englischen Kolonialdienst verschaffen können – mein Herz aber schlug für mein deutsches Vaterland. Nun, deshalb sitze ich also 1889, acht Jahre später, hier mit ihnen. Acht Jahre – das ist Zwei hoch Drei. Da ist also wieder die Drei – diesmal allerdings vereint mit der Zwei. Die Drei und die Zwei – das sind Sie und ich."

Noch während Peters sprach, stellte Tiedemann seine eigenen Berechnungen an. Er war jetzt 24 Jahre alt. Dreimal die Acht, wobei dann die Acht Zwei hoch Drei wäre: Famos! Und nach kurzem Schweigen Peters', der offensichtlich eine Reaktion Tiedemanns erwartete, fiel dieser bei:

„Die Sterne stehen uns offenbar günstig, mein lieber Doktor: Hennessy mit drei Sternen. Per Hennessy ad astra – will sagen per aspera ad astra ad Wadelai – dreifach gestirnt!"

Der Doktor hob sein Glas gegen den merkwürdig gestalteten Baum am gegenüberliegenden Ufer:

„Unser Baum, der all unsere Gespräche hört aber für sich behält. Ähnelt er nicht bisweilen einem alten, würdigen Manne mit Bart?"

Nach einiger Zeit nahm der Doktor wieder den Faden auf:

„Glauben Sie bloß nicht, Herr von Tiedemann, dass ich an Gespenster glaube. Aber als ich zum Tode meines Onkels nach London gerufen wurde und in dessen Haus nächtigte, während in einem abgedunkelten Gemach die sterbliche Hülle des Verehrten aufgebahrt lag, erschien mir dessen Geist, um Abschied von mir zu nehmen ..."

In Tiedemann stieg indes die wohlige Wärme des Cognacs auf, während der Doktor noch eine längere Geschichte erzählte ...

Am nächsten Abend verlegte sich der Doktor auf die Philosophie. Neben der Cognacflasche lag jetzt ein Band Schopenhauer.

„Schopenhauer hat in seinem Werk ‚Die Welt als Wille und Vorstellung' die Welt abgebildet als eine Welt des Leidens, als die schlechteste aller möglichen Welten, gelenkt in allem von einem bösartigen Willen, dem kein Wille entgegenzusetzen ist. Zu überwinden ist diese Welt nur durch individuelle Verneinung des Willens, wie sie etwa indische Heilige zuwege bringen, um ins Nirwana einzugehen. Ich weiß nicht, ob Schopenhauer nicht manches anders gesehen hätte, wenn er noch unsere Zeit hätte miterleben dürfen, das Jahr 1871."

Von Tiedemann ging unwillkürlich durch den Kopf: 1871 - nicht durch Drei teilbar. Von dort bis jetzt, 1889, allerdings achtzehn Jahre: Durch Drei teilbar - na also. Peters wollte allerdings auf etwas anderes hinaus.

„Auf Schopenhauer hat Eduard von Hartmann – ehemaliger Artillerieoffizier übrigens - mit seiner ‚Philosophie des Unbewussten' aufgebaut. Auch für ihn ist die Welt die schlechteste aller möglichen Welten – aber doch auch gleichzeitig die beste aller Welten, denn er sieht die Möglichkeit der kollektiven Höher- und Weiterentwicklung eines Gegenwillens, der es eines unbestimmten Tages vollbringen wird, die schlechteste aller Welten auf einen Schlag ins Nichts eingehen zu lassen, in ein absolutes Nichts. Dieser Gegenwille wird sich im Kampf von Nationen und Rassen herausbilden, bis er zu seinem Ziel kommt, wobei für Hartmann, nebenbei gesagt, in diesem Kampf die Missionierung eines Volkes diesem am sichersten den Untergang bereitet. Hartmanns Ziel, der kollektive Übergang ins Nichts, ist, wie ich in meiner Schrift ‚Weltwille und Willenswelt' dargelegt habe, allerdings nicht mein Ziel ... Wir werden in diesem unausweichlichen Kampf zu einer Herrschaft uns entwickeln und berufen sein, zu einer Herrschaft, sage ich, die uns in eine neue Welt – nicht ins Nichts – führen wird, die dann als beste aller Welten ganz die unsere ist. Der Gedanke ist übrigens auch christlicher Vorstellung nicht fremd, wenn dort auch das Paradies erst nach einer Wiederauferstehung im Jenseits sich auftut für jene, die berufen sind. Unser Weg ist von der unerforschlichen Vorsehung bestimmt, unerforschlich für den je Einzelnen, an deren Ziel allerdings so gar kein Zweifel bestehen kann."

Tiedemann stand für Weg und Ziel die Ravensteinsche Karte vor Augen: Bis erst einmal nach Oddobarurova wären drei Wochen Marsch zu veranschlagen – und ob dazu überhaupt die Voraussetzungen geschaffen würden, stand durchaus noch in den Sternen. Wie kleinlich von ihm gedacht! Des Doktors Blick war ins Kosmische gerichtet!

Peters kam noch einmal auf den Kampf der Rassen zu sprechen.

„Sie mögen, Herr von Tiedemann, aus der Lektüre von Emily Ruetes ‚Memoiren einer arabischen Prinzessin' ein etwas einseitiges Bild vom Neger vermittelt bekommen haben – als an sich ganz liebenswertes Geschöpf, wie es Ihnen auch auf Lamu und in Witu begegnet sein wird. Das ist aber nur ein ganz dünner Firnis von Zivilisation, der dieses Bild so erscheinen lässt. Im Innern Afrikas wird ihnen der Neger in seinem Urzustand entgegentreten, wie ihn die Natur geschaffen hat, als das Vieh, als das er auch behandelt sein will ... Emily Ruete, die von einem Hamburgischen Kaufmann als Ehefrau mit nach Europa gebracht wurde und die Meinung verbreitete, dass es den Sklaven in ihrer Heimat besser gehe, als den Arbeitern in Hamburg ..."

Mit Blick ins Innere Afrikas belehrte Peters bei einem seiner abendlichen Vorträge Tiedemann über die Möglichkeiten und Vorzüge des Freihandels, der sich dort als Ergebnis der Emin-Pascha-Unternehmung ergeben müsse. Tiedemann, der sich nicht sicher war, ob auf dem Wege nach Wadelei nicht irgendwo seine Knochen bleichen würden und nur sein Tagebuch von ihm übrig bliebe, notierte angesichts des Baumes am gegenüberliegenden Ufer des Tana, der alles hört und verschweigt: „Peters ist wieder ganz der Alte, entwickelt kühne Pläne und kennt kein Hindernis, sein Feuer reißt unwiderstehlich jeden mit sich. Die Vorsehung gebe, dass uns alles so gelingt; was an mir liegt, so bin ich bereit, den letzten Tropfen Blut für unsere Sache einzusetzen."

Am nächsten Tag schickte Peters zwei Somali und einen Mann aus Kau, der sich dazu angeboten hatte, mit einer Mau tanaaufwärts, um dort zu versuchen, weitere Miau zum Transport von Lasten zu kaufen. Über die nächste Zusammenkunft in Peters' Zelt vermerkte Tiedemann in seinem Tagebuch: „Nach dem Mittagessen liest er aus Theodor Mommsens ‚Cäsars Charakteristik' vor; wir erfreuen uns an der schönen Sprache."

Als die Träger nach mehr und anderem Essen verlangten, schickten sie unter der Führung des inzwischen sich als unverschämt erweisenden Nogola eine Gesandtschaft: Sie wollten keinen Mais mehr haben. Peters wies sie mit donnernder Stimme und rollenden Augen ab: Sie sollten kein einziges Korn Mais mehr bekommen! Dem grollenden Alexander gleich zog er sich in sein Zelt zurück, ließ keinen mehr vor und ließ ihnen ihre Gewehre abnehmen.

Als Tiedemann am nächsten Tag nach seinem Boy Most rief, stellte sich heraus, dass der sich auch davon gemacht hatte und mit ihm noch zwei weitere Lamuleute.

Peters befahl: „Bis Oddobarurova werden alle Lamu- und Wituleute in Eisen gelegt!" Einer von diesen Leuten, ein junges Bürschchen, entging dieser Maßnahme und wurde von Tiedemann zu seinem neuen Boy bestimmt.

Die mit dem Kauf von Miau beauftragten Männer kamen nach fünf Tagen unverrichteter Dinge zurück.

Peters schickte jetzt Tiedemann los, der sein Glück versuchen sollte. Tiedemann machte sich mit zwei Somali und Mku, dem zweiten Boy Peters', als Bedeckung in der von Peters gekauften Mau auf den Weg. Die Somali und Tiedemann führten Repetiergewehre mit sich. Als Bootsleute wurden zunächst zwei Wapokomo engagiert. Den Tana aufwärts wurden von Dorf zu Dorf neue Bootsleute zum Rudern und Steuern angeheuert. Am zweiten Tag überredete Tiedemann einen mit seiner Mau entgegenkommenden Msuaheli, der eine weitere Mau im Schlepptau hatte, seine Mau in Engatana dem Doktor anzubieten.

Der Handel um eine weitere, bei einem Dorf liegende Mau führte in eine kritische Situation, als eine Gesellschaft bewaffneter Araber dazwischen kam und die Mau für sich haben wollte. Erst nachdem Tiedemann mit Revolverschüssen in die Luft deutlich gemacht hatte, wem hier der Vorrang gebührte, zogen die Araber ab, und Tiedemann konnte die Mau erwerben und nach Engatana schicken. Seinen Auftrag hatte er nun erfüllt, er wollte aber mehr, und zudem wusste er nicht, ob der Suaheli in Engatana wirklich mit dem Doktor handelseins werden würde. Er begab sich eine weitere Tagesreise stromaufwärts an einen Ort namens Cosi Nderani, wo viele Miau liegen sollten. Mit einem Mann, von dem er glaubte, der müsse ihm seine Mau verkaufen, geriet er mitten im Dorf, umgeben von speertragenden und zum Teil mit Flinten bewaffneten Wapokomo in Streit und wurde mit einem Speer bedroht. Tiedemann rettete sich in seine Mau. Da wurde hinter ihm her geschossen, und um bei den Leuten nicht den falschen Eindruck entstehen zu lassen, dass sie es mit Schwächlingen zu tun hätten, feuerte er mit seiner Büchse zurück,[38] sah einen Mann fallen, feuerte dann mit seinem Revolver fünf Schuss hinterher und entkam mit seiner Mau zunächst im Dunkel der Nacht. Der Rückweg nach Engatana auf dem Tana war ihm aber jetzt versperrt. Tiedemann verließ mit der Mannschaft seine Mau und wurde

---

[38] Beigestelltes Bild in: Von Tiedemann (1892), S. 95.

nun an Land verfolgt. Unter Führung der
Wapokomo, die er als Bootsführer engagiert
hatte, schlug er sich in zwei Tagesmärschen
nach Engatana durch. Die Wapokomo-
Fluchthelfer, denen Tiedemann sein Leben
verdankte, wurden reichlich belohnt.

Das erste, wovon Tiedemann bei seiner Rückkunft zu hören bekam, war die
traurige Mitteilung, dass einer der beiden
Pointer des Doktors gestorben war. Verreckt, besser gesagt – verreckt wegen der
miserabel ungesunden Zustände, die in
Engatana herrschten: Von den ausgedehnten Sümpfen auf der gegenüberliegenden
Tanaseite zogen offenbar Fieberstoffe herüber, schädliche Miasmen. Jetzt hatte der
Doktor nur noch seinen treuen Hund Tell.

Tiedemann musste daran denken, wie wohl er seinem Mopke getan hatte, dass er ihn
in Witu zurückgelassen hatte. Der mochte dort jetzt fröhlich unter seinesgleichen
herumspringen.

Inzwischen waren aus Witu – wenn auch nicht zehn – immerhin neun Ochsen
eingetroffen, welche die Ernährung der Truppe für einige Zeit sicherten. Und
schließlich kam auch die Mau, die Tiedemann auf seiner Flucht zurückgelassen hatte,
von zwei Mpokomo gesteuert, an. Vielleicht wollte man sie nicht zurückhalten, weil
man eine Strafmaßnahme fürchtete? Und es wurde die Nachricht überbracht, dass bei
dem Gefecht von Cosi Nderani zwei Mann auf dem Platz geblieben seien, einem
dritten sei die Brust durchschossen worden und einem vierten das Knie zerschmet-
tert. Tiedemann bekam jetzt bei seinen Trägern aus dem Innern Afrikas, seinen Men-
schenfressern, den Namen Kimpallampalla – der Menschentöter.

Tiedemanns neuer Boy bekam es nach der Nachricht über die kleine Episode,
wie Tiedemann das Abenteuer in seinem Tagebuch nannte, mit der Angst zu tun und
machte sich davon. Ein neuer Boy, Sadiki, der Bruder Mkus, trat für ihn ein – äußerlich und innerlich das beau idéal eines Strolches. Tiedemann ließ ihm seinen Namen,
da die umgetauften Boys alle ausgekniffen waren.

Als endlich Hamiri nach zehn Tagen aus Kau zurückkam, brachte er statt 100
Lasten Getreide nur an die 30 mit! Der Rest sollte nachfolgen – aber wann? Das
Überleben für die nächsten Tage war gesichert, bis zum Weitermarsch galt es noch
zuzuwarten.

Und eine Nachricht traf ein, dass eine große Expedition, bestehend aus einem Weißen und 200 Trägern auf der anderen, der englischen Tanaseite entlangmarschiere. Es war die Bestätigung eines Gerüchts, das schon seit einiger Zeit umgegangen war. Tiedemann vermutete, dass es nach zwei verunglückten wieder einmal eine englische Emin-Pascha-Expedition sei, von der man sich nicht stören lassen sollte. Peters vermutete, dass es deren Ziel sei, ihm den Weg zu verlegen. Verdächtige Gestalten tauchten im Lager auf, die womöglich die Absicht hatten, Peters Leute zur Desertion zu überreden.

Der sich hinziehende Aufenthalt in Engatana erwies sich mittlerweile als entschieden der Gesundheit abträglich. Den Doktor warf es für Tage auf sein Bett. Als Tiedemann ihn in seinem Zelt aufsuchen wollte, vernahm er ein Stöhnen und wich zurück. Auch Peters' Hund Tell litt seit Tagen. Er schnappte nach Fliegen, obwohl keine da waren. Das erkrankte Kamel Mudobi starb.

Als der Doktor wieder zu sprechen war, klagte er über rheumatische Schmerzen. In einer Kiste fand Tiedemann drei Flaschen feinsten Parfüms – eines die „Königin der Nacht" – mit dem sich Peters und Tiedemann einrieben. Ein Träger starb am Fieber, ein Kamel wurde krank und verendete. Und ständig regnete es. Das Essen würde bald aufgebraucht sein, und die beiden Köche, die es zubereiteten, waren sterbenskrank. Was sie herstellten, schien in eben denselben Zustand zu versetzen. Ein Träger starb an Fieber, und das Kamel Afgud Somali schlummerte hinüber. Geier kreisten über dem Lager.

Aus Witu kamen, recht verspätet, Briefe mit schlechten Nachrichten an. Man hielt Peters' Expedition für gescheitert. Hilfe für ein weiteres Vordringen war von dort also nicht zu erwarten. Und die englische Expedition, von der man gehört hatte, war unter der Flagge der IBEAC und dem Kommando eines Mr. Smith auf dem Wege nach Oddobarurova. Inzwischen waren auch zwei Miau den Tana aufwärts vorbeigekommen, offenbar mit Nahrungsmitteln für die englische Expedition, die schon voraus sein musste. Tiedemann war sich sicher, dass zwar jeder andere an Peters' Stelle jetzt aufgeben würde – nicht allerdings Peters, der würde seine Sache, da war er sich ganz sicher, durchbiegen. Es konnte, nachdem die Brücken zurück abgebrochen schienen, nur noch heißen: Vorwärts!

Als der Getreidevorrat so gut wie aufgebraucht war, die angekündigten Lasten aus Kau nicht eingetroffen waren und von den neun Ochsen nur noch fünf übrig waren, schickte Peters Hamiri mit einigen Kamelen in Richtung eines östlich gelegenen Dorfes auf den Weg, um sich dort nach Getreide umzusehen. Abends saß Peters mit Tiedemann in eigentümlicher Stimmung bei einer der letzten mitgeführten Flaschen

Sekt zusammen. Nach längerem Schweigen intonierte Peters „Ein feste Burg ist unser Gott" – und Tiedemann fiel mit der zweiten Stimme ein.

Hamiri brachte am folgenden Tag kein Getreide: Sein Weg war wegen undurchdringlicher Wälder für Kamele nicht passierbar.

9. Den Tana aufwärts nach Oddobarurova – die ersten deutschen Flaggenhissungen

Nach fast drei Wochen unfreiwilligen Aufenthalts in Engatana fühlte sich Peters wieder im Besitz der vollen Spannkraft seines Geistes und Körpers. An Dr. Harry Denicke, einen Mitschüler in Ilfeld und späteren Studienfreund schrieb er:

„Inzwischen kommt mir jeder Versuch, meinen unbeirrbaren Entschluss, meine Aufgabe durchzuführen, schwankend zu machen, sei es durch Hunger, Negerpöbel, Regen und Wind oder Krankheit, geradezu lächerlich vor. Ich denke nicht eine Sekunde daran, zurückzuweichen.“

Und Tiedemann eröffnete er:

„Herr von Tiedemann, die Sache ist klar. Hier ist nichts mehr, hier gibt es nichts mehr. Zurück können wir nicht. Aber vielleicht ist es Ihrer Aufmerksamkeit nicht entgangen, dass in den letzten Tagen mit Mais beladen Miau den Tana abwärts gegangen sind. Weiter oben am Tana ist, während wir hier die letzten Reste unseres Getreides aufgezehrt haben, die Ernte gereift. Also auf nach Oddobarurova! In drei Wochen sind wir dort. Auf dem Weg dahin kann uns jedes Mittel zur Nahrungsbeschaffung recht sein. Nach dem, wie Sie auf Ihrer Exkursion behandelt worden sind, können wir Kriegsrecht gelten lassen. Also – en avant! Bereiten Sie den Abmarsch vor. Die Miau gehen, jede mit deutscher Flagge, unter Hamiris Führung zunächst nach Mitole als nächstem Ziel, wir mit Kamelen und Trägern.“

Vor dem Abmarsch erschien ein schwedischer Missionar von der Station Kalussa mit der Nachricht, dass im Walde vor Mitole 300 Flintenträger lägen, um der Expedition aufzulauern. Der Schwede hatte wohl ein erschrockenes Gesicht Peters' erwartet. Der sah nur einen Augenblick nieder und wandte sich dann in aller Ruhe an Tiedemann:

„Herr von Tiedemann, Sie wollen die Güte haben, sofort mit dem Geschütz und sechs Askari auf Mitole zu marschieren und das Gesindel wegzujagen.“

„Sehr wohl, Herr Doktor“.

Tiedemann stoppte Hamiris Miau, schickte Hamiri zur Erkundung zu Fuß voraus und folgte mit den Somali und dem Geschütz. Abends kam er vor Mitole an, ließ das Lager aufschlagen und das Geschütz auf den Ort richten. Am nächsten Morgen konnte er das Lager abbrechen und in Mitole Quartier nehmen – kein Feind störte, sondern nur unablässiger Regen.

Nachdem auch der Doktor mit den Trägern angekommen und eingezogen war, wurden die Bewohner des Dorfes vor seinem Zelt zusammengetrieben, wo er mit Tiedemann auf Feldstühlen gravitätisch Platz nahm. Es kam zu einem merkwürdigen Schauspiel.

Hamiri entnahm der Hand des Doktors den Geleitbrief des Sultans von Witu, entfaltete ihn mit allen Zeichen der Ehrerbietung, wendete sich an die versammelten Wapokomo und hielt jedem den Brief unter die Nase. Dann warf er sich in die Positur eines Herolds des mächtigen Sultans von Witu und ließ die Versammelten wissen, dass sie einen gottgesandten Mann vor sich hätten, dessen Wünschen sie in Allem unbedingten Gehorsam schuldig seien – andernfalls drohten – von Hamiri weit ausgeführt – Folterqualen. Dieser Mann sei kein verachtenswerter kleiner Engländer – hierbei ging Hamiri in die Knie und deutet mit dem Zeigefinger mitleidig lächelnd ein Wesen von Froschformat an – sondern ein großer Herr aus Deutschland, was er mit rollenden Augen und einem Luftsprung veranschaulichte. Peters saß währenddessen mit düster nationalem, unbewegtem Gesicht, die Augen sinnend ins Weite gerichtet. Tiedemann konnte sich eines Lachkrampfs kaum erwehren, sein Gesicht zuckte in Grimassen, er musste sein Taschentuch bemühen, um Rotz und Wasser abzuwischen, er röchelte und stöhnte. Der Doktor stieß ihn heftig mit dem Fuß an ...

Auf dem Weitermarsch bei herrlichem Wetter leisteten etliche Wapokomo von Mitole beim Wegehauen durch Wälder gute Dienste.

Im nächsten Ort, Mbuji, hielt Hamiri einen ähnlichen Volksthing wie in Mitole ab. Ein Ochse wurde geschlachtet, und die Wapokomo stellten zwölf Bootsleute zur Verfügung. Abends in seinem Zelt erzählte Peters ausführlich von seiner Usagara-Erwerbungsexpedition mit den stolzen Augenblicken des Flaggenhissens.

Tags darauf sah Tiedemann die Expedition ihrem Ende nahen: Acht Träger hatten sich aus dem Staub gemacht – dabei zwei Manyema, die bisher als zuverlässig galten! Jetzt machten sich also auch die Besten davon ...

Der Doktor gab allerdings eine bewunderungswürdige Figur ab. Heiter und ruhig trat er unter die Leute, scherzte mit ihnen über die Weggelaufenen, als ob das nicht der Rede wert sei. Die Szene, die sich hier abspielte, kam Tiedemann aus der Mommsen-Lektüre bekannt vor: War nicht Cäsar mit gleichem Gestus vor seine Soldaten getreten, als ein Teil von ihnen den Dienst quittieren wollte?

Tiedemann war sich sicher, dass Peters mitnichten zum Scherzen zu Mute war und ihm das Ende seiner Expedition vor Augen stand, das er nicht überleben mochte. Es musste Ernst gemacht und dafür gesorgt werden, dass die Deserteure – als Lehre für alle anderen, die vielleicht desgleichen im Schilde führten – ihr Ende fanden. Zu ihrer Verfolgung wurden einige Somali losgeschickt. Tatsächlich wurden zwei der Deserteure erschossen – die übrigen entkamen unter Zurücklassung ihres Gepäcks. Das förderte für den weiteren Marsch den Zusammenhalt der Truppe.

Tiedemann entdeckte durch Zufall – für ihn der nom de guerre des Waltens der Vorsehung – bei Mbuji in der Nähe von Cosi Nderani ein verstecktes Reislager, das er sofort ausräumen ließ. Und der Doktor erhielt eine Nachricht, die froh stimmte: Rust war mit seiner Kolonne inzwischen in Ngao angekommen! 140 Lasten Tauschartikel würde er nach Oddobarurova bringen – die Expedition hatte endlich wieder festen Boden unter den Füßen! Für Mannschaft und Tiere wurde ein großes Schwelgen in Reis veranstaltet. Die Bewohner des Fleckens zogen sich vor dem drohend aufgefahrenen Geschütz aufs gegenüberliegende Ufer zurück. Es schien ein glücklicher Tag zu sein.

Zum weiteren Marsch wurde die Truppe bei Mbuji auf die andere Tanaseite ins englische Interessengebiet übergesetzt, weil dort die Wegeverhältnisse besser sein sollten. Die Aktion verlief wegen der mitgeführten Vierbeiner unter erheblichen Schwierigkeiten. Eine Mau mit zehn Lasten, darunter die Bibliothek, trieb nachts ab, und der Kameltreiber Achmed verschwand. Doch ein trauriger Tag!

Fünf Tage nach dem Abmarsch aus Engatana langte die Truppe in Cosi Nderani an, das Tiedemann während seiner Miau-Erwerbungs-Mission fluchtartig hatte verlassen müssen. Jetzt waren die Herrschaften in Cosi Nderani – auch angesichts des Geschützes – entgegenkommend, tauschten mit Peters Geschenke aus, der auch noch zwei kleine Miau kaufen konnte. Vor sechs Tagen, so erfuhr man, war die englische Expedition hier durchgekommen.

Peters ritt mit seinem Pferd zurück nach Mbuji, und Hamiri folgte ihm per Mau, um die gesunkenen Mau zu bergen. Es stellt sich heraus, dass der entflohene Kameltreiber Achmed die auf der Mau untergebrachten Kisten zum großen Teil mit einer Axt in Hoffnung auf Geld zerschlagen hatte. Ihr Inhalt, darunter auch ein Teil der Bibliothek, war verdorben. Peters schickte Briefe zur allgemeinen Hetzjagd auf Achmed nach Lamu und Witu.

Auf dem Weitermarsch bekam die Expedition Einlass in Kinakombe, ein größeres Wapokomo-Dorf, in dem sich auch eine Menge mit Flinten Bewaffneter befand. Es entwickelte sich ein lebhafter Tauschhandel. Und hier erfuhr man, dass die Engländer zwei Stunden entfernt, in Subakini, eine Station angelegt hätten. Man blieb hier noch einen weiteren Tag, schlachtete einen Ochsen und kaufte Essen, so dass sich die Truppe für eine Woche satt essen konnte: Unglaublich, welche Massen die Kerls zu vertilgen im Stande waren!

Das nächste Lager wurde am Tana bezogen, und man richtete sich darauf ein, am folgenden Tag die von dem Engländer mit einer Besatzung angelegte Station zu erreichen. Mr. Smith selbst sollte, wie man erfuhr, mit seiner Expedition schon weiter marschiert sein.

Da nicht voraus zu sehen war, wie die Leute des Engländers sich verhalten würden, zog Peters mit den Somali und dem Geschütz voraus der Station entgegen. Tiedemann folgte mit den Trägern und den Kamelen. Unterwegs hörte er Flintengeknatter, traf dann aber auf Peters, der ganz friedlich dabei war, in Sichtweite der englischen Station unter einem mächtigen Feigenbaum ein Lager aufzuschlagen. Peters wies Tiedemann mit einer Handbewegung auf die Flagge der IBEAC hin, die über der Station wehte. Tiedemann griff zu seinem Krimstecher und sah, was der Doktor ihm näher erklärte.

„Sehen Sie nur: Ein ausgesucht geschmackloses Ding. Die Grundfarbe ist mal blau gewesen. In der oberen Ecke kann man das rote englische Kreuz bewundern, dann sind noch eine gelbe Kaiserkrone und eine große gelbe Sonne vorhanden, letztere mit borniertem, blödsinnig lächelnden Gesicht und spitzigen Stacheln nach allen Seiten, die vielleicht Strahlen darstellen sollen. Das ganze Ding sieht von Weitem aus wie ein Papagei oder Paradiesvogel."

Tiedemann setzte den Krimstecher ab, nickte zustimmend, und Peters gab weitere Erklärungen:

„Der Gewehrlärm vorhin, das war nur Salut. Ich bin mit meinem Pferd über die ja nicht eben sehr hohe Umzäunung der Station gesprungen und hoffte auf Mr. Smith zu treffen – ich hätte gerne mit ihm gefrühstückt. Aber der ist doch tatsächlich schon weiter marschiert. Den Weg will er mir verlegen und hat sich dabei noch nicht einmal sehen lassen, als wir in Engatana lagen, sondern hat einen großen Bogen drumherum gemacht."

Womit der Mr. Smith, was Tiedemann schweigend bedachte, sich ganz vernünftig verhalten hatte. Hätte er nicht einen Bogen um Engatana geschlagen, wäre er in den gegenüberliegenden Sümpfen sicher stecken geblieben. Und dass der Doktor hier mit dem Mr. Smith gemeinsam zu frühstücken hoffte, wo der doch gestern schon abmarschiert war, das ging schon wieder in Richtung so einer Gespenstergeschichte. Schwer zu glauben jedenfalls, dass Smith über die Gabe der Bilokation verfügte.

Der Doktor mochte sich durch Tiedemanns Schweigen in seiner Verachtung gegenüber dem Mr. Smith bestätigt fühlen und fuhr fort: „Der Chef der Station übrigens – ein Halbaraber aus Sansibar – sehr intelligent! Hat uns den schönen Lagerplatz hier zugewiesen, dazu Reis und Geflügel für meinen Privatgebrauch gebracht. Von den Bewohnern Subakinis will er mir Miau beschaffen, die ich morgen den Tana runter zu Rust schicken werde. Sie, Herr von Tiedemann, werden morgen in zwei Tagesmärschen nach Sissini vorausmarschieren, wo ich sie dann einholen werde. Und übrigens habe ich bestimmt erfahren, dass die Pigottsche Expedition am oberen Tana gescheitert ist."

Das war nun endlich ein gescheiter Ausblick! Aber bis zum Abend wartete man vergeblich auf das Eintreffen Hamiris mit seinen Miau, und ein Kamel fiel in eine von den Wapokomo Subakinis für Wild angelegte Fallgrube und brach sich das Genick.

Der Zweitagesmarsch Tiedemanns nach Sessini verlief ohne Zwischenfälle. Unterwegs traf die Nachricht ein, dass auch Hamiri mit seinen Miau in Subakini angekommen war, und schließlich traf auch Peters in Sessini ein.

Am nächsten Tag hielt die Expedition am Tana. Einem kranken Kamel musste Tiedemann den Gnadenschuss geben. Am gegenüberliegenden Ufer lag das Dorf Malalulu. Als das Lager aufgeschlagen war, kam der Mse, der Häupling von Malalulu, zu einem Schauri – einer Beratung – herüber. Der Doktor nutzte die Gelegenheit allerdings nicht zu einer Verabredung, Proviant zu ertauschen. Nach einer längeren Verhandlung unter Zuziehung einer Flasche Cognac stimmte ihm der Mse zu, dass in seinem Dorf die deutsche Flagge gehisst würde.

Tiedemann schien der Sinn der Sache zweifelhaft. Bismarck hatte sicher nicht zu Unrecht vom Flaggenunsinn gesprochen: Entschieden, wessen ein Land sei, wurde ehedem in Europa am grünen Tisch. Und entschieden war bereits, dass Malalulu zum deutschen Interessegebiet gehörte. Wollte der Doktor womöglich der englischen Station des Mr. Smith ein deutsches Zeichen entgegensetzen? Eigentlich auch Unsinn, denn der Engländer hatte eine Station eingerichtet, auf der er eine Besatzung zurück ließ, wozu eine Flagge gehörte ... Vielleicht wandelte der Doktor wieder auf den Pfaden seiner Usagara-Expedition, von der er ihm, Tiedemann, vor Tagen so ausführlich berichtet hatte?

Peters schritt gleich zur Tat und setzte mit einigen Askari zum Dorf auf der anderen Seite des Tana hinüber. Tiedemann zog sich, vom Doktor instruiert, in sein Zelt zurück, um vorab ein Protokoll aufzusetzen. Allerdings wurde er bald durch einen Heidenlärm aufgeschreckt und stürzte hinaus. Gegenüber war der Doktor mit seinen Askari von einer lärmenden Menge Wapokomo umzingelt, die ihren Kriegstanz heulten. Tiedemann fuhr schleunigst das Geschütz auf, angesichts dessen sich auf der Gegenseite alles beruhigte.

Aus dem naheliegenden Wald wurde ein Stamm geholt, behauen, aufgepflanzt, und bald wurde an ihm die schwarz-weiß-rote Flagge emporgezogen, die sich in den Fluten des Tana spiegelte. Gewehrsalven krachten, Tiedemann ließ von seiner Tanaseite das Geschütz donnern, und drüben erscholl ein dreimaliges Hurrah. Der Mse schenkte einen Hammel als Festgabe, und den Wapokomo wurde das tote Kamel verehrt, die es gierigen Blicks davonschleiften. Ein allgemeines Volksfest im Dorf unter Trommelgedröhn, mit Tänzen der Damen, voran der alte Mse, beschloss den Tag.[39]

Zwei Tage später bekam Tiedemann vom Doktor den Auftrag, die Zeremonie in dem Dorf Massa vorzunehmen. Protokolle wurden geschrieben und beglaubigt, abends gab es ein Zauberfest mit Gesang und Tanz um den Flaggenmast, Tiedemann ließ Raketen krachen: Wieder ein himmlischer Abend!

---

[39] Beigestelltes Bild in: Von Tiedemann (1892), (Ausschnitt) S. 112.

Am nächsten Tag schien sich die nächste Gelegenheit zu bieten. Doch der Mse des gegenüberliegenden Dorfes kam bereits völlig betrunken im Lager an, schnitt Grimassen, hielt endlose Reden und verbot, Handel mit seinem Dorf zu treiben. Ein Somali-Kommando holte den Bruder des Mse herüber. Aber auch der war betrunken – wie offenbar das ganze Dorf. Unter diesen Umständen war keine Abmachung zu treffen, keine Zeremonie auszurichten.

Auf dem Marsche. (Zu S. 114.)

Die meisten Marschtage hatten ihre Tücken. Die Dörfer, die man ansteuerte, waren zwar von Hamiri mit den Miau gut zu erreichen. Anders war es mit dem Landweg für die Träger und besonders für die Tiere bestellt. Die unmittelbar am Fluss liegenden Dörfer waren von dichten Wäldern umgeben, durch die mit den Kamelen kein Durchkommen war. Die Kolonne marschierte meist durch Steppe[40] und stieß immer wieder auf Barrieren von Gehölz, durch die Breschen geschlagen werden mussten. Manchmal half auch ein Abbrennen der Hindernisse. Gefährlich wurde es, als einmal die Steppe in Brand geriet und damit auch Weide für die Tiere verloren ging. Die von Ort zu Ort engagierten Führer zeigten sich oft als wenig wegekundig. Bisweilen brachte das Wetter strömenden Regen, und bisweilen zwang mangelndes Entgegenkommen von Dorfbewohnern zu gewaltsamer Mais-

---

[40] Beigestelltes Bild in: Peters (1891), zu S. 114.

Requisition. Dann ließen sich bisweilen wieder mit den Mse gute Tauschgeschäfte machen. Ein Dorf existierte allerdings nicht mehr, weil die Somali, mit denen man seit Witu vertraglich verbunden war, es zerstört und verwüstet hatten.

Schwierig wurden die Schauri, als man in ein Gebiet vorstieß, in dem nicht mehr Suaheli gesprochen wurde, sondern Kigalla. Einer der Somali verstand glücklicherweise die Sprache der Gallas. Deutsch, Englisch, Somali, Kigalla und Kipokomo schwirrten durcheinander.

Als man gegenüber dem Dörfchen Kidori am Tana lagerte, bekam man Kunde von der englischen Expedition. Mr. Smith hatte erst gegenüber in Kidori gelagert, war dann auf jener Seite weiter marschiert, bis seine Expedition von Somali zersprengt wurde. In Kidori soll er sie dann wieder gesammelt haben, ans andere Ufer übergesetzt und weiter vorgedrungen sein. Offenbar ein zäher Kerl!

Am nächsten Tag wurde der vorletzte Ochse geschlachtet.

Drei Tage später traf man auf Spuren der englischen Expedition und konnte ihnen folgen. Doch schon am Tag darauf gab es deutliche Anzeichen, dass die Expedition ein zweites Mal zersprengt worden war: Sandalentritte verfolgender Somali, Abdrücke nackter Füße und riesig ausgreifender Tritte mit breitem englischen Absatz. Tiedemann gönnte dem Engländer zu entwischen.

Drei Wochen nach dem Aufbruch von Engatana wurde, anders als erwartet, Oddobarurova immer noch nicht erreicht. Die Versorgungslage war inzwischen wieder kritisch. Der letzte Ochse war bereits ans Messer geliefert worden, und die Kolonne war insgesamt entkräftet. An Essen war nicht mehr zu kommen, und Hamiri war mit seinen Miau noch nicht heran. Gewaltmärsche wurden eingelegt. Während der Nachtlager bekam Tiedemann visionäre Zustände.

Als man sich nahe Oddobarurova wähnte, übernahm der Doktor die Spitze und ging mit seinem Pferd und leichtem Tross voraus. Die Gewaltmärsche der letzten Tage hatten die Kräfte der Träger stark mitgenommen. Bei glühender Sonne und trockenem Mund taten sie ihr Bestes, allerdings ohne Gesang, wie sonst üblich. Tiedemann wiederum eilte ihnen mit Sadiki als Fährtenleser voraus, den Hufspuren des Pferdes des Doktors folgend. Nach Einbruch der Dunkelheit verloren die sich, und der Doktor hatte bei all seiner Umsicht keinerlei Wegmarkierung zurückgelassen.[41]

---

[41] Beigestelltes Bild in: Von Tiedemann (1892), (Ausschnitt) S. 120.

Tiedemann blies zum Halten und Sammeln. Nur 20 Mann fanden sich zusammen. Beratung! ... Zuerst Wassersuche! Nach einer Stunde kamen die ausgeschickten Leute schweigend zurück. Die Träger saßen stumpfsinnig herum, einer murmelte „tu ta kufa vyote" – wir werden alle sterben. Tiedemann herrschte ihn an, er solle ein großes Feuer anzünden, damit die anderen sehen, wo sich die Truppe befindet. Als der Kerl aufsprang, eine freche Antwort gab und die anderen sich auf seine Seite stellen wollten, drückte Tiedemm seinen Revolver auf ihn ab, verfehlte ihn – aber der Erfolg war, dass gleich darauf ein prächtiges Feuer loderte. Tiedemann streckte sich aus, fand aber keinen Schlaf und suchte in den Lasten nach Getränken. Was er fand, war eine Flasche Cognac, die er wider alle Vernunft bis fast zur Hälfte in sich hinein goss: Schreckliche Folgen! Eine entsetzliche Nacht ...

Am Morgen, an dem Tiedemann kaum bei Besinnung war, konnte die Truppe die Spur des Doktors wieder aufnehmen. Tiedemann, vor Durst fast verrückt, schlug sich mit Sadiki seitwärts, weil er auf kürzerem Wege auf einem Elefantenpfad durch Dornen und Dickicht zum Tana zu gelangen hoffte. Die Hoffnung musste er bald aufgeben, als sich plötzlich sein Lebenswille aufbäumte. Er wollte hier nicht sterben! Er begab sich auf die Spur des Doktors zurück, gelangte mit Sadiki durch Bananenkulturen und hörte bald das Rauschen des Tana. Er lachte Sadiki an, der wegen solcher Vertraulichkeit verdutzt war, sprang die Böschung hinunter, warf seine Kleider ab und tauchte in die Fluten des Tana.

Etwas weiter flussaufwärts fand er bei einer kleinen Niederlassung, Oddo Galla, auch den Doktor, der dort das Lager aufgeschlagen hatte und ihn mit den Worten „da wären wir ja" empfing. Da hatte der Chef wieder ein Meisterstück vollbracht, und die nachkommende Truppe pries ihren genialen Führer.

Der Träger Amdurabi blieb aus, von dem berichtet wurde, er sei verrückt geworden. Rukua und Mufta wurden mit Wasser zurück geschickt, um nach ihm zu suchen. Hamiri mit den Miau war noch nicht herangekommen. Für die Truppe gab es etwas Mais, den der Doktor bei den Eingeborenen von Oddo Galla gekauft hatte. Und am Abend gab es eine halbe Flasche Sekt, die vorletzte, die zur Feier des Geburtstags von Tiedemanns Vater, man schrieb den 22. September, geöffnet wurde. Der Doktor hielt eine knappe Rede – auch hierin ein Meister.

Am nächsten Morgen waren Rukua und Mustah von ihrer Suche nach dem Träger Amdurabi noch nicht zurück. Tiedemann wurde mit einem Dutzend Trägern zur Essenssuche ausgeschickt. Auf der gegenüberliegenden Seite des Tana lag ein Dorf, das nur schwimmend erreicht werden konnte. Als die Träger aus Angst vor Krokodilen nicht wollten, ging er mit gutem Beispiel voran. Das Dorf war verlassen – bis auf etliche 20 Stück Geflügel, die eingefangen wurden. Etwas Mais wurde gefunden, Bohnen und Tabak ... Abends kamen Rukua und Mustah ohne den vermissten Träger Amdurabi zurück.

10. ODDOBARUROVA: UNTERWERFUNG DER GALLAS – KUPANDA SCHARO!

Am 24. September morgens wurde endlich Oddobarurova, zweieinhalb Stunden von Oddo Galla entfernt, erreicht. Nach einem Marsch durch den Uferwald hatte sich eine freie Stelle am Tana aufgetan, und das gegenüberliegende Ufer war nur 80 Meter entfernt. Dort lagen einige Miau. Mehrere Träger schwammen hinüber und brachten sie heran. Mit ihnen fuhr der Doktor in Begleitung einiger Somali hinüber, um Erkundigungen einzuziehen, während Tiedemann mit der Kolonne etwas weiter flussaufwärts zog und das Lager aufschlug. Als der Doktor zurückkam, erzählte er, dass das gegenüberliegende Land die Insel Oddobarurova sei, von Wagalla und Wapokomo bewohnt, riesige Massen Mais seien dort aufgehäuft.

Nachmittags erschien der Gallahäuptling mit Gefolge am gegenüberliegenden Ufer. Peters bestieg mit einigen Somali eine Mau, um sich hinüber rudern zu lassen. In der Mitte des Flusses kenterte das Gefährt, und die ganze Gesellschaft hielt schwimmend aufs andere Ufer zu. Peters behielt seine Würde, als er, wie ein Flussgott triefend, dem Tana entstieg und dem Gallahäuptling entgegenschritt. Das Ergebnis der Zusammenkunft war dürftig: Der Häuptling, Sultan Hujo, schickte einige Hände voll Bohnen. Dabei hatte ein Mann aus Peters Begleitung auf der Insel mehrere wohl gefüllte Maislager gesehen. Aber Peters brachte interessante Nachrichten mit.

„Mr. Pigott und Mr. Smith waren beide hier. Pigott ist über Ukumba nach Mombasa zurückgekehrt, nachdem weiter für ihn kein Durchkommen war. Hat drüben bei den Gallas zwei Stationen angelegt und mit Besatzung zurück gelassen. Dazu hatte er übrigens keinerlei Recht, denn der Tana sollte nach dem Londoner Abkommen das englische Interessengebiet begrenzen."

„Bin gespannt, wie sich der Kontakt mit diesen Leuten gestaltet ..."

„Die sind schon vor zehn Tagen stromabwärts auf und davon, ohne dass wir sie zu Gesicht bekommen haben. Und unser Mr. Smith, den ich so gerne noch gesprochen hätte, der kam hier vor einer Woche an, ist in die verlassene englische Station eingezogen und hat sich dann plötzlich eines Morgens auf dem gleichen Wege wie Pigott davon gemacht, als er von unserem Herannahen hörte."

„Eine englische Station ist hier also angelegt worden, doch wohl nicht ohne dass ein Vertrag mit den Gallas gemacht wurde ..."

„Weshalb ich hier eine Station anlegen muss. In aller Form gilt es, die deutsche Flagge im Norden des Tana zu hissen und die Gallas der deutschen Oberhoheit zuzuführen. Für den Bau der Station ist Zeit bis zum Eintreffen Rusts. Ansonsten gilt es, mit dem Sultan Hujo einen Vertrag zu machen.“

Am nächsten Morgen schickte Peters Tiedemann mit einem reichen Gastgeschenk zum Sultan. Als Gegengeschenk bekam Tiedemann Mais, der für eine Mahlzeit für die Träger ausreichte. Mehr wollte der Sultan auch bei guter Bezahlung nicht beschaffen, da er angeblich nichts hatte. Tiedemann gab zu verstehen, dass seine Leute sehr wohl wüssten, dass es beim Sultan überreichlich Essen gäbe. Und er könne nicht dafür einstehen, dass sich seine Leute so abspeisen ließen. Nach dieser Drohung kehrte Tiedemann ins Lager zurück, und man verharrte dort in der Erwartung, vom Sultan mehr Essen geschickt zu bekommen.

Gegen Abend kam endlich, durch ein Hornsignal angekündigt, Hamiri mit seinen Miau an.

Als nachts noch immer kein Essen vom Sultan herübergeschickt worden war, erhielt Tiedemann von Peters den Auftrag, nach Entladung von Hamiris Miau mit diesen im Schutze der Dunkelheit den Fluss hinabzufahren, um so viel Mais wie möglich aus den gestern entdeckten Maislagern zu bringen. Tiedemann steuerte mit dem Mann, der die Maislager entdeckt hatte, an der Spitze der Flottille von sechs Miau bei Nebel und Nieselregen los. Nach einstündiger Fahrt ging man an Land, fand die Lager und hatte die Miau in anderthalb Stunden beladen. Dabei entstand einiger Lärm. Die Wagalla entdeckten die Räuber und machten sich mit ihren Miau an die Verfolgung. Tiedemann, der mit der letzten Mau den Rückzug deckte, kommandierte mit lauter Stimme: „Bundu tajari!“ – Die Büchsen fertig! Daraufhin stoppten die Verfolger, und Tiedemann entkam mit seinen Leuten. Er erstattete Bericht und bezog, klappernd vor Kälte und Nässe, sein Nachtlager.

Der Coup sollte nicht den Zweck haben, sich mit Nahrungsmitteln einzudecken und sich dabei die dauernde Feindschaft der Wagalla einzuhandeln. Er sollte die Wagalla zunächst zur Einsicht bringen, dass es besser sei, mit der Expedition biashara – Handel – zu treiben. Das Eintreffen der Kolonne Rust musste schließlich abgewartet werden, und für das weitere Vordringen flussaufwärts sollten die Wagalla dazu gebracht werden, Bootsleute zur Verfügung zu stellen, denn der Tana erwies sich als noch weiter flussaufwärts schiffbar. Zur Herstellung einer Verbindung zu Rust flussabwärts hoffte man eine Mau zur Verfügung gestellt zu bekommen. Und schließlich sollte hier die deutsche Flagge gehisst und eine feste Station für das Unternehmen eingerichtet werden.

Tatsächlich schickte Sultan Hujo Boten, um Handel zu verabreden, der dann auch Proviant für 14 Tage erbrachte. Eine erfreuliche Entwicklung! Traurig war, dass der Somali Nur Ali an Fieber starb, welcher der Gefährte Tiedemanns bei seiner

Affaire von Cosi Nderani gewesen war. Und völlig unversehens stellte sich der Träger Amdurabi ein, der seit vier Tagen als vermisst galt: zum Skelett abgemagert und scheinbar geisteskrank.

Das Kruppsche Geschütz hatte, wie sich herausstellte, Schaden gelitten. Der Verschluss funktionierte nicht mehr. Die proponierte Flaggenhissung würde ohne Geschützdonner vorgenommen werden müssen! Wenn man es hier als dauerhaft unbrauchbar würde zurücklassen müssen, gäbe das allerdings eine nicht unerhebliche Marscherleichterung.

Am 27. September wurde mit dem Sultan für den nächsten Tag ein großes Schauri verabredet. Beim Abendessen stellte sich heraus, dass der Doktor Geburtstag hatte: 33 Jahre alt! Die Jahreszahl sprach für sich: Es konnte alles nur noch besser werden. Tiedeman wünschte ihm ein glückliches Ende der Expedition.

Am nächsten Tag kam es, nachdem Tiedemann und Peters noch einmal vergeblich an der Kanone gearbeitet hatten, auf der anderen Seite des Tana unter einem großen Baum zur großen Beratung und Volksversammlung. Peters ließ außer der Lagerwache alle Askari mit hinübersetzen. Für sich und Tiedemann ließ er die Tragsessel herüberschaffen, um majestätisch darauf Platz zu nehmen. Neben dem Sultan Hujo mit seinen speerbewehrten Kriegern waren noch drei Häuptlinge der Wapokomo anwesend. Die Atmosphäre war gespannt, denn bei den Wagalla stießen die Wünsche Peters' nicht allgemein auf Gegenliebe. Der Sultan trat zunächst hochfahrend auf. Peters suchte ihn durch geheuchelte Wut einzuschüchtern. Stundenlang ging die Debatte hin und her. Erreicht wurde dann doch, dass die Gallas der Expedition elf Bootsleute zum weiteren Vordringen den Tana aufwärts zur Verfügung stellten und gegen Entschädigung eine Mau zur Verfügung zu stellen versprachen, die den Tana abwärts zur Kontaktaufnahme mit Rust geschickt werden sollte. Und schließlich erklärte sich Peters bereit, die deutsche Flagge aufzuziehen. Das würde, wie er versprach, die Somali, mit denen er in Witu in Verbindung getreten war, davon abhalten, die Wagalla anzugreifen. Schließlich kam es zur Unterzeichnung eines vorbereiteten Vertrages mit den Unterschriften von Peters und dem Handzeichen von Hujo sowie der Unterschrift Tiedemanns als Zeuge und den Handzeichen weiterer Zeugen.

Peters' Leute hatten unterdessen einen Baumstamm beschafft und aufgestellt, und den Gallas blieb es dann nach Peters' neuester Eingebung überlassen, selbst die Flagge am Mast zu befestigen und empor zu ziehen. Peters' Leute schossen Salut, die Gallakrieger führten Tänze auf. Nur das Kruppsche Geschütz schwieg.

In dem Vertrag mit Sultan Hujo erkannte Dr. Carl Peters das Land am Tana von Massa, wo Tiedemann vor etwa zwei Wochen die Flaggenhissung vorgenommen hatte, bis zum Kenia als Sultanatsgebiet an, das der Sultan seinerseits unter Peters'

Schutz stellte, der wiederum versprach, für das Gallasultanat die Freundschaft Seiner Majestät des deutschen Kaisers zu erwirken. Unabhängig vom Reichsschutz trat der Sultan die Ausbeutung aller Schätze über und unter der Erde an Dr. Carl Peters ab, dazu das ausschließliche Handelsmonopol, das Recht, Plantagen anzulegen und das ausschließliche Bergwerksmonopol. Sollte Gold gefunden werden, so sollte Hujo ein Viertel des Reingewinns zukommen. Und Dr. Carl Peters sollte höchster Herr im Gallaland sein, über die Streitmacht befehlen und die Leute richten – alles zum Segen und Wohle des Gallalandes.

Der Weg bis zum Kenia, bis wohin sich die Herrschaft des Sultans, der sie dann wiederum an Peters übergab, erstrecken sollte, war den Wagalla allerdings unbekannt. Ihre Kenntnis erstreckte sich nur so weit, wie der Tana schiffbar war. Einen Eindruck vom Kenia verschafften sich Peters und Tiedemann, indem sie eifrig Krapfs Reisebuch studierten.[42] Johann Ludwig Krapf, Missionar und Reisender, hatte 1849 mit seinem Begleiter Rebmann als erster Europäer den Kenia zu Gesicht bekommen und eindrucksvoll geschildert. Zunächst hatte man ihm in Europa nicht glauben wollen, dass sich so nahe am Äquator ein schneebedecktes Gebirgsmassiv erheben sollte.

Der Bau eines Hauses – des „Von-der-Heydt-Hauses" – auf der Insel gegenüber dem Lager wurde begonnen, und Peters weihte Tiedemann in weiterreichende Pläne ein:

„Eine ähnliche Station gedenke ich am Baringo-See einzurichten. Und zwischen Oddobarurova und Baringo wird ein Handelsweg entstehen, der dann weiter ins Innere führt. Für Elfenbein – in deutscher Hand, unter Umgehung der Mombasstraße der Engländer!"

Nach einer Woche Oddobarurova bekam Tiedemann plötzlich schreckliche Leberschmerzen. Es warf ihn bei glühender Temperatur im Zelt und unter starken Dosen von Morphium für mehrere Tage aufs Lager. Für fünf Tage war er nicht in der Lage, sein Tagebuch zu führen, und er war auch danach noch länger ans Bett gefesselt und litt unter unerträglichen Schmerzen. Er hörte draußen die Träger singen „bana mdoga etu awesi, a ta kufa bado kidogo" – unser junger Herr ist krank, bald wird er sterben.

Peters war äußerst besorgt und für längere Zeit ganz allein auf sich gestellt. Er trieb den Bau des Von-der-Heydt-Hauses voran und erkundete zu Pferde die westlich sich ausdehnende Steppe. Abends, in seinem Zelt, spielte er auf dem Herophon, das er aus den Lasten herausgesucht hatte, Opern- oder Operettenmelodien ab.

---

[42] Johann Ludwig Krapf, Reisen in Ostafrika, ausgeführt in den Jahren 1837 -1855, Stuttgart (Stroh) 1858.

Die Beziehungen zu den Gallas verschlechterten sich unterdes. Sie brannten die englischen Stationen ab und verweigerten die Herausgabe der dort von den Engländern mit Sicherheit zurückgelassenen Tauschartikel mit der Ausrede, dass nichts zurückgelassen worden wäre. Zum offenen Konflikt kam es, als Peters 13 Suaheli-Sklaven der Gallas bei sich als Träger hatte einschreiben lassen, von denen er glaubte, den sicheren Nachweis zu haben, dass sie von den Gallas weder gekauft noch im Krieg erbeutet, sondern ganz einfach gestohlen worden seien.

Am 6. Oktober, in einer hellen Mondnacht, wurde Peters von dem Posten vor seinem Zelt geweckt und bekam die Nachricht, die Gallas wären zu einer Beratung zusammengekommen und hätten soeben beschlossen, noch in derselben Nacht das Lager anzugreifen. Peters seinerseits entschloss sich zu sofortiger Aktion, weckte Tiedemann, der unter dem Einfluss einer doppelten Dosisi Morphium gerade eingeschlafen war, nicht aufstehen konnte und sich von Sadiki Büchse und Revolver aufs Bett legen ließ. Peters ließ ein kurzes Trompetensignal geben, versammelte mit Hamiri und Hussein an seiner Seite eine Mannschaft von 10 Somali und 25 Trägern, setzte auf die andere Seite des Tana hinüber und marschierte auf den eine halbe Stunde entfernten Kraal des Sultans zu. Mit den lauten Rufen „amani, amani" – Friede, Friede – trat Peters unter die auch vom Biergenuss erregte Versammlung. Eine Lanze flog ihm entgegen, ritzte sein Ohr. Einem Lanzenstoß auf seine Brust entging er nur, weil Hamiri ihn zu Boden stieß. Peters sprang wieder auf, griff nach seinem Revolver. Der versagte. Er legte seine Büchse an, und in einer kurzen Schießerei streckte seine Truppe den Sultan und sieben seiner Großen nieder.[43]

In drei Minuten war die Sache entschieden: Die ganze Versammlung stob auseinander. Peters spürte starke Nervenerregung – es war das erste Mal, dass er Menschenblut vergossen hatte. Aber es galt, kühl weiter zu handeln.

Im Kraal fanden sich noch die Weiber, 23 an der Zahl – darunter die Gattin des Sultans –, die Peters aus ihren Hütten herausholen ließ, dazu auch noch einige Männer, um sie als Faustpfand ins Lager zu bringen. An Vorräten fanden sich noch 80 Bootsladungen Getreide, die gesichert werden konnten. Peters marschierte weiter zum Sklavendorf und befreite die dort ansässigen 30 Männer, Frauen und Kinder, um sie samt ihrer Habe ins Lager zu bringen. Tiedemann hörte nach einer Zeit banger Ungewissheit das Triumphgeschrei der ihren Führer mit seinem afrikanischen Namen preisenden Truppe: „Kupanda, Kupanda Scharo!" – der Städtestürmer, der Erklimmer von Befestigungen!

---

[43] Beigestelltes Bild in: Peters (1891), zu S. 132.

Gefecht mit den Gallas. (Zu S. 132.)

Das Gefecht mit den Gallas hatte nur eine aktuelle Bedrohung beseitigt. Peters ließ das Lager mit einem starken Dornenverhau befestigen und die umgebende Vegetation als mögliche Deckung für feindliche Annäherung abbrennen. Zudem führte er einen verschärften Wachdienst ein.

Die Einrichtung einer Station mit dem Von-der-Heydt-Haus setzte allerdings eine friedliche Beziehung zu den Gallas voraus. Peters schickte deshalb die gefangenen Männer mit der Botschaft ab, die Gallas mögen zurückkehren, dann sei er bereit, ihre Weiber auszuliefern.

Der neugewählte Sultan der Gallas, Gollo, erklärte sich zu Verhandlungen bereit. Am 16. Oktober fuhr Peters zum Sultan hinüber, der sich als eine recht selbstbewusste Erscheinung, fast kavaliersmäßig auftretend und von Gardemaß, zeigte. Er verlangte für die getöteten Stammesgenossen Blutgeld. Peters spielte einen Wutanfall und warf mit einem Schemel nach Gollos Kopf. Wenn er Krieg haben wolle, dann solle er ihn haben. Mit ihm wolle er nicht mehr verhandeln. Die Gallas sollten sich einen Sultan wählen, der ein deutschfreundlicher Mann sei. Mit Gollo wolle er, Peters, nicht mehr verhandeln. Gollo begab sich daraufhin, wie er sagte, auf Elefantenjagd, und die Gallas wählten noch am gleichen Tage einen neuen Sultan, Sadeh, mit dem Peters einen Vertrag aushandelte.

Von der Heydt-Haus

Tiedemann hatte sich an diesem Tag gesund gemeldet und fuhr mit hinüber zur Besichtigung des inzwischen fertiggestellten Von-der Heydt-Hauses,[44] in dem auch der Vertrag mit Sadeh unterzeichnet wurde. Aus ihm ging hervor, dass Peters Leben und Eigentum der Gallas respektiere und diese ihn als ihren Herrn anerkennen, die Station „Von-der-Heydt-Haus" respektieren, die Expedition Peters' unterstützen, dem aller Grund und Boden auf den „Von-der-Heydt-Inseln" gehöre, und dass sie nur an ihn und seine Vertreter Elfenbein und Getreide verkaufen würden. Als Tiedemann als Zeuge unterzeichnete, musste er darüber lachen, wie sich sein Namenszug unter den Handzeichen der Wagalla ausnahm. Die Verhandlungen wurden mit allen gallaüblichen Feierlichkeiten abgeschlossen.

Zurück am Lager, wurde dieses von einer Affenherde blockiert, die, durch die Brände in der Umgebung aufgescheucht, sich hierhin geflüchtet hatte und mit Knüppeln und Exkrementen Menschen und Tiere bewarf. Ein vom Sultan geschenktes Schaf wurde zur Hälfte als Krankensuppe für ein Kamel verarbeitet.

Nach drei Wochen Aufenthalt in Oddobarurova war noch keine Nachricht von der Kolonne Rust eingetroffen. Eine Mau, die tanaabwärts geschickt worden war, um eine Verbindung herzustellen, war nach einigen Meilen unverrichteter Dinge zurückgekommen, weil der Weg durch ganze Somalischwärme versperrt war. 5000 Mann sollten am Tana zwischen Peters und der Küste lagern! Der verschlagene Hamiri, dem ein Durchkommen zuzutrauen war, war daraufhin losgeschickt worden, aber seitdem hatte man nichts mehr von ihm gehört. Die Expedition würde sich ohne Rust und nachgeführte Tauschartikel auf den Weg machen müssen.

Peters lud Tiedemann zu einem längeren Spaziergang auf der Insel ein, um die dortigen Salzfelder in Augenschein zu nehmen. An manchen Stellen war der Boden weiß von Salzkristallen. Tiedemann nahm mit befeuchteten Fingern ein paar Kristalle auf, kostete, fand das Salz etwas bitter, aber brauchbar. Brauchbar auch als Zugabe für die weitere Marschverpflegung?

„Warum nicht, Herr von Tiedemann. Ihre Geschmacksorgane funktionieren, und ihre Gesundheit ist, gottlob, einigermaßen wieder hergestellt. Bald muss es weiter

---

[44] Beigestelltes Bild in: Peters (1891), S. 130.

gehen. Ein paar Tage werden wir hier aber noch zubringen müssen, bis die Ernährung für die nächsten Wochen sicher gestellt ist, denn wir werden uns eine lange Strecke durch unbewohntes Gebiet schlagen."

„Manna wird unterwegs sicher nicht vom Himmel fallen."

„Maismehl wird's tun. Die Sklaven, die ich unseren lieben Gallas weggenommen und befreit habe, sind dabei, Maismehl zu stampfen. Der Mais, den wir die Menge haben und gar nicht wegtragen können, wird dabei auf ein tragbares Gewicht und Volumen reduziert."

„Genial. Und etwas Salz dazu – da sehe ich schon die begeisterten Gesichter unserer Leute."

„Das Salz mal beiseite. Sie haben inzwischen unsere Lasten noch mal inspiziert und gelistet?"

„Ist geschehen. Mehr als eine Last Eisendraht und eine halbe Last Massaiperlen haben wir nach wie vor nicht dabei. Und alles Unnötige ist ausgesondert."

„Nur eine Last Eisendraht und Massaiperlen ... Das ist Schuld allein der Engländer! Ihretwegen werden wir Krieg haben, wenn wir ins Massailand kommen. Aber wir sind bereit. Auch ohne mein kaputtes Geschütz. Das werden wir hier vor dem Von-der-Heydt-Haus aufstellen, es wird sich gut zu unserer stolzen Flagge machen. Im Haus werde ich Instruktionen für Rust zurücklassen, wenn er denn doch noch hierher sich durchschlagen sollte."

„Wenn der Tana nicht mehr schiffbar ist, stellt sich die Trägerfrage ...“

„Ich habe für alles gesorgt. 30 der Leute, die ich aus der Sklaverei befreit habe – Männer, Frauen und Kinder –, wollen bei uns bleiben. Das verstärkt unsere Trägerkolonne."

„Marschungewohnte Frauen und Kinder?"

„Mir kommt es nur auf die Männer an. Die wollen nun mal nur zusammen mit ihren Familien mitziehen. Wenn wir dann ein Stück tanaaufwärts sind, habe ich die Männer fest in der Hand, nötigenfalls in Eisen, und werde die Frauen und Kinder auf einer Mau zurückschicken."

„Zurückschicken wohin?"

„Zur Missionsstation in Ngao – mit einem Empfehlungsschreiben ausgestattet. Dass sie vorher schon von den Gallas wieder eingefangen werden, wie zu vermuten steht, oder später von den Somali, die den Tana kontrollieren, steht nicht in meiner Macht zu verhindern. Aber meiner humanitären Pflicht habe ich damit Genüge getan. Was gibt es sonst noch?"

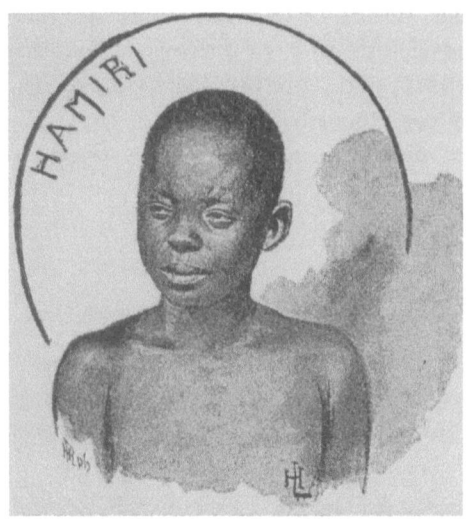

Dass die Wagalla sich ihres ‚Eigentums' wieder bemächtigten, stand für Tiedemann kaum außer Zweifel und war zu befürchten. Einige Schritte gingen er und Peters schweigend nebeneinander her, ehe Tiedemann mit einem Ansinnen herausrückte.

„Unter den Sklaven ist ein aufgeweckter ganz junger Bursche, Hamiri, den hätte ich gerne als Boy engagiert. Und er soll seinen Namen behalten."[45]

„Bon. Zwei Taufen müssen wir allerdings noch vornehmen. Von den acht Wagalla, die uns zugeteilt wurden, werde ich zwei als Wegeführer benennen, die uns bis zu den Wanderobbo, vielleicht eine Woche Marsch, geleiten können – was dahinter liegt, weiß hier niemand. Der eine von den beiden ist Parisa, der leibliche Bruder des Sultans, der andere ist dieser kleine, listig dreinschauende Herr ..."

„Der mit der verzweifelten Judenphysiognomie?"

„Eben der. Wie wollen wir die beiden nennen?"

„Parisa? - Na, Pariser doch, ergibt sich irgendwie von selbst. Der andere ...", Tiedemann zögert etwas, „der andere sei – – er sei Isidor Breslauer ... wie bei Breslauer & Cie." [46]

„Bon. So seien sie getauft – im Namen des Vaters, des Sohnes und des Heiligen Geistes. Amen. Ansonsten: In spätestens drei Tagen: en avant!"

Peters verfasste ein Schreiben an Rust, das er im Von-der-Heydt-Haus deponierte, für das Tiedemann noch ein Schild malte. In dem Schreiben teilte Peters seine beabsichtigte Marschroute mit: Am Kenia vorbei und möglicherweise auf der Thomsonschen Route zum Baringo-See und weiter nach Massala in Kawirondo am Victoria Njansa, dann am Ufer des Sees entlang bis zum Ausfluss des Nils aus dem Njansa und von dort entweder durch Uganda oder unter östlicher Umgehung Ugandas nach Mruli im Land Unjoro, von wo es noch eine Woche bis zu Emin Pascha sei. Als Marschzeit rechnete Peters, von Unterbrechungen abgesehen, mit etwa acht Wochen.

---

[45] Beigestelltes Bild in: Von Tiedemann (1892), S. 132.
[46] Isidor Breslauer – eine Person in jüdischen Witzen.

Vor Erreichen des Kenia hoffe er auf ehemalige Wegeführer des Grafen Teleki zu treffen. Rust selbst gab er für den Fall, dass keine Träger zu bekommen seien, die Instruktion, mit einer Eselexpedition zu folgen und von Peters unterwegs angelegte Stationen auszubauen. Für den Fall, dass ein Weitermarsch für Rust unausführbar sei, solle Hamiri mit einigen Askari und Tauschartikeln in Oddobarurova zurückbleiben und Rust zurückkehren, um die Kolonne aufzulösen und Peters' Interessen in Lamu und Sansibar zu vertreten. Und, wenn möglich, solle er sich in Oddobarurova der anzulegenden Plantagen annehmen und versuchen, Elfenbein zu kaufen.

Jetzt war nur noch abzuwarten, dass die Leute mit der Maisstampferei zu einem Ende kamen. Als Peters abends, nachdem ihm die Sterne kein Zeichen der Vorsehung geben wollten, in seinem Zelt saß, erbat er sich ein Scherzorakel für die Weiterführung der Expedition und setzte in der Dunkelheit eine beliebige Platte auf das Herophon und musste dann doch lächeln: Der bekannte Marsch aus „Carmen" – „Mut in der Brust, siegesbewusst" – ertönte! Die Entscheidung zum Abmarsch war damit auch höheren Orts für richtig befunden. Mochte die Expedition auch aus den Bahnen des Berechenbaren ins Abenteuerliche hinübergleiten und der Weitermarsch ein Salto mortale sein – der Entschluss stand fest.

11. UNTER WILDEN – WANDOROBBO, WADDHAKA UND WAKAMBA

Am 21. Oktober marschierte die Kolonne unter lautem Geschrei und rhythmischem Gesang frühmorgens los: Haya twendeni! – Vorwärts! An der tête mit der schwarz-weiß-roten Fahne voran der athletische Parisa, Peters zu Pferd und Hund Tell an seiner Seite. Tatsächlich war es höchste Zeit zum Abrücken: Die Somali sollten bereits bis zum zweieinhalb Stunden entfernten Oddo Galla herangerückt sein.

Es ging tagelang durch unbewohnte Uferlandschaft mit buschiger, dorniger Steppe und viel Wild – darunter auch Giraffen. Ein Kamel starb – wahrscheinlich hatte es etwas Giftiges gefressen.

Schon in der ersten Nacht hatte Peters die alten Weiber und die Kinder der flüchtigen Sklaven auf zwei Miau unter Führung bewaffneter Wächter zurückgeschickt. Nach drei Marschtagen verschwand der übergelaufene Gallasklave Nasibu, und am vierten Tage, nachdem die Miau mit den Weibern und Kindern weggeschickt worden waren, stieß einer der Wächter, halbverhungert und aus einer Speerwunde blutend, zur Kolonne. Die beiden Miau waren, wie Tiedemann befürchtet hatte, nur bis zu den Wagalla gekommen. Dort waren sie abgefangen worden, und nur der eine Wächter hatte soeben noch entkommen können und erreichte wieder die Kolonne. Zu den nächtlichen Lagern schallte aus den nahen Wäldern das Tierkonzert mit Löwengebrüll und dem Krachen der Äste unter den Tritten von Elefanten.

Eines Nachts, nachdem Tiedemann das nächtliche Schnarchen seiner Träger zu viel geworden war, schlug er sein Zelt etwa 100 Meter vom Lager entfernt auf. Nach einigen Stunden Schlaf wurde er von einem fürchterlichen Gebrüll geweckt: Löwen! Er sprang in seine Hose, griff zu seinem Revolver, als plötzlich sein Zelt schwankte, als wolle es zusammenstürzen: Die Bestien waren über die Zeltleine gestolpert. Tiedemann lugte durch eine Zeltspalte, sah einen dunklen Körper, schoss drei Mal zwischen zwei auf ihn gerichtete flammende Augen, horchte flüchtig und vernahm aus dem Geräusch knackender Zweige, dass die Tiere sich davonmachten. Er selbst ergriff, in der einen Hand den Revolver, mit der anderen seine Hose haltend, schleunigst die Flucht in entgegengesetzter Richtung zum Lager. Die Nacht verbrachte er am Lagerfeuer.

Die Karte, nach der man sich orientierte, erwies sich als grundfalsch. Der Tana war viel weiter schiffbar als angegeben – bis man allmählich ins Gebirge gelangte und die ersten Katarakte entdeckte. Ein erhabenes Gefühl stellte sich ein, in eine Landschaft vorzustoßen, in die bisher kein Europäer seinen Fuß gesetzt hatte. Peters taufte kraft seines Rechts als Entdecker die ersten Stromschnellen und Katarakte nach dem Präsidenten des Emin-Pascha-Komitees, Excellenz von Hofmann, die „Hofmann-Fälle". Es folgten die „Kaiser Wilhelm II. Berge", ein „Hohenzollernfels" und eine „Tiedemanns Höhe", genannt nach dem Vater Tiedemanns, Mitglied des Emin-Pascha-Komitees.

In einer Höhe von 460 Metern über dem Meeresspiegel laut Höhenbarometer wurde die Vegetation spärlich. Peters und Tiedemann erkletterten mühsam einen Felsen und hielten Ausschau nach dem Keniamassiv, von dem allerdings noch nichts zu sehen war.

Während einer Woche Marsches hatte man keinen fremden Menschen gesehen. Und Tiedemann stellte fest: Die Trägerkolonne hatte sich in bester Disziplin fortbewegt. Nur die Neuzugänge von den Wagogo bedurften ab und zu noch einer Belehrung mit der Rhinozerospeitsche. Da klagten plötzlich einige Träger, sie hätten nichts zu essen. Wie konnte das sein, wo war das Maismehl geblieben? Eine Befragung ergab: Die Leute hatten es einige Tage damit ausgehalten, dann hatten sie es, wie sie sagten, verloren, weil es zu schwer war. Es drohte wieder die Hungerleiderei!

Eine Lösung des Problems deutete sich am nächsten Tag an. Es fanden sich Fußspuren von Landesbewohnern, von denen es Essen zu kaufen geben musste! Tiedemann zog etwas weiter, um ein Lager aufzuschlagen, während der Doktor mit einigen Askari lospirschte, um sich an einer nicht weit entfernten Uferstelle auf Lauer zu legen. Nach kurzer Zeit schon kam er mit zehn Weibern im Lager an, die er beim Wasserholen eingefangen hatte. Tiedemann stellte fest, dass sie größtenteils häßlich waren, zwei davon aber ganz niedlich. Als Kleidung trugen sie nur ein rotbraun gefärbtes Hüftentuch. Um Arme, Hals und Beine trugen sie Kupfer- und Eisenschmuck so wie bunte Glasperlen. Es waren Wandorobbo.

Während man sich noch zu verständigen suchte, ertönte plötzlich der Ruf bunduki! bunduki! – an die Gewehre! Wandorobbomänner waren herangenaht, um ihre Frauen zu befreien. Das Knallen der Büchsen ließ sie die Flucht ergreifen. Mehrere der gefangenen Frauen, die zu Hause Säuglinge hatten, wurden mit der Nachricht weggeschickt, dass man Vieh oder Getreide kaufen wolle und bei so einem Handel die anderen Weiber ihre Freiheit wieder bekämen.

Nachmittags stellten sich einige Wandorobbo im inzwischen aufgeschlagenen Lager ein – in unverschämter Nacktheit, geschmückt mit Eisen- und Kupferdraht und großen Holzklötzen in monströs erweiterten Ohrläppchen. Bewaffnet waren sie mit Speer und Schild sowie mit Giftpfeilen und Bogen. Das Gift bildet auf dem Pfeil eine glänzende, schwarze Kruste. Sie hatten einige Ziegen dabei. Als Tiedemann vor sein Zelt trat, kam ein Wandorobbo ernsten und gemessenen Schrittes auf ihn zu, sah ihn forschend an und spuckte ihm dann dreimal ins Angesicht. Zunächst stand Tiedemann starr – sollte er dem Wandorobbo eine runter hauen? – erwiderte dann aber den Gruß in der selben Manier.

Die mitgebrachten Ziegen wurden bald gegen bunte Tücher eingetauscht. Ein Heschima – Gastgeschenk – wurde übergeben, und mit dem Versprechen, am nächsten Tag einen großen Handel zu beginnen, zogen die Wandorobbo mit ihren Weibern ab. Pariser, Breslauer & Cie. traten reich beschenkt ihren Rückmarsch an.

Der Handel mit den Wandorobbo am nächsten Morgen brachte als Ergebnis nur wenige Ziegen. Nach einem weiteren Tagesmarsch kamen wieder Wandorobbo ins Lager und versprachen für den nächsten Tag einen großen Viehhandel. Dazu kam es nicht, obwohl man eine riesige Viehherde in der Nähe gesichtet hatte. Die Wandorobbokrieger brachten nur einige Ziegen als Gegengeschenk für das Heschima des Doktors mit, trieben diese dann aber wieder weg. Der Doktor gab daraufhin seinen Somali und Tiedemann mit 30 seiner Träger den Befehl, heimlich auszuschwärmen und sich eines Teils der Viehherde der Wandorobbo zu bemächtigen. Der Coup gelang. 250 Stück Vieh wurden ins Lager getrieben. Die Somali erwiesen sich als prächtige Viehdiebe. Ein mächtiges Schlachten begann: Die jungen, nicht marschfähigen Lämmer mussten ans Messer. Die Träger schwelgten in frischem Fleisch, und der Doktor und Tiedemann tranken literweise herrlich schmeckende Milch. Abends wurde das Lager befestigt und Raketen in die Luft und die Büsche geschossen. Die Wandorobbo mochten glauben, der Leibhaftige mit großem Gefolge sei bei ihnen eingefallen.

Für den Weitermarsch gab es keine Nahrungssorgen mehr. Das Gelände machte jetzt Schwierigkeiten. Die andere Tanaseite schien günstiger. Der zeitraubende Versuch, mit einem Floß überzusetzen, misslang. Man kam an tosenden Stromschnellen und Wasserfällen vorbei. Peters nannte die ganze Partie die ‚Benningsen-Fälle'. Bei allen Schwierigkeiten des Marsches erschien die Landschaft doch zauberhaft. Der Tana wimmelte seit einigen Tagen von Flusspferden. Auch ein weiterer Versuch, den Tana zu überqueren, schlug fehl. Der Doktor fieberte etwas, und ein Somali bekam Dysenterie. Als strenger Mohammedaner lehnte er es ab, Cognac als Mittel gegen die Ruhr zu sich zu nehmen.

Schließlich zeigten sich mitten im Gebirge Spuren menschlicher Kultur. An einzelnen Stellen schien das Land bebaut zu sein. Tiedemann, der am Ende der Kolonne marschierte, entdeckte mit seinem Boy Hamiri, der sich inzwischen als Talent im Fährtensuchen bewiesen hatte, in einem Tal eine Ansammlung fremdartiger, lärmender und gestikulierender schwarzer Gestalten. Diese hatten ihrerseits die beiden bald erspäht und folgten ihnen mit hundertstimmigem Geschrei ins Lager, wo der Doktor schon mit einigen dieser Wilden verhandelte. Es waren Wadhakka. Krapf hatte sie in seinem Reisebuch schon erwähnt, aber dieser spezielle Volksstamm war bisher noch keinen Europäern begegnet. Die Männer fielen Tiedemann als größtenteils mordshässlich, aber kräftig und sehnig gebaut auf. Sie hatten keine einheitliche Kleidung, stolzierten mit hohem Federkopfputz oder Mützen aus Affenfell herum, manche trugen einen Hüftschurz, der mit bunten Perlen oder Vogelschnäbeln verziert war, meistens aber waren sie nackt und hatten eine außergewöhnlich dunkle Haut.[47] Sie waren mit Speer und Schild, Pfeil und Bogen bewaffnet. Nur wenige Pfeile waren vergiftet. Außerdem führten sie kurze, schwere Wurfkeulen und lange, gerade Schwerter. Die Wilden ihrerseits schienen die Stiefel der Europäer für eine Art Hufe zu halten, und die blaue und die schwarze Brille Peters' und Tiedemanns mit ihren Sonnenreflexen schienen einen besonderen Eindruck auf sie zu machen. Die Feuerwaffen mussten sie für eine Art von Keulen halten.

In den Weibern der Wadhakka erkannte Tiedemann tadellos gebaute echte Evastöchter, die mit koketten Schritten vor den Zelten herumtrippelten. Die ganze Bande erschien bald unbeschreiblich aufdringlich und vollführte ein Heidenspektakel, so dass man sie bald aus dem Lager hinauswarf.

Beim Weitermarsch, der an den Niederlassungen der Waddhaka vorbeiführte, gaben diese zu hunderten Geleit. Ihre Hütten standen kraalartig zusammen und waren von dichten Dornenzäunen umgeben. Ihr Land bebauten sie mit Bohnen, Erbsen und einer Art Weizen. Vieh besaßen sie massenhaft, besonders kleine Rinder mit starken Fetthöckern.

Als die Expedition wieder am Tana Lager bezog, lag gegenüber ein hoher Berg. Peters taufte ihn „Krupp-Berg". Waddhaka strömten ins Lager, stolzierten hochmütig umher, und plötzlich wurde gemeldet, dass sie die vier Esel weggetrieben hätten. Zudem fehlte noch der Träger Abujabir, der sich einen Dorn in den Fuß getreten hatte und nur langsam gehen konnte. Gegen Abend war der Doktor gewiss, dass die Wadhakka ihn abgefangen hatten. Es reichte ...

---

[47] Beigestelltes Bild in: Von Tiedemann (1892), S. 150.

Tiedemann wurde zu einer Viehrazzia nach bewährtem Muster geschickt und kam mit 600 Schafen, Ziegen und Ochsen zurück – Proviant für einige Monate.

Am nächsten Tag wurde nicht weiter marschiert, da die Frau des Trägers Kassuku (Papagei) einen gesunden Jungen geboren hatte und die Viehherde sich erst einmal eingewöhnen sollte. Im Lager erschien eine Gesandtschaft unter Führung des Häuptlings, der auf Rückgabe des Viehs drängte. Peters war bereit, im Austausch für den Träger und zur Strafe für die Frechheit der Wadhakka einen Teil der Herde zurückgeben.

Während der Verhandlung fiel ein hünenhafter Geselle an der Seite des Häuptlings auf, ein Händler aus Ukamba, der bei den Wadhakka zu Gast war und damit renommierte, dass er vor sechs Regen zwei Weiße nach Kikuyu und dem Kenia begleitet habe. Das mussten Graf Teleki und Baron Höhnel gewesen sein! Dieser Mann namens Maronga musste der ideale Wegführer zum Kenia sein! Als die Gesandtschaft wieder abzog, ohne dass eine Einigung erzielt worden war, wurde Maronga gefesselt und als Geisel zurückgehalten. Der Träger Abujabir, so behaupteten die Wadhakka, habe sich wahrscheinlich nach Ukamba davon gemacht.

Nachmittags wurde gemeldet, dass Wadhakka auf das Lager vorrückten. Sie hatten es auf die Herde abgesehen. Peters und Tiedemann mit ihren Leuten gingen ihrerseits zum Angriff über und vertrieben mit Gewehrfeuer die Angreifer und zerstreuten sie in alle Richtungen. Peters war besorgt, dass bei der ungeheuren Mehrzahl der Wadhhaka doch einmal eine Niederlage drohen könnte. Er ließ deshalb das Lager unter Tiedemanns Aufsicht befestigen und zog selbst mit dem größten Teil der Leute zu einem Rachezug ab, um den Wadhakka eine gründliche Lektion zu erteilen. Bald sah Tiedemann vom Lager aus Rauchwolken aufsteigen. Bei Dunkelwerden kam der Doktor mit seinen siegestrunkenen Leuten, die das martialische Auftreten ihrer Gegner karikierten, zurück. Drei Dörfer waren von Grund auf zerstört worden. Peters selbst fühlte sich von der Kupanda-Scharo-Stimmung getragen, in die ihn seine Leute mit den Preisgesängen auf ihren Städtestürmer und Erklimmer von Befestigungen versetzten.

Der Weitermarsch am nächsten Tag war gefahrvoll. Maronga, der sich inzwischen zum Kameraden seiner Geiselnehmer erklärt hatte, wurde als Wegeführer an einem Strick um den Hals mitgeführt. Mit einem großen Stück Tuch, das ihm der Doktor schenkte, versuchte er die Schmach zu verbergen. Kassukus Weib, von der Geburt ihres Knaben geschwächt, konnte beim Marsch nicht richtig mithalten und fiel den Gegnern in die Hände. Von allen Seiten dröhnten Kriegshörner, und Wadhakka zogen in dichten Schwärmen heran. Unter ständigem Flintengeknatter wurden sie auf Abstand gehalten. Auch aufs andere Tanaufer wurde geschossen, auch dort gab es Tote. Dörfer, die am Wege lagen, wurden gestürmt und angezündet. Abends ließ Peters in einer Wadhakka-Schamba das Lager aufschlagen, umzingelt von schwarzen Gestalten, die sich nicht näher heranwagten. Auf einem hohen Baum hatte sich eine Anzahl von ihnen eingenistet. Hussein schlich sich mit einigen anderen Somali in ihren Rücken. Nachdem er einen Baumsteiger heruntergeschossen hatte, verschwanden die anderen lautlos und blitzgeschwind.

12. Durchs Land der Kikuyu

Als man das Land der Wadhakka glücklich hinter sich gelassen hatte, wurde der Weg immer beschwerlicher. Es regnete andauernd. Mit den Kamelen war durch Busch und Wald und die mit dichtem Unterholz bewachsenen steilen Berge nur mit größter Mühe ein Durchkommen zu finden. Maronga, der mit dem Doktor an der tête marschierte, konnte zwar auf etwas bessere Wege führen, aber oft musste mit Axt und Messern eine Passage gehauen werden. Der Tana machte fortwährend Schleifen, so dass bisweilen die Orientierung darüber verloren ging, in welcher Richtung man sich gerade bewegte. An einem Tag ging es mit den Kamelen in zwölf Stunden nur eine halbe deutsche Meile vorwärts. Zwei Kamele erlagen binnen zweier Tage den Anstrengungen, mehrere Träger erkrankten an Dysenterie. Und begleitet wurde der Marsch von neugierigen, aber zurückhaltenden Leuten des Stammes der Wakambe, auf die zu schießen vermieden werden konnte.

Erneut wurde ein Versuch unternommen, mit einem Floß den Tana zu überqueren, das der Doktor konstruierte und bauen ließ. An starken Lianenseilen sollte es über den reißenden Fluss hin und her gezogen werden. Tiedemann war allerdings unklar, wie man ein Seil ans jenseitige Ufer bringen sollte. Bei den ersten Versuchen, dies schwimmend zu Wege zun bringen, ertranken Hussein und Omar Idley beinahe. Am folgenden Tag unternahm Tiedemann selbst das Wagestück, schluckte viel Wasser, prallte auf Klippen und wurde halb betäubt und dreiviertel erstickt an Land gezogen. Auch ein weiterer Versuch an einer anderen Stelle scheiterte kläglich.

Im Lager verbreitete sich unterdessen ein tolles Gerücht: Ein Weißer, der mit vielen Kriegern die Wadhakka geschlagen hatte, sollte hinter der Expedition herrücken. Rust konnte es doch wohl nicht sein ...

Jetzt sollte statt per Floß mittels einer Brücke der Tana überquert werden. Nachdem eine geeignet scheinende Stelle gefunden worden war, übernahm der zweite Trägerchef, Musa, der Stanleys berühmte Reise durch den dunklen Kontinent mitgemacht hatte und sich auf die Sache verstand, die technische Leitung des Brückenbaus. Peters und Tiedemann wechselten sich bei der Beaufsichtigung der Arbeiten ab. Als nach viertägiger Bauzeit morgens übergesetzt werden sollte, rollte eine mächtige Flutwelle heran, und nach kurzem Schwanken verschwand das Werk tagelanger Mühe. Damit sich unter der Truppe kein Defaitismus breit machte, gab Peters den Anschein, als sei die Sache von der humoristischen Seite aufzufassen und belohnte besonders tüchtige Träger mit Sonderzuwendungen.

Peters unternahm einen neuen Versuch an einer Stelle etwas flussabwärts, die ihm von den Wakambe vom gegenüberliegenden Flussufer gezeigt wurde. Die Wakambe selbst brachten es fertig, eine Brücke zu schlagen, die allerdings für die Expedition völlig unbrauchbar war: Die Kamele oder Peters' Pferd wären nicht hinüber zu bringen gewesen. Zwei Tage später wurde die von Peters vorangetriebene, halbfertige Brückenkonstruktion vom plötzlich wieder ansteigenden Flusspegel überflutet.

Peters gab auf. Er musste den Ort hinter sich lassen, der ihm verflucht erschien. Das 14 Tage alte Kind des Trägers Kassuku war gestorben und hatte unterm Geheul der Weiber sein Grab im Fluss gefunden. Zwei Flusspferde, auf die einige Tage zuvor Peters und Tiedemann weiter oberhalb des Flusses geschossen hatten, waren angeschwemmt und ans Ufer getrieben worden, was eine eigentümliche Stimmung verbreitet hatte. Das mitgeführte Vieh war durch den ständigen Regen völlig herunter gekommen. Ein weiteres Kamel und ein Esel waren gestorben. Unter den Leuten brach wieder Dysenterie aus, und der Träger Omari Waschikuro blieb in hoffnungslosem Zustand zurück.[48] Auch der Doktor und sein Hund Tell machten einen leidenden Eindruck.

Weitere solcher Tage, so war sich Tiedemann im Klaren, konnten das Ende der Expedition bedeuten, und er machte dem Doktor Mut: „Und wenn wir auch in der Zahl herunterkommen – es gilt, die Schlacken vom Eisen abzuschlagen, so dass nur noch Stahl übrig bleibt!"

Als Peters befahl, sein Pferd zu satteln, stand das plötzlich mit zitternden Knien da, ließ sich auch durch Peitschenhiebe nicht vorwärts bewegen und sank mit verdrehten Augen sterbend zu Boden ... Nach mehrstündigem Marsch den Tana entlang, sank dieser so schnell, wie er gestiegen war. Eine Aufforderung, es nach einer Woche vergeblichen Bemühens noch einmal mit dem Brückenbau zu versuchen? Nein! Man wollte sich nicht noch einmal vom Flussgott veralbern lassen. Der ließ sich jetzt noch von einer anderen Seite sehen. Ein großartiger und malerisch daliegender Wasserfall wurde entdeckt. Peters gab ihm den Namen „Augusta-Victoria-Fall" – nach der Königin von Sachsen.

---

[48]Beigestelltes Bid in: Von Tiedemann (1892), Textbild S. 158.

Endlich kam man in flacheres Terrain. Der Weg wurde besser, nicht aber das Wetter mit wolkenbruchartigen Regenfällen. Bis zu den Knien versackte man im Lehm, Lagerfeuer wollten sich nicht entfachen lassen, Decken, Bettzeug und Zelte waren durchweicht. Als es mit dem Wetter besser wurde, konnte auch der Marsch wieder flotter voran gehen. Ein Bruder des zurückgelassenen Trägers Omari Waschikuro war inzwischen zu dem zurückgebliebenen Kranken geeilt und auch wieder im Lager erschienen. Er bat den Doktor, bei seinem Bruder bleiben zu dürfen und mit ihm alleine zurückmarschieren zu dürfen. Der Doktor gab den Bitten nach, und Tiedemann stellte einen barna – einen Geldbrief – aus. Der Doktor gab noch 3 Ziegen und 50 Armlängen Tuch mit. Zu Tränen gerührt verschwand der Mann. Mit Sicherheit würden er und sein Bruder den Tod finden.

Man marschierte über eine Hochebene mit steppenartigem Charakter, begrenzt vom Uferwald des recht schmalen, aber reißend dahinfließenden Tana. Um die nächtlichen Lager herum ertönte Löwengebrüll. Auf der weiten Ebene waren Massen von Wild zu beobachten: Giraffen, Straußen, Antilopen, ab und zu ein Nashorn, auch Zebras die Menge.

Der Doktor überraschte eine Flusspferdkuh mit ihrem Jungen an Land am Ufer des Tana und brachte beide zur Strecke. Die Waniamwesi-Träger vertilgten daraufhin eine unglaubliche Masse Fleisch, und Tiedemann speiste zum Abendbrot ein saftiges Stück von dem Jungtier. Es war etwas grobdrähtig und süßlich, aber nicht unangenehm im Geschmack.

Auf dem weiteren Marsch starb der Träger Jememba an Dysenterie. Und schließlich wurde Peters treuer Hund Tell so krank, dass er zitternd zusammenbrach und von Peters' Diener Rukua getragen werden musste. Peters ließ Tell schließlich mit Rukua zurück, der auf Tiedemann wartete, und Tiedemann erlöste das Tier mit einem Gnadenschuss zwischen die Augen von seinen Leiden. Als er dem Doktor im Lager die Nachricht von Tells Ende überbrachte, ging der tiefergriffen schweigend in sein Zelt, um mit seiner Trauer für einige Zeit allein zu sein. Bald wurde er wieder aus seinem Zelt herausgerufen: In der Nähe des Lagers fand sich ein Katarakt, der alle bisherigen an Großartigkeit übertraf. Peters gab ihm zu Ehren Seiner Königlichen Hoheit des Großherzogs von Sachsen den Namen „Karl-Alexander-Fall". Tiedemann wurde noch einmal mit einigen guten Schwimmern flussabwärts geschickt, um eine Furt zur Überquerung aufzusuchen – erfolglos. Es wimmelte dort von Krokodilen, und eine Flusspferdherde machte sich zur Attacke bereit.

Am nächsten Marschtag lief der Tana endlich in eine vernünftige Richtung – nach Westen. Maronga erzählte, der Tana käme von einem kilima mnene – einem dicken Berg – , der den Namen Kenia führe, flösse zunächst nach Westen, dann nach Süden und später nach Osten. Das alles gab keine klare Vorstellung. Das Lager wurde unterhalb eines flachen Steinkegels aufgeschlagen, an einer Stelle, wo Krapf nach der nicht sehr genauen Beschreibung in seinem Reisebuch vermutlich den Tana erreicht haben musste. Peters gab ihm den Namen „Krapf-Hügel". Einem weiteren Katarakt gab er den Namen „Schweinfurth-Fall" – nach dem bekannten Afrikaforscher, der auch Mitglied des Emin-Pascha-Komitees war.

Der Doktor ließ ein ganz neues Bild von sich entstehen, als er die Speisekarte in unerwarteter Weise zu Glanz brachte. Er hatte einen Wasserbock geschossen, von dem zum Mittagessen mit Tiedemann etwas auf den Tisch kam. Tiedemann ließ es sich schmecken. Der Doktor wartete sein Urteil ab.

„Ein delikates Sahnekotelett, wie ich es mein Leben nicht besser gegessen habe – weder bei Uhl noch bei Hiller oder Dressel. Es zieht plötzlich Kultur bei uns ein. Und das verdanken wir doch wohl Ihrer Kochkunst, von der zu erfahren mir etwas ganz Überraschendes ist."

„Oh, wir haben hier Milch, Sahne, Fleisch für die Kraftbrühe, Pfeffer und Salz. Da bereitet die Herstellung einer kräftigen Sauce keine Schwierigkeiten. Wir werden zukünftig, sofern es die Umstände zulassen, häufiger selbst in der Küche Hand anlegen und etwas Kultur hereinbringen. Meinen Koch Hamsin muss ich zum Küchenjungen degradieren. Er hat sich bisher allen meinen Maßregeln widersetzt. Auch der Tanz der Flusspferdpeitsche auf seinem Rücken hat ihn nur zu Gebeten zu Allah, zu denen er sich sonst nie befleißigt, gebracht – um dann mit freundlichem Lächeln seinem alten Trott zu verfallen. Dabei ist er doch ein durchaus nützlicher Bursche. Denken Sie nur, wie vorzüglich er sich im Gefecht gegen die Wadhakka an Ihrer Seite geschlagen hat."

„Recht so! So laufe jeder mit Geduld in dem Kampf, der uns verordnet ist", pflichtete Tiedemann bei.

Nach kurzer Pause fuhr Peters fort:

„Was übrigens die Kultur anbelangt, so liegt das Land der Kikuyu vor uns, wo Teleki und Höhnel vor anderthalb Jahren den Boden schon vorbereitet haben. Ich darf der Hoffnung Ausdruck geben, dass man uns dort mit dem nötigen Respekt begegnen wird, der den Herrschaften, mit denen wir es in den letzten Wochen zu tun hatten, erst noch mit viel Flintengeknatter hat beigebracht werden müssen."

Die Marschdisziplin ließ bald nichts mehr zu wünschen übrig. Tiedemann konnte in seinem Tagebuch notieren:

„Wir marschieren jetzt in der üblichen Reihenfolge. Voran der Doktor mit Maronga, einigen Somali und seinen Boys, 2. Träger, 3. die Herde, 4. die Kamele, 5. last but not least ich mit meinen beiden Getreuen (Sadiki und Hamiri). Die Träger marschieren jetzt auch allein so gut, dass sie keiner speziellen Aufsicht mehr bedürfen. Wie haben sich die Kerls überhaupt herausgemacht; als wir aus Witu abmarschierten, hätte die überwiegende Mehrheit den Galgen verdient, und die minder bescholtene Minorität 25 Jahre Zuchthaus; jetzt kann man den meisten blindlings trauen."

In den folgenden Tagen, man war inzwischen laut Höhenbarometer auf einer Höhe von 1500 Metern, wurde der Dika überschritten, der in den Tana mündet. Der Übergang über den 30 Schritt breiten und bis an die Hüfte reichenden Fluss wurde glücklich vollzogen. Der Tana, weiter in nordwestliche Richtung fließend, war um die Hälfte seiner Wassermassen vermindert. Auf seiner anderen Seite wurden Menschen bemerkt. Massai? Nein – es waren Leute aus Kikuyu, von denen durch Vermittlung Marongas die Kunde kam, dass man am nächsten Tag ihr Land erreichen werde.

Nachdem man am 9. Dezember das Lager in einer Höhe von 1265 Metern aufgeschlagen hatte, fanden sich Kikuyu ein. Am ganzen Körper, teilweise auch am Haupthaar waren sie rasiert und liefen nackt herum. Sie trugen Schmuck aus Kupfer- und Eisendraht. An unglaublich erweiterten Ohrläppchen hingen auf dünnen Draht aufgezogene Glasperlen. Als Waffen trugen sie Speere mit blattartigen Spitzen, kurze Schwerter in lederner Scheide und Bogen mit Giftpfeilen.

Maronga hatte seine Aufgabe erfüllt, er wurde frei gelassen, wollte aber noch weiter bei der Expedition bleiben.

Am Abend ließ der Doktor Tiedemann zu sich rufen. Der traf ihn vor seinem Zelt sitzend, scheinbar in einem Buch studierend. Tiedemann schien es der ihm von Engatana her bekannte Schopenhauerband zu sein. Tiedemann verharrte einen Moment schweigend, da blickte der Doktor von seinem Buch auf, hob seine rechte Hand und deutete nach Norden. Da rissen gerade die Wolken auf, und in den Strahlen der Abendsonne erschien gleißend und leuchtend der Kenia in hehrer, eisiger Majestät. Der Doktor war doch ein Genie der Inszenierung! Beide versanken stumm im Anblick des von Krapf beschriebenen Riesen – also wohl doch kein Schopenhauerband in des Doktors Hand, sondern Krapfs Reisebuch! Mit Krapf hatten erst sieben weiße Männer – Peters und Tiedemann eingeschlossen – den Kenia zu Gesicht bekommen. Tiedemann eilte, sein Skizzenbuch herbeizuholen.[49]

Beim Marsch am nächsten Morgen dienten Wakikuyu als Wegeführer, und Scharen von Wakikuyu zogen der Kolonne entgegen. Bei einem Stopp kam es zu lebhaftem Tauschhandel. Endlich gab es wieder Bananen, Mais und Zuckerrohr – der ständige Fleischgenuss war längst kein Genuss mehr gewesen. Der Einzug ins nächste Lager ging unter allem Pomp vor sich. Voran blies ein Somali krampfhaft ins Signalhorn, es folgte ein Flaggenträger mit der deutschen Flagge, dann der Doktor, am Ende Tiedemann mit zwei Somali und einem Hornisten. Ins Lager schritt der Doktor mit feierlichem Ernst auf dem Antlitz, das Auge weltvergessen ins Weite gerichtet. Tiedemann bemühte sich aus Leibeskräften, ein Lachen zu unterdrücken. Das gelang ihm nicht. Ebenso lachte Sadiki, der einen eingetriebenen grauen Zylinder auf dem Kopf trug, als Beinkleid eine ungeheuer weite Unterhose, die bis auf die Knie herabhing.

Nachmittags erschienen Häuptlinge. Einen Häuptling nannte man hier mtu mnene – dicker Mann. Die Häuptlinge warnten vor Spitzbuben unter ihren Leuten, auf die geschossen werden sollte, wenn sie sich am Vieh der Expedition vergreifen sollten. Tatsächlich wurden nachts ein Dutzend Mal Kerle unter Feuer genommen, die sich ins Lager zu schleichen versuchten.

Am nächsten Tag wimmelte es im Lager von Wakikuyu. Wo es zu hoch herging, hauten die Häuptlinge an der Seite der Askari mit dicken Knüppeln dazwischen. Einiges Aufsehen erregte auch Maronga, der nun wonnetrunken als Europäer einherstolzierte. Er hatte sich in einen weißen Anzug gezwängt und trug stolz eine Büchse mit sich, die er geschenkt bekommen hatte – allerdings hatte sie keinen Hahn mehr, um gespannt zu werden.

Neue Wegeführer wurden angeworben, mit denen Tiedemann und der Doktor Blutsbrüderschaft tranken. Peters hatte dergleichen schon bei seiner ersten Afrikareise mitgemacht und Tiedemann davon erzählt, der sich nun auch in das Ritual einfügen musste. Abends fanden – nicht ohne Anmut – große Tänze und Massenchorgesänge statt.

Der weitere Marsch führte durch ein wie ein Garten angebautes Land mit Ochsen und Ziegen die Fülle. Die Luft war herrlich klar und frisch, im Nordosten schimmerten die Gletscher und Firnen des Kenia. Begleitet wurde der Marsch von Kikuyu, von denen immer wieder welche versuchten, der Expedition Vieh wegzustehlen. Drei von ihnen wurden erschossen. Im nächsten Lager zeigten sich auch

---

[49] Beigestelltes Bild in: Von Tiedemann (1892), S. 170.

Weiber – tadellos gebaut und mit sanften freundlichen Zügen, bar jeder Kleidung. Lagerhöhe 1500 m.

Auch beim Weitermarsch gaben einige Wakikuyu beim Ziegenstehlen ihr Leben dran. Ein Kamel erlag den Anstrengungen des Marsches. Tags darauf krepierte ein Esel. Lagerhöhe 1760 m. Nächtliche Temperatur um Null Grad.

Am 15. Dezember war es mit dem Schrittmesser zu Ende. Beim Abstieg von einem steilen Berg fiel Tiedemann hin und schlug ihn entzwei (letzte, am Vortag gemessene Schrittzahl: 17.500).

In einem neuen Bezirk angekommen, wurde mit dessen Häuptling Kontakt aufgenommen, der abends reichlich Tembe – ein säuerliches, leicht moussierendes und berauschendes Getränk, das aus Bananen und gebranntem Mais hergestellt wird, spendierte. Zehn Eingeborene wurden engagiert, um die Lasten weiter zu befördern. Vier der angeworbenen Träger rissen aus, nachdem sie ihren Lohn erhalten hatten. Da sie auf Halterufe nicht reagierten, krachten die Büchsen – nur einer entkam schwer verwundet. Um weiterem Desertieren vorzubeugen, wurden die übrigen Kikuyu an einem Strick aneinander gebunden. Sie sollten bis zum Baringo-See mitkommen.

Maronga verabschiedete sich. Das Land Kikuyu und seine merkwürdigen Bewohner wurden nach einem Marsch durch Papyrussümpfe, dichten Busch und ringartige Befestigungen verlassen. Peters sah sie sich genauer an und wusste Tiedemann anschließend von zum mindesten 15 Meter tiefen Fallgruben zu erzählen ... Der Bestand der Expedition belief sich jetzt auf 60 Leute.

13. Krieg mit den Massai – Wirken der Vorsehung

Am 17. Dezember kam die Expedition auf dem Leikipia Plateau im Lande der gefürchteten und tapferen Massai an: Steppe in Höhe von 1900 m. Das Thermometer sank nachts auf minus 2 Grad Celsius. Noch hatten sich keine Massai blicken lassen, stattdessen schlichen immer noch junge erwachsene Kikuyu-Krieger um das Lager herum. Tiedemann versuchte sich auf die Sache einen Reim zu machen. Was trieb diese jungen Leute zum Ziegendiebstahl, wo es in ihrem Lande doch Vieh genug gab? Es war doch ein psychologisches Rätsel. Vielleicht wollten sie mit solch einer Heldentat das Herz einer Schönen gewinnen?

Beim nächsten Halt stellte sich heraus, dass nur noch acht Flaschen Cognac vorhanden waren. Die Tagesration wurde daraufhin auf einen Esslöffel voll festgesetzt.

Beim Weitermarsch war von den Massai immer noch nichts zu sehen, man zog nur an verschiedenen verlassenen Massaikraals vorbei.

Abends hatte der Doktor wieder ein tüchtiges Essen vorbereitet. Tiedemann saß in Gedanken versunken: Mitten im Massailand – und bisher keinen dieser Herren gesehen. Dabei bestand auch kein Bedarf mit deren Bekanntschaft. Krieg mit denen: Dann wäre man perduto bei nur noch 60 Mann eigener Truppe. Auch der Doktor schwieg einige Zeit in sich hinein und sprach dann über Thomson, dessen Reisebeschreibung die Massai zu den gefährlichen Schreckensgestalten gemacht hatte, als die sie in den Köpfen der Europäer spukten:

„Thomson und die Massai: Lächerlich und peinlich, wie der sich zum Clown gemacht hat mit billigen Zauberkunststückchen, mit denen er die Massai zu beeindrucken suchte, wenn die von ihm hongo – Wegezoll – verlangten. Billige Tricks mit seinem Gebiss. Von wegen Schreckensgestalten! Wie wir schon aus Tacitus' „Germania" wissen, ist es im Kampf das Auge, was zuerst bricht. Wir aber werden den Schrecken brechen – und zwar schon allein mittels unserer zweiten Augen, beste deutsche Optik. …"

Es ging weiter mit nordwestlichem Kurs in der Hoffnung, auf den Guasa Narok – den schwarzen Fluss – zu stoßen. Die Karten gaben nichts Genaues her.

Am 21. Dezember war die Expedition auf einer Höhe von 2040 m über dem Meeresspiegel. Noch immer keine Massai. Tiedemann, am Ende der Kolonne marschierend, traf auf ein paar Träger, die damit beschäftigt waren, zwei Zebras zu zerlegen, die der Doktor geschossen hatte. Der war schon voraus über die Furt eines

111

kleinen Flusses, der von der Furt an flussabwärts von einem langgestreckten Hochwald gesäumt war, an dessen Rand das Lager aufgeschlagen werden sollte. Es würde noch einige Zeit brauchen, bis die Zebras zugerichtet wären, und Tiedemann erfuhr von den Trägern, dass den Somalis kein Zebrafleisch zuzumuten sei. Der Doktor würde es sicher – wie eben auch Zwiebeln – perhorreszieren. Tiedemann begab sich auf einen weiten Abstecher um den gegenüberliegenden Uferwald herum, um sich an Antilopen heranzuschleichen.

Über eine Terrainwelle hinweg erschloss sich ihm ein überraschender Anblick: Nichts von Antilopen – stattdessen Tausende von Rindern, Schafen, Ziegen und Eseln – dazu Leute in Menge und rauchende Kraals: Also da waren sie, die Massai! Hier gab es nichts zu jagen ...

Schleunigst begab Tiedemann sich zu der Stelle, wo gerade das Lager aufgeschlagen wurde. Jetzt ergriff ihn einiges Entsetzen: Ein Lager aufzuschlagen inmitten von feindlichem Gebiet direkt am Rande eines Waldes musste zu einem feindlichen Angriff geradezu einladen: Durch den Wald gedeckte Annäherung bis direkt an das Lager, hinter dem Lager ein Fluss ... ein ungünstiger gewählter Lagerplatz ließ sich kaum denken. Er fand den Doktor, der, umringt von etwa zwanzig El Moran – jungen Massai-Kriegern – , eine Verständigung anzustreben versuchte, die über einen der gefangenen Kikuyu, der die Sprache der Massai verstand, lief. Tiedemann trat kurz hinzu und meldete, dass sich jenseits des einige hundert Meter breiten Uferwaldes ein Steppenstreifen erstreckte, voll von Vieh der Massai, und dahinter auf einem Höhenrücken, parallel zum Fluss, Kraals.

Tiedemann nahm einigen Abstand, um die Szenerie und das weitere Geschehen zu beobachten. Die El Moran waren hochgewachsene, schlanke Gestalten, die viele der eigenen Leute um Haupteslänge überragten. Sorglos stellten sie ihre Speere und Schilde zusammen, betrachteten mit hochmütigem Lächeln die Fremdlinge. Sie gingen ungeniert umher und schlossen dann zu einer Reihe auf, um einen Tanz zu beginnen. Sie schossen mit gestrecktem Körper und mit beiden Füßen gleichzeitig in die Höhe und gaben dazu einen dumpfen, eintönigen Gesang von sich, der in regelmäßigen Pausen von einem kurz hervorgestoßenen „Ha!" unterbrochen wurde. Dann trieben sie eine ungezählte Menge prachtvollen Viehs zur Tränke an der Furt und forderten den Doktor auf, sein Lager an einem anderen Platz aufzuschlagen, da er hier störe. Tiedemann glaubte für einen Augenblick, dass nun beste Gelegenheit wäre, im Einvernehmen mit den Massai, die hier nun einmal ihre Viehtränke hatten, den Platz zu räumen, um sich nach einer geeigneteren Lagerstelle umzusehen. Doch er sah sich in seiner Hoffnung gleich getäuscht. Der Doktor schüttelte gleichmütig den Kopf, er war nicht bereit, abzurücken. Offenbar gab er den Anti-Thomson.

Wie zu erwarten forderten die Massai hongo – Tribut. Der Doktor gab weiter den Gleichmütigen und lehnte ab. Die Krieger fingen an zu lärmen und zu schreien, griffen zu ihren Waffen. Vor den nun auf sie gerichteten Gewehren hatten sie allerdings Respekt und ließen sich aus dem Lager hinauswerfen. Sie verschwanden durch den Wald, offensichtlich in Richtung eines Kraals, der durch den dichten Wald den Blicken entzogen war.

Den Zoll in der erwarteten Form zu zahlen fehlten die Zahlungsmittel: Man führte nur eine Rolle Eisendraht mit sich und einen Beutel Perlen – vielleicht gerade genug, um Wegeführer von den Massai für die Route bis zum Baringo-See zu entlohnen, über die völlige Unklarheit bestand.

Nachmittags begab sich der Doktor unter starker Bedeckung von etwa dreißig Mann zu einem Schauri wegen Wegeführern zu dem vorher ausgemachten Kraal jenseits des Uferwaldes. Was er über das Ergebnis des Schauri berichtete, die vor dem Tor des Kraals stattgefunden hatte, war nicht ermutigend: Zwar habe der Massai-Älteste Frieden zugesagt und auch Wegeführer, die am nächsten Morgen ins Lager kommen sollten. Aber die Frechheit der Massai habe für sich gesprochen. Ein altes Massaiweib habe dabei gestanden und ständig höhnisch gelacht. Der Massai-Älteste habe sich am Ende des Schauri vor die bewaffneten Träger gestellt und sei in Gelächter ausgebrochen. Doch immerhin wisse man jetzt, dass der Kraal der bedeutende Elbejeto-Kraal sei, und der Fluss, an dem das Lager aufgeschlagen war, der Ngare Nobit.

Die Krisis war da. Abends wurden Raketen steigen gelassen, um ein Zeichen zu setzen, dass man auf der Hut sei. Wachen wurden aufgezogen, die allerdings eine Annäherung der Massai bis direkt ans Lager nicht hätten bemerken oder verhindern können. Ein Angriff blieb aus.

Am Morgen ließ Peters Tiedemann zu sich rufen und eröffnete ihm:

„Nachts waren trotz der Wachen Massai im Lager und haben zwei Tuchlasten gestohlen. Wenn wir uns das gefallen lassen, wird es als Schwäche ausgelegt, und es wird zu weiteren Übergriffen kommen. Der Kampf ist unausweichlich. Ich werde die Initiative ergreifen: Wir setzen unmittelbar zum Angriff an. Rufen Sie die Leute zusammen, ich werde die Lage erklären und den Entschluss mitteilen: Angriff auf den Elbejeto-Kraal – sofort."

Die Entscheidung fiel ganz im Sinne Reichards, der in seinen „Vorschlägen zur praktischen Reiseausrüstung für Ost- und Centralafrika" für Kriegsfälle unter allen Umständen eine frühe Attacke statt des Wartens auf einen Angriff etwaiger Gegner für das Beste hielt. Allerdings forderte jetzt die Wahl des Lagerplatzes – am Flussufer und an einer Viehtränke der Massai, begrenzt auf der anderen Seite von dichtem

Wald – einen feindlichen Angriff geradezu heraus. Ein Wunder fast, dass er nicht schon längst erfolgt war.

Bald darauf zog eine bewaffnete Schar ab durch den Wald. In der Steppe wurde eine Linie gebildet – vor dem linken Flügel Tiedemann, vor der Mitte Hussein mit dem Flaggenträger, vor dem rechten Flügel der Doktor. Mit Hurrah-Geschrei wurde den Hügel zum Elbejeto-Kraal emporgestürmt. Viele Massai warfen sich ihren Angreifern entgegen und wurden durch Schüsse niedergestreckt. Andere, die ausgeschwärmt waren, liefen davon, sammelten sich erneut und wurden durch weiteres Feuer vertrieben. [50]

Sturm auf Elbejet. (Zu S. 225.)

Ein Dank dem Herrn Borchert, der vom Depotverwalter in Daressalam 17 Repetiergewehre bekommen hatte, und ein Dank Wissmann, der 3000 Schuss Munition für diese Gewehre herausgegeben hatte! Damit waren die Massai in die Knie zu zwingen ... Bei ihren Angriffen auf Karawanen der Araber waren sie gewohnt, sich bei ihnen entgegenschlagendem Feuer zu Boden zu werfen und gleich darauf wieder vorzustürmen, um über die Araber herzufallen und sie nieder zu machen, bevor die noch ihre Flinten nachladen konnten. Eine Taktik, die bei Repetiergewehren nicht aufging ...

---

[50] Beigestelltes Bild in: Peters (1891), zu S. 225.

114

Vorsichtig wurde der Kraal betreten. Er war menschenleer: Weiber und Kinder hatten sich offenbar nach hinten davongemacht. Es fanden sich allerdings an die 2000 Stück Vieh im Kraal. Peters sah sich jetzt als Herr einer beherrschenden Stellung. Es musste nur noch die im Lager verbliebene Kolonne mit aller Ausrüstung und Munition nachgezogen werden.

Da erscholl vom Lager her Geknatter von Flintenschüssen. Das Lager war also in Gefahr und musste schleunigst wieder erreicht werden. Beim eiligen Rückzug mitsamt dem erbeuteten Vieh wurden einige Nachzügler von nachschleichenden Massai gespeert – unter ihnen der Trägerführer Nogola.

Das Lager wurde sofort abgebrochen und zum allgemeinen Abmarsch wieder hin zum Elbejeto-Kraal angetreten. Mit einem Überfall der Massai während des Marsches durch den Wald musste gerechnet werden. Voran zog Peters mit seinen Dienern und zwei Somali, dann folgten die Träger und die Masse des Viehs mit Treibern, dann Kamele und Esel mit Treibern, am Schluss Tiedemann mit Sadiki – alles dicht aufgeschlossen. Seinen Boy Hamiri hatte Tiedemann zu den Trägern gesteckt, um das Kind nicht unnötig der Gefahr auszusetzen. Kaum hatte die Kolonne sich in Bewegung gesetzt, als am Waldrand reges Leben zu herrschen begann – und schon hörte Tiedemann vorn einige Schüsse fallen. Im gleichen Augenblick stürzte aus dem Wald eine Überzahl Massai unter jauchzendem Schlachtgeschrei hervor. Tiedemann brüllte den Trägern zu, die Lasten abzuwerfen und zu den Büchsen zu greifen. Es kam zu einem wilden Kampf. Die Somali brachen in ihren Schlachtruf derrera! derrera! – Hurra! Hurra! – aus. Als das Feuer der Träger einsetzte, wurde man der Massai Meister. Tiedemann streckte allein fünf von ihnen mit seinen Kugeln zu Boden. Nach einer halben Stunde

zogen sich die Massai so plötzlich, wie sie gekommen waren, zurück. [51]

Die Herren des Schlachtfeldes starrten sich bei plötzlich eingetretener Stille gegenseitig wenig geistreich ins Gesicht, denn zum Siegesgeschrei war kein Anlass. Die Massai mochten 150 Mann verloren haben – die meisten ihrer Toten und Verwundeten hatten sie weggeschleppt. Die eigene Truppe, die am Morgen noch 60 Mann stark war, zählte jetzt nur noch 49 Mann. Etliche waren verwundet. Zum Begraben der Toten war keine Zeit. Zum zweiten Mal wurde das Kraal Elbejeto gestürmt, das Peters jetzt plündern und an acht Ecken in Brand setzen ließ. Weitum verstreute Massai schauten dem Untergang ihres Hauptdorfes zu. Statt weiter nordwestlich durch die Steppe zu ziehen, ging es jetzt in nordöstlicher Richtung auf dem Rücken des Hügels voran zu einem weiteren Kraal, der ebenfalls in Brand gesteckt wurde, um von dort aus wieder den Ngare Ngobit – weiter flussabwärts - zu erreichen, wo das Vieh getränkt werden konnte. [52]

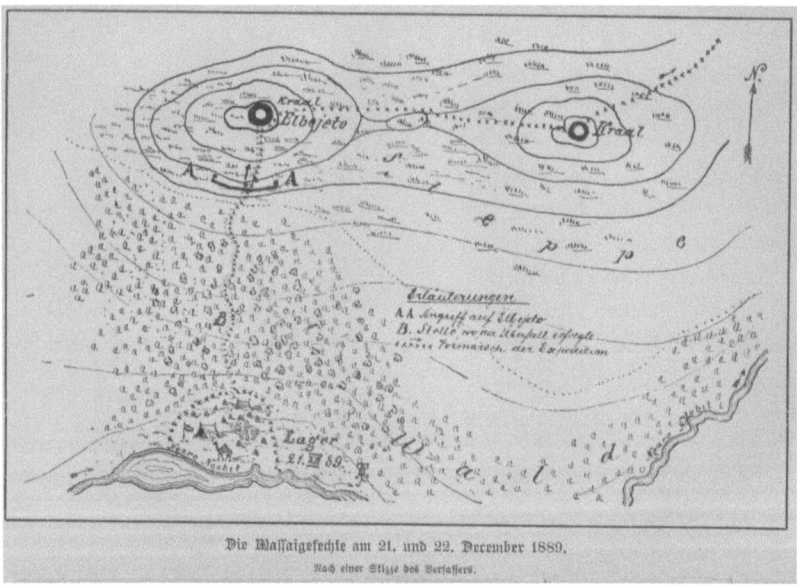

Die Maſſaigefechte am 21. und 22. December 1889.
Nach einer Skizze des Verfaſſers.

Nicht weit von dieser Stelle wurden Massai von einem eingezäunten Hügel vertrieben und dort das Lager aufgeschlagen. Bei allem vorangegangenen Gemenge hatte man das Vieh zusammenhalten können. Die Leute verzehrten an den Feuern unglaubliche Mengen Fleisch, und die Cognaceinschränkung wurde für diesen Tag

---

[51] Beigestelltes Bild in: Von Tiedemann (1892), zu S. 184.
[52] Beigefügte Karte in: Von Tiedemann (1892), zu S. 182 ff.

aufgehoben. Von den Massai war nichts zu sehen, und nachts, wo kein einziger der Truppe schlief, gab es nur einmal blinden Alarm. Raketen wurden abgeschossen, um das Vorterrain zu erhellen. Die Viehherde erschrak bei dem Zischen, die Hälfte floh und verschwand. Es blieben noch 800 Stück.

Tags darauf wurde bis Mittag in nördlicher Richtung marschiert. Über eine Furt des Guaso Nyero, in den inzwischen der Ngare Nobit gemündet war, wurde auf die rechte Seite hinübergesetzt und auf dem Kamm eines Hügelzuges in einem verlassenen Kraal gelagert. Große Haufen von Massai zogen heran und sammelten sich bei einem 1200 m entfernten Kraal. Sie hatten offensichtlich einen Angriff vor.

Tiedemann rechnete damit, dass es der letzte Tag der Expedition würde. Die letzte Kugel, die er hatte, sollte ihm selbst gelten. In seinem Tagebuch vermerkte er: „Sollte im Falle meines Todes dies Buch in die Hände eines Weißen gelangen, so bitte ich ihn, es an die Adresse zu senden, die auf dem ersten Blatt steht."

In einem Anflug von Galgenhumor fanden sich der Doktor und er am Nachmittag in des Doktors Zelt zu einer Partie Ecarté zusammen. Da wurde es plötzlich finster. Beide eilten ins Freie und gewahrten, wie sich die Sonne durch einen Schatten allmählich immer mehr verdunkelte. Eine totale Sonnenfinsternis! Die eigenen Leute erstarrten vor Schrecken, und die Massai zerstreuten sich wieder nach allen Seiten. Sollte man der gütigen Vorsehung für einen Tag Aufschub vor dem sicheren Ende danken?

Heilig Abend! Sechs Stunden wurde durch dürre Steppe marschiert. Ein Trupp von sieben Massai zog auf dem gegenüberliegenden Flussufer mit, der Doktor schoss mehrmals auf sie – vergebens. Nachdem das Lager aufgeschlagen war, wurde festgestellt, dass auf den Mann nur noch höchstens 30 Kugeln für die Vorderlader der Träger vorhanden waren. Schmelzbare Sachen wurden vermittelst Pfanne und Kugelform in Munition umgewandelt. Pulver und Zündhütchen waren noch reichlich vorhanden. Der Doktor ließ die Leute antreten und erzählte, dass der tikkuku – der große Tag – der Weißen sei und schenkte jedem ein Stück rotes Tuch.

Als Tiedemann ein ihm wohlbekanntes Krachen aus des Doktors Büchse hörte und sich anschließend großer Jubel erhob, eilte Tiedemann hinzu und erfuhr: Der Doktor hatte den Anführer der Massai auf dem gegenüberliegenden Ufer zu Boden gestreckt. Der Doktor ließ Tiedemann die Entfernung schätzen, und der gab in einer heiteren Regung eine völlig unglaubliche Distanz an: „800 Meter!" Der Doktor nickte zufrieden über die Bestätigung seiner Leistung: 800 Meter – das würde ihm so schnell keiner nachmachen.

Zur Abwehr eines bevorstehenden Angriffs der Massai wurden alle nötigen Vorbereitungen getroffen. Als die Nacht hereinbrach, war es bis auf das übliche Heulen der Hyänen still. Spärliche Lagerfeuer waren entzündet. Gerade als sich Tiedemann mit griffbereiten Waffen zu Bett gelegt hatte, ertönte das Gebrüll der Massai. Alles stürzte auf seine Posten, auf Kommando des Doktors wurden die Feuer gelöscht, und es herrschte tiefe Finsternis. Unablässig krachten nun die Schüsse. Raketen wurden abgefeuert – die weißen Schilde der Massai wurden sichtbar und gaben gute Ziele ab. Der Überraschungsangriff der Massai scheiterte und wurde abgeschlagen. Von höhnischem Triumphgeschrei verfolgt machten sie sich davon, und die eigenen Leute stimmten einen rhythmischen Gesang an, der immer mit dem Refrain „Kupanda, Kupanda Scharo!" schloss.

Für Tiedemann war es der erste Weihnachtsabend, den er nicht im Kreise der Seinen verlebte. Keine Stille Nacht, sondern mit ihrem Knallen, Geschrei und Lärmen eher eine Walpurgisnacht. Als alles überstanden war, wünschten sich Peters und Tiedemann einen guten Abend und eine angenehme Christnacht. Tiedemann legte sich in dieser vierten Nacht ohne aus den Kleidern gekommen zu sein und ohne viel Schlaf zu finden, wieder auf sein Bett, die Büchse neben sich, und notierte: „Friede auf Erden und den Menschen ein Wohlgefallen."

Gegen Sonnenaufgang war die Truppe wieder auf dem Marsch. Es ging weiter entlang des Guaso Njiro hinauf nach Norden durch zum Teil dornige Steppe, unbelästigt von den Massai, die allerdings zu Hunderten mit ihren Speeren auf den Höhen ringsum den Zug verfolgten. Nach einer Stunde wurde eine Furt überschritten, um in westlicher Richtung über die Steppe vorzustoßen, da Peters nicht wissen konnte, wohin der Guasa Nyero führte. Die Steppe war verbrannt. Aschenmassen, Gestalten wie aus der Unterwelt, wurden herumgewirbelt. Immerfort ging es westnordwestlich. Die Karten der Gegend waren für eine eigene Ortsbestimmung unbrauchbar und boten von daher auch keine Möglichkeit, den einzuschlagenden Weg, der zunächst zum Guaso Narok führen sollte, mit einiger Sicherheit zu bestimmen. Mittags wurde die Stimmung verzweifelt – also jetzt nach Nordosten, wieder Richtung Fluss. Dort wurde gelagert. Nach zwei Stunden tauchte ein altes Massaiweib in der Steppe auf, winkte, schrie und hielt ein Grasbüschel in den Händen: Das Zeichen des Friedens, wie es Thomson in seiner Reisebeschreibung mehrfach geschildert hatte. Einer der mitgeführten gefangenen Wakikuyu dolmetschte: Die Massai bitten um Frieden und wollen gegen ein Geschenk von Eisendraht und Perlen Wegeführer schicken, welche die Expedition über den Guaso Narok – den schwarzen Fluss – zum Baringo-See geleiten. Der Doktor ging auf das Angebot ein.

Abends erschien eine Anzahl von Massaikriegern mit dem Friedenszeichen. Der Aufbruch mit ihnen als Wegeführer wurde für den nächsten Morgen verabredet und der Handel abgeschlossen. Am nächsten Mittag schon sollte der Guaso Narok erreicht werden.

Wieder auf dem Hochplateau wurde unter Weisung der Wegeführer in nordwestlicher Richtung marschiert. Entgegenkommende Viehherden wurden vorbei gelassen. Wo in der Ferne Guaso Nyero und Guaso Narok zusammenfließen mussten, erhob sich ein Fels, den Peters den „Teleki-Fels" taufte.

Tiedemann marschierte am Ende der Kolonne. Er hatte Leibschmerzen und Fieber bekommen. Die Sonne hatte schon längst kulminiert, zahlreiche Hügelketten waren voraus sichtbar, Durst peinigte fürchterlich. Längst dämmert es ihm, dass die Massai die Kolonne in die Irre führen wollten, um sie, vom Durst geschwächt, überwältigen zu können. Der Gedanke, dass die Massai beabsichtigt hätten, die Expedition aus ihrem Land herauszuführen, um von den schrecklichen Weißen unbehelligt zu bleiben, konnte nachgerade als schrecklich naiv erscheinen. Gegen 4 Uhr nachmittags hörte Tiedemann einen Schrei, als der letzte Träger ihm voraus gerade hinter einem Hügel verschwunden war. Er eilte hinzu und fand den sich in seinem Blut wälzenden Träger Saburi. Zwei Massai, die davon liefen, schoss er nach. Sie antworten mit Hohngeschrei. Gleich darauf ertönte von allen Seiten das bekannte Kriegsgeschrei. Die Lage schien hoffnungslos, da die Kolonne weit auseinandergezogen war – bei möglicher Bedrohung ein Fehler. Verzweifelt stieß Tiedemann in sein Horn, dass ihm fast die Adern platzten. Von vorn her antworteten Schüsse, und bald kam auch Peters mit einer Anzahl von Leuten herbeigeeilt. Ihm war bereits das seit Mittag veränderte Verhalten der Massai aufgefallen. Alles Volk hatte sich aus der Umgebung des Kolonnenzugs fluchtartig davon gemacht – wahrscheinlich, um nicht in Gefechtsfeuer zu geraten. Einen zurückgelassenen Ochsen und acht Esel hatte Peters an sich bringen können. Und jetzt war es klar: Die Massai hatten Verrat geübt! Und wenn es bis zum Abend kein Wasser gab, war die Truppe rettungslos verloren. Peters sah auf die Karte, dann zeigte er auf einen in der Ferne liegenden Berg: „Wir marschieren auf diesen Berg zu, Sie lagern abends dort. Ich mit einer Anzahl von Leuten voraus, Sie mit der Kolonne mir nach."

Gleich darauf setzte sich Peters mit seiner Bedeckung ab. Die Richtung wich im rechten Winkel von der von den Massai vorgegebenen Route ab, die offenbar ins Verderben führen sollte. Der Weg führte über schwarze Gesteinsformationen – ein gutes Zeichen, denn der Guaso Narok, der schwarze Fluss, hatte seinen Namen daher, dass er sich über schwarzes Gestein wälzt: So war es in Thomsons Bericht zu erfahren. Und der Berg als Ziel stellte sicher, dass die nachfolgende Kolonne den Weg nicht verfehlen konnte. Also vorwärts hinterher!

Tiedemann hielt die Kolonne beieinander, mehrere Angriffe der Massai wurden abgeschlagen. Nach 13 Stunden eines vom morgendlichen Aufbruch gerechneten entsetzlichen Marsches kam Tiedemann mit seiner Kolonne am bezeichneten Ziel an. Dort saß der Doktor komfortabel in seinem Liegestuhl, ein Buch in der Hand, die Pfeife im Mund. Eine Kalebasse stand neben ihm: Wasser! Wasser vom Guaso Narok, der unten rauschte. Das Lager wurde unter fröhlichem Geschrei aufgeschlagen, in improvisierten Gesängen priesen die schwarzen Barden den Mut und den Scharfsinn ihres kühnen Führers, des Kupanda Scharo.

Am nächsten Tag wurde der Guaso Narok überquert und das gegenüberliegend sich weiter fortsetzende Leikipia-Plateau erklommen. Tiedemann war total herunter, alle Glieder waren wie gelähmt, er konnte kaum noch marschieren. Peters hatte sich entschlossen, über das Plateau weiter in westnordwestlicher Richtung zu marschieren, um dann in geschätzten zwei Tagen die Baringo-Berge im Norden des Baringo-Sees zu erreichen. Für einen Tag wurde Wasser mitgenommen.

Thomsons Route hätte zunächst eine Strecke weiter entlang des Guaso Narok in ostsüdöstlicher Richtung geführt, um dann nach Osten abzubiegen und über ein Buschland zum Guaso Tien zu gelangen, der nach Thomson im Süden des Baringo-Sees mündet, dessen Lauf eine Strecke zu folgen, um dann nach Osten abzubiegen und den Ort Ndjemps zu erreichen, etwas südlich vom Baringo-See gelegen. Der nun von Peters eingeschlagene Weg führte durch wüste Ödnis: Steppenbrand hatte jegliche Vegetation zerstört. Verlassene Kraale deuteten darauf hin, dass die Massai mit ihrem Vieh die Gegend wegen der inzwischen herrschenden Trockenzeit verlassen hatten. Von den Massai war kaum noch etwas zu befürchten – selbst wenn noch einige von ihnen um die Expedition herumschleichen sollten. Tiedemann war sich sicher, dass man bei der eingeschlagenen Route auf kein Wasser stoßen würde. Nach einigen Stunden qualvollen Marsches schickte er eine Meldung zum Doktor nach vorn, dass er wegen seines Zustandes einen ununterbrochenen Parforcemarsch nicht durchhalten könne. Der Doktor sah sich zu einer Rast gezwungen, ließ Halt machen, schickte einige Erkunder voraus, und um 2 Uhr nachmittags kam Tiedemann am Rastplatz an. Der Doktor erwartete ihn schon.

„Ich habe hier schon zwei Stunden früher als vorgesehen wegen Ihres Zustandes halt machen lassen und werde sehen, was sich für Ihre Wiederherstellung tun lässt. Wir sind auf dem richtigen Wege. Die Massai haben sich vor uns davon gemacht nach der Lektion, die wir ihnen erteilt haben."

Tiedemann war sich sicher, dass die Expedition auf dem Wege war, sich selbst das Schicksal zu bereiten, das die Massai mit dem missglückten Versuch, sie ins Verderben zu führen, ihr zugedacht hatten ...

Die vorausgeschickten Erkunder kamen zurück, setzten sich wortlos, ermattet und niedergeschlagen zu Boden: Also nirgendwo voraus Wasser! Peters senkte einige Zeit seinen Blick, reckte dann, wie nach schwerem aber kurzem Entscheidungskampf, den Kopf und wies mit ausgestrecktem Arm in die dem geplanten Marsch entgegengesetzte Richtung: „Lieber Massai wie Durst!"

Der Aufbruch der Kolonne in Richtung Süden, um Anknüpfung an die Thomson-Route zu finden, erfolgte wenig später. In einem verlassenen Massaikraal in der Nähe eines Wassertümpels wurde das Nachtlager unter starker Postenbedeckung bezogen. Der Marsch am nächsten Tage war nur kurz. Tiedemann, am Ende der Kolonne marschierend, machte mit seinem Revolver jedem Stück Vieh den Garaus, das aus Schwäche zurückblieb – lebend hätte es noch den Massai in die Hände fallen können. Den Rest des Tages lag er, zum Sterben elend, im Bett, aus dem es ihn immer wieder vertrieb: Er litt unter entsetzlicher Diarrhoe!

Zum Weitermarsch ließ sich Tiedemann einen der erbeuteten Esel satteln, der ihn gleich drei Mal abwarf, ehe er sich fügte. Es ging den Guasa Narok entlang nach Westen, vorbei an verlassenen Kraalen. Verlassen waren auch die Kraale am gegenüberliegenden Ufer, von denen noch Rauchsäulen aufstiegen. Kein Massai ließ sich blicken, aber ein Nashorn attackierte die Karawane und entkam, von einigen Büchsenschüssen getroffen. Am nächsten Tag schrieb Tiedemann in sein Tagebuch: „Ich habe Dysenterie in optima forma und werde es wohl nicht mehr lange treiben."

Für den nächsten Marschtag wurde Wasser mitgenommen, denn der Lauf des Guasa Narok wurde verlassen. Es ging durch Steppe, dann durch dichten Busch, der Thomson-Route folgend. Tiedemann wurde drei Mal ohnmächtig.

Die Wakikuyu-Träger rissen aus. Bei den Massai hatten sie sich als deren eingeschworene Feinde geradezu vertraulich an die Kolonne gehalten, hatten auch gute Dienste als Dolmetscher geleistet. Jetzt fühlten sie sich offenbar sicher genug, um das Weite zu suchen.

Abends saß der Doktor sorgenvoll am Bett Tiedemanns, der auf das Schlimmste gefasst war: Mit 15 Dosen Morphium wollte er der Quälerei ein Ende bereiten, wenn es absolut nicht mehr ginge. Zur Suche nach Wasser ausgeschickte Trupps kamen erfolglos zurück. Der Träger Abudarabi war vor Erschöpfung liegen geblieben und wahrscheinlich schon tot. Am nächsten Tag musste Wasser gefunden werden.

Noch in der Nacht entdeckte der Galla-Träger Mandutta mit geradezu unheimlichem Spürsinn einen Tümpel, der in zwei Marschstunden erreicht wurde – ein Geschenk zum Neujahrstag, in den hinein die Lieben daheim sicher mit Punschbowle feierten.

Das Lager wurde aufgeschlagen, Tiedemann ging gleich zu Bett, hatte fieberhafte, visionäre Zustände, musste dann aber alle paar Minuten hinaus, ging in die Hocke und exkrementierte nichts als Schleim und Blut. Als er den Blick gen Himmel richtete, zum Kreuz des Südens, überfiel ihn ein Lachkrampf. Ein Spruch, den er in der Skatrunde bei Töppen gehört hatte, war plötzlich wahre Wirklichkeit ... oder wirkende Wahrheit ... oder von wahrhafter Wirkung: Wer zu den Sternen greift, packt in die Sch... . Aber eigentlich musste hier das Wirken der Vorsehung am Werk sein ... Ohne das Malheur wäre die ganze Kolonne unaufgehalten längst parforce ins Verdursten marschiert ... über ihr statt des Reichsadlers eine Schar von Geiern ....

Nachmittags bekam Tiedemann mit, dass zwei Wanderobbo im Lager erschienen mit einem kleinen, struppigen Hund, Eppi, bei sich. Sie wurden sofort in Eisen gelegt: Von der Vorsehung geschickte wegekundige Führer nach Ndjemps!

14. Am Baringo-See: Carl Peters nimmt Baringo

Die Wanderobbo fanden einen Abstieg zum Guaso Tien, der nach Thomson in den Baringo-See fließen sollte. Endlich lag das vermaledeite Leikipiaplateau hinter der Kolonne, dies Land, das so viel Trübsal bereitet hatte. Das Flussbett des Guasa Tien führte jetzt kaum Wasser und wand sich durch wolfsschluchtähnliche Felsformationen. Das Flussbett wurde schließlich so eng und führte zu einem senkrechten Abfall, dass ein Weiterkommen, zumal für die Kamele, nicht mehr möglich war.

Es wurde Lager bezogen, und Tiedemann, der immer noch überaus elend war, ging sofort zu Bett und kämpfte unter Aufbietung aller Energie gegen das Austreten.

Weiter ging es dann am nächsten Morgen über einen schmalen Pfad hinauf auf eine Höhe von 2500 Metern und dann wieder hinunter, um weiter dem Lauf des Guaso Tien zu folgen. Tiedemanns Esel ging jetzt sicher und gut, reagierte inzwischen auf Schenkeldruck. Beim Weitermarsch wurde das Flussbett bald so schlecht passierbar, dass die Kamele und Tiedemanns Grautier zunächst zurückgelassen werden mussten, um am nächsten Tag mit Hilfe der Träger der inzwischen voraus lagernden Kolonne nachgeführt zu werden. Tiedemann hatte das Gefühl, dass es mit seiner Dysenterie besser wurde, bekam aber diese und auch die nächste Nacht keine Minute Schlaf. Mehrfaches Warten auf Kamele und Esel hielt auf, so dass erst am 5. Januar die Schlucht des Guasi Tien verlassen wurde, um über die Steppe in Richtung Ndjemps abzuschwenken. Beim Lagerbeziehen in der Nähe eines kleinen Flusses geriet die Steppe durch die Unvorsichtigkeit eines Trägers in Brand. Ein anderer Lagerplatz musste bezogen werde, und Tiedemann ging sofort zu Bett. Nachts kam das Feuer zurück, weil der Wind sich gedreht hatte. Tiedemann konnte sich nur mühsam aus seinem Zelt retten, das eben noch geborgen werden konnte. Nachdem das Feuer vorüber und das Zelt wieder aufgestellt war, wurde es mehrere Male vom Sturm umgerissen. Danach bekam Tiedemann erstmals wieder einigermaßen Schlaf.

Am nächsten Tag, den 6. Januar, erreichte die Kolonne nach dreistündigem beschwerlichem Marsch den Rand des Plateaus, das den Baringo-See im Süden umschließt. Peters wies ausgestreckten Armes auf das sich darbietende, märchenhaft erscheinende Tableau.[53]

---

[53] Beigestelltes Bild in: Peters (1891), zu S. 250.

„Kein Traum ist's! Es ist uns doch wirklich vergönnt, die unwirtlichen Steppen der Massai lebend zu verlassen! Wir haben nur hinabzusteigen, um die Wirklichkeit selbst zu fassen."

Beeindruckt – nicht wegen der Worte Peters' – schwieg Tiedemann, und der Doktor holte auch zu keinen geologischen Erklärungen aus, denn die hatte schon Thomson gegeben.

In seinem Tagebuch hielt Tiedemann fest: „Zu unserer Rechten, tief unter uns, liegt der glitzernde, wie Silber glänzende Spiegel des Baringo-Sees in großartiger Schönheit; zu unseren Füßen breitet sich eine weite, im lieblichsten Grün prangende Tiefebene aus und zieht sich bis an den westlichen Horizont, an welchem die gewaltigen Konturen des Kamasiagebirges sich erheben. Eine Stunde lagern wir hier, dann beginnt der mühevolle Abstieg. Gegen vier Uhr erreichen wir den Guaso na njuki, lagern hier und kommen morgen in Ndjemps an."

Am Baringofee. (Zu S. 250.)

1200 Fuß senkrecht war der Abstieg in die Baringoebene. Ein Kamel verendete – da waren's nur noch drei von dem ehemals siebzehnhöckerigen Wüstengeschwader.

Peters sammelte die Kolonne und durfte sich nun endgültig sicher vor Anschlägen der Massai fühlen. Die Schrecken der vergangenen Tage begannen zu verblassen: Die Kolonne nahe am Verdursten, Allah um Wasser anflehende Somali, ein von

Visionen heimgesuchter und in Fieber sich windender Tiedemann, während er, Peters, aus der Lektüre von Carlyles „Friedrich dem Großen" Zuversicht geschöpft hatte. Der Blick richtete sich jetzt nach vorn: Was würde in Ndjemps zu erwarten sein? Thomson hatte vor fünf Jahren in Ndjemps gelagert und dann auch Dr. Fischer. In Ndjemps wäre sicheres Lager zu beziehen. Friedlicher Verkehr mit der Außenwelt würde sich herstellen lassen. Eine Woche Rast würde helfen, Tiedemanns Gesundheit wieder herzustellen. Und von den ackerbauenden Vettern der Massai müsste auch Gemüse oder Getreide zu bekommen sein – der wochenlange Genuss von allein frischem Fleisch war – wieder mal – längst kein Genuss mehr. Alles Weitere würde sich weisen ...

Der Marsch ging zunächst unter Trommelschlag durch Grassteppe nach Westen, ein kleiner Fluss wurde überschritten und Lager bezogen. Am nächsten Morgen ging es weiter unter Trommelschlag in westsüdwestlicher Richtung, und ein breiter Weg führte schließlich auf die Dornenumwallung von Ndjemps zu. Menschen kamen entgegen, grüßten mit dem bekannten „Jambo", Stammesälteste kamen heraus und grüßten mit Bespeien der Hände und Händeschütteln. Die Kolonne wurde um Ndjemps herum geführt und richtete sich auf einem Lagerplatz für durchziehende Karawanen ein, auf dem auch Thomson und Dr. Fischer gelagert hatten. Die beiden Wanderobbo, welche eine Woche als Wegeführer gedient hatten, wurden in Freiheit gesetzt und reich beschenkt entlassen. Die Senke, in der sich Ndjemps befand, brachte wieder wärmere Nächte mit sich, während die Tage noch erträglich kühl waren.

Eine Gedenkminute für Dr. Fischer, der seit Ende November 86 in heimischer Erde ruhte, nachdem er von hier unverrichteter Dinge den Rückmarsch hatte antreten müssen! Er war mit seiner Expedition zu Emin Pascha unterwegs gewesen, um Junkers und Casati aus dessen Provinz herauszuholen. Der Weg vom Süden des Victoriasees nach Uganda und über Uganda nach Wadelei zu Emin Pascha war ihm vom ugandischen König Muanga, dem Nachfolger Mtesas, verboten worden. Und auch der englische Missionar Mackay in Uganda hatte gewarnt, dass ihm das gleiche Schicksal drohe wie dem Bischof Hannington, der von Osten nach Uganda hatte hineinziehen wollen und das mit seinem Leben bezahlt hatte. Fischer hatte seinen Versuch, stattdessen am Ostufer des Sees vorbei, dann über Baringo nach Norden über das Land Unjoro zu Emin nach Wadelei vorzudringen, genau hier abbrechen und zurückkehren müssen – erkrankt und mit unzureichenden Mitteln ausgestattet. Er hatte es nicht mehr erlebt, dass Junker sich von Emin aus ganz allein zur Küste durchschlug und wieder nach Europa gelangte. Jetzt dürfte nur noch Casati bei Emin sein ... Das Licht, das der Dr. Fischer über Afrika mit seinem Buch „Mehr Licht im dunklen Erdteil" verbreitete, war bei all seinem Engagement als Arzt auf diesem

Kontinent im Übrigen kein günstiges für die Kolonisation: Wo in diesem Land etwas angebaut werden könnte, würden die Europäer krank, und wo sie nicht erkrankten, wäre nichts anzubauen! ... Aber immerhin hatte er zu bedenken gegeben, dass in der Arbeitskraft der Neger für eine Plantagenwirtschaft die Zukunft Afrikas liegen müsse ...[54]

Keine Spur in Ndjemps von einer mit dem befreiten Emin Pascha durchgezogenen englischen Hilfsexpedition, wie es Mr. de Winston, Mitglied des englischen Emin-Pascha-Komitees und Berater Stanleys bei der Organisation seiner Expedition, prophezeit hatte, als der Aufruf zur deutschen Emin-Pascha-Expedition 1888 öffentlich wurde! Ein billiger englischer Trick, um den Aufbruch der deutschen Expedition zu verhindern!

Allerdings konnten in Ndjemps keine Nahrungsmittel gegen Zeugstoffe oder Schmuckgegenstände eingetauscht werden. Die Bevölkerung litt selbst unter Hunger. Den Bewässerungssystemen für die Äcker fehlte bei der außergewöhnlichen Trockenheit selbst das Wasser, so dass auf den Äckern nichts gedieh. Es ergab sich jedoch die Möglichkeit, Nahrungsmittel gegen andere Nahrungsmittel einzutauschen – gegen Ziegen und Schafe, welche die Kolonne noch reichlich mit sich führte. So konnte etwas Honig erhandelt werden und Weri-Weri, eine Hirseart, die, zu Mehl verarbeitet und in Salzwasser gekocht, als Zutat zu Milch der Kolonne für zwölf Tage Nahrung geben sollte. Für den täglichen Bedarf wurde Fisch aus dem Baringo-See eingehandelt.

Der See, eine deutsche Meile von Ndjemps entfernt, erwies sich übrigens, von seinem Gestade aus betrachtet, längst nicht so reizvoll wie von der Höhe des Plateaus aus: Die Ufer waren mit einem dichten Schilfgürtel bewachsen, den man erst durchdringen musste, um den See überhaupt zu Gesicht zu bekommen. Thomson hatte maßlos übertrieben, als er dessen märchenhafte Schönheit pries – wohl weil er seine Ankunft am Baringo als eine Erlösung von seinem erniedrigenden Zug durch das Land der Massai erfuhr. Peters brauchte sich nicht als Erlöster zu betrachten: Er hatte sich seinen Durchzug siegreich erkämpft!

Als Sieger über die Massai trat Peters gegenüber ihren Stammesvettern in Ndjemps auf, die, zu Ackerbauern geworden, von den nomadisch viehzüchtenden Massai immer wieder beraubt, in Angst gehalten wurden. Er machte ihnen klar, dass es sich bei ihm um keinen Weichling wie den durchgezogenen Engländer Thomson

[54] Gustav Adolf Fischer, Mehr Licht im dunklen Erdteil: Betrachtungen über die Kolonisation des tropischen Afrika unter besonderer Berücksichtigung des Sansibar Gebietes, Hamburg 1885.

handele, sondern um einen Wadutschi. Den Namen der Wadutschi – der Deutschen – sprecke man bei den Massai jetzt nur noch unter Schrecken aus.

Die Vorstellung eines schutzbedürftigen, bildungsfähigen Volkes am Baringo ließ bei Peters eine Vision entstehen, die er in einem Schreiben an das Emin-Pascha-Komitee zu Papier brachte. Für ein zivilisatorisches und gesamteuropäisches Handelsinteresse wäre am Baringo eine Handelsstation und bald auch eine Faktorei anzulegen, die, egal von welcher Nation, mit fünf Weißen und 25 gut bewaffneten Askari und einem Geschütz zu sichern sei. Eine europäische Postenkette über den schiffbaren Tana bis ins Herz Afrikas ließe sich über Ndjemps als Station herstellen. Zweifellos wäre er, Peters, bereit, diese zu übernehmen. Nachdem ihm all seine Mittel in Sansibar und an der Küste durch rohe Gewalt entrissen wurden, habe er aber all seine Kräfte für weitere Aufgaben nötig. Und weil die schwarz-weiß-rote Flagge bei den Massai die zur Zeit gefürchtetste sei, proklamiere er, bis die Sache in Europa entschieden werde, Ndjemps für europäischen und insbesondere deutschen Besitz.

Peters ließ am 9. Januar innerhalb der Umzäunung von Ndjemps die weithin in der Gegend sichtbare schwarz-weiß-rote Flagge hissen. Am Tag zuvor hatte er mit den Ältesten der Wakuafi zu Ndjemps einen Vertrag ausgehandelt, in dem diese Peters, der ihre Feinde, die Massai geschlagen habe, als ihren Herrn anerkannten, das Baringogebiet als das seinige betrachteten und unter seinen Schutz stellten und ihn baten, bei Seiner Majestät, dem Deutschen Kaiser, um Einverleibung des Baringolandes in das deutsche Schutzgebiet nachzusuchen. Sechs Älteste gaben ihr Handzeichen. Fünf Zeugen aus der Expedition zeichneten: Hussein Fara, Musa-Dar-es-Salaam, Bwana Mku, Rukua, von Tiedemann.

In Tiedemanns Tagebuch fand die Sache nur eine kurze Erwähnung: „9.-12. Januar. In Ndjemps. Man kann sich kaum wahren vor Ratten, sie schwärmen zu Hunderten umher und beknabbern Alles. Mit den Bewohnern von Ndjemps schließt der Doktor einen Vertrag ab und hißt die deutsche Flagge. Ich habe mich sehr erholt, so daß wir weiter marschierten."

15. Der Marsch ins Land Kawirondo

Die weitere Marschroute nahm Richtung auf die Landschaft Kawirondo am nordöstlichen Victoria Njansa. Thomson hatte bei seinem Abstecher vom Baringo zum Ufer des Victoria Njansa etwas mehr als drei Wochen gebraucht. In Kawirondo mussten sich Hinweise ergeben, wie der weitere Weg der Expedition nach Wadelei zu verlaufen habe – nach Nordwesten zu den Nil-Seen und dann weiter durchs Land Unjoro, mit dessen Herrscher, Kabarega, Emin auf gutem Fuß stehen sollte, den Nil aufwärts über Emin Paschas Station Mruli zur Emin-Pascha-Provinz. Der Weg über den aus dem Victoria Njansa abfließenden Nil nach Uganda hinein, um von dort nach Norden durchs Land Unjoro zur Emin-Pascha-Provinz zu gelangen, verbot sich eingedenk des Schicksals des Märtyrers Hannington.

Die Expedition verfügte bei ihrem Abmarsch aus Ndjemps immer noch über 400 Stück Vieh, und die Leute konnten für zwölf Tage mit Mehl versorgt werden. Tiedemanns Gesundheit war, wenn er sich auch etwas erholt hatte, noch nicht wieder ganz hergestellt. Er ritt deshalb auf einem Esel. Der Somali Ahmed, der an Bauchfellentzündung litt, wurde auf ein Kamel verladen.

Bald wurde die Baringo-Ebene verlassen, das Kamasia-Gebirge erklommen und das Kamasia-Hochplateau überquert. Die zahlreichen Wakamasi, welche die Landschaft bevölkerten, gingen ganz nackt einher. Sie schienen noch nicht den rechten Schrecken vor den Wadutschi zu haben. Sie überfielen zwei zurückgebliebene Träger und erschlugen einen von ihnen. Peters ließ aber wegen des schwierigen Weges weiter ziehen und sah von einer Strafaktion ab. Als die Wakamasi auf dem weiteren Marsch in von Thomson beschriebener Weise – sie legten einige grüne Zweige über den Pfad – Tribut verlangten, den Peters mit vorgehaltener Flinte verweigerte, und sich dann an der Viehherde der Kolonne vergreifen wollten, mussten drei der Wakamasi das mit dem Leben bezahlen. So wurde Frieden hergestellt. Als das Lager aufgeschlagen wurde, kündigte sich unversehens eine arabische Karawane mit Salutschüssen an.

Es war die Karawane des Händlers Juma Kimameta, bekannt aus Thomsons Reisebeschreibung, die aus dem Norden, von Turkanj, mit Elfenbein überladen zur Küste zog. Peters und Tiedemann waren freudig erregt über das Zusammentreffen, denn hier, unter wilden Eingeborenen, schwanden die Interessengegensätze zur arabischen Rasse. Man fand sich zusammen bei Kaffee und Tee und tauschte Nachrichten in der Kisuahelisprache aus. Die Araber konnten die Nachricht vom Sieg der

Deutschen über die Massai an die Küste bringen und auch Briefe, die Peters und Tiedemann ihnen mitgaben. Ein Emin Pascha, der jenseits von Turkanj am Nil sitzen sollte, war den Arabern nicht bekannt. Allerdings sollte ein Weißer, wie man ihnen erzählt hatte, mit 1000 Askari, vielen Weibern, Sklaven und großen Herden nach Kawirondo gekommen sein, die Stadt Kabaras verbrannt und die ganze Gegend in Besitz genommen haben und jetzt auf dem Wege nach Baringo sein. Von Uganda wussten die Araber nichts. Aber in Kawirondo, wo die Leute gut seien, werde man Näheres erfahren ...

Da käme jetzt also ein Weißer der Kolonne entgegen ... Könnte das Emin Pascha sein? Auf solche Nachrichten war allerdings nicht viel zu geben.

Beim Abschiednehmen, als sich die Wege trennten, musste Tiedemann sich gestehen, dass er die Araber beneidete.

Eine Marschunterbrechung wurde nötig, da Tiedemann unter Schlaflosigkeit litt; auch Leberschmerzen hatten sich wieder eingestellt. Der Somali Ahmed starb an seiner Bauchfellentzündung und wurde unter schauerlichen Riten seiner Stammesgenossen beerdigt.

Die nächste große Herausforderung wurde die Überwindung des Elgeyo-Gebirges. Ein Esel starb. Das letzte Kamel musste getötet werden, da es den Aufstieg nicht schaffte und den Wa-Elgeyo nicht lebend in die Hände fallen sollte, die verschiedene Male mit Pfeil und Bogen angriffen und erst Ruhe gaben, nachdem eine ganze Anzahl von ihnen mit Flintenschüssen niedergestreckt worden war. Nach dem folgenden Marsch über die ‚rote Ebene‘, immer noch 2100 Meter hoch, kam man endlich in den Surongai-Hügeln an, hinter denen das gelobte Land Kawirondo lag.

Es war der 24. Januar – Tiedemann wurde 25 Jahre alt. Keine Drei in der Fünfundzwanzig enthalten! Auf dem ganzen Wege von Ndjemps bis hierher hatte er mit Peters, welcher stets der Kolonne voran marschierte, wenig Kontakt. War ein Lager bezogen, hatte er sich, grenzenlos ermüdet, aufs Bett geworfen, oft ohne Schlaf zu finden. Bisweilen war er sich als ein Wrack vorgekommen. Tiedemann kam erst am Nachmittag im Lager an, weil der voran marschierende Doktor einen Büffel geschossen hatte und die zum Ausweiden und Zerlegen des Tieres zurückbleibenden Träger unter Tiedemanns Kommando ihre Zeit brauchten, um ihr Werk zu vollenden. Im Lager erschienen vier Wanderobbo, die berichteten, dass in Kabaras, jenseits der Surongai-Hügel, ein Weißer sei, von Süden gekommen, und eine Elfenbeinstation angelegt habe. Von Süden gekommen: Das könnte, so vermuteten Peters und Tiedemann, jener Mr. Martin von der Britisch-Ostafrikanischen Gesellschaft sein, der sich von Mombasa aus auf den Weg zu Emin Pascha gemacht hatte. Aber nun sollte er eine Elfenbeinstation angelegt haben?

Am 25. Januar führten die Wanderobbo die Kolonne auf die Surongai-Hügel hinauf. Der Blick fiel nach Westen auf eine weite Landschaft, in der Ferne deutete sich eine Rauchsäule an. „Kabaras!", sagten die Wanderobbo. Sie wurden entlohnt und entlassen. Peters bezeichnete eine Landmarke, auf die hin sich zu orientieren sei und marschierte, nachdem man nach schwierigem Abstieg unten angekommen war, eilig voraus. Um den Landesbewohnern mit einer ausgeruhten Truppe begegnen zu können, ließ er recht früh noch vor dem Hauptort das Lager aufschlagen.

Tiedemann verirrte sich mit seiner nachziehenden Kolonne und stieß erst später dazu. Peters war offensichtlich verstimmt – hatte er doch eine klare Zielorientierung vorgegeben. Tiedemann für seinen Teil schwieg dazu. In der Ebene war die von Peters aus der Höhe bezeichnete Landmarke natürlich nicht mehr sichtbar gewesen, und Peters hatte auf seinem Marsch keine Spuren hinterlassen, die Tiedemanns gewiegten Pfadfindern den Weg hätten weisen können. Gerade noch rechtzeitig, bevor ein lang anhaltendes schweres Gewitter tobte und heftiger Regen niederging, waren die Zelte aufgeschlagen. Peters ließ eine kräftige Suppe und Hammelbraten zubereiten. Allerdings nahm er die Mahlzeit getrennt von Tiedemann ein, der immer noch krank war, und konnte sich angenehmen Betrachtungen über die zum Besseren veränderte Lage seiner Expedition hingeben.

Der Marsch ging weiter durch intensiv kultiviertes Land. Voran, unter Trommelwirbeln, wurde die schwarz-weiß-rote Fahne getragen, und hunderte von Eingeborenen gaben das Geleit. Tiedemann war vom Anblick der Damen beeindruckt. Sollte er sich die Augen zu halten? Alle waren sie völlig nackt! Die Männer waren meist mit einem Hüftschurz aus Ziegenfell bekleidet, tiefdunkle, mordsgarstige Kerls mit gut entwickelter Muskulatur. Abenteuerlich war ihr Kopfputz mit Antilopenhörnern: Motive für das Skizzenbuch.

Der schließlich erreichte Ort – jener, der sich aus der Höhe durch eine Rauchsäule gekennzeichnet hatte – war von Lehmmauern umringt. In ihm wurde das Lager aufgeschlagen. Der Ortsälteste hieß die Ankömmlinge herzlich willkommen, wusste aber über einen Weißen in Kawirondo – und zwar in dem Ort Kwa Sundu, einige Tagereisen entfernt – nur verwirrende Auskünfte zu geben, die zu allerlei Vermutungen Anlass gaben. Von einem Stamuley habe man dort gehört, nichts von einem Emin Pascha. Peters verfasste ein Schreiben „to any european gentleman, that may be in Kwa Sundu" und schickte es mit zwei Somalis und einigen einheimischen Wegeführern nach Kwa Sundu.

Am nächsten Tag lautete die Parole: Es lebe der Kaiser! Es war der 27. Januar ... Aufklärung über den european gentleman in Kwa Sundu durch die zurückkehrenden Somali war noch nicht zu erwarten. Stattdessen erfuhr man, dass man nicht, wie von Thomson zu erfahren war, in einem Ort Kabaras sei, sondern in einer Landschaft mit diesem Namen. Und Tiedemann entdeckte, dass die Weiber gar nicht völlig nackt waren. Bei näherem Hinsehen trugen sie an einer dünnen Schnur um den Leib einen etwa zwei Fuß langen Schwanz aus Büffelhaaren, der über zum Teil monströs entwickelte Posteriora hinunterhing – bei ihrem watschelnden Gang ein überwältigender Anblick.[55]

Wakavirondo.

Auf halbem Wege nach Kwa Sundu lag Kwa Sakwa. Bevor es noch erreicht wurde, kamen Söhne des Sultans von Kwa Sakwa der Expedition entgegen, um diese beim Sultan willkommen zu heißen. Unterwegs gab es verwirrende Gerüchte zu hören: Dass zwei Weiße in Kwa Sundu seien. Dann aber, dass dort zur Zeit keine Weißen seien, sondern dass diese Weißen, vier an der Zahl, von denen einer Jackson hieße und ein anderer Martin, nach Ngaboto im Norden abmarschiert seien und viele Askari und Waren in Kwa Sundu zurückgelassen hätten.

Die Engländer also, die drei Monate vor der deutschen Expedition von Mombasa aus zu Emin Pascha abmarschiert waren ... Und Anfang Juli in Witu hatte Peters noch erfahren, dass jemand von Jacksons Expedition aus dem Innern in Eile zurückgekommen sei, um in Malindi neu auszurüsten – das hatte noch auf ein Scheitern der Jackson-Expedition hoffen lassen. Nun jedoch die Engländer hier – sollte das das Ende der deutschen Emin-Pascha-Expedition bedeuten? Aber die Engländer sollten sich nur nach Norden aufgemacht haben, um Elfenbein zu holen – also nicht zu Emin Pascha. Das hörte sich zwar schön an – war das aber zu glauben?

---

[55] Beigestelltes Bild zu den Wakawirondo in: Von Tiedemann (1892), S. 209.

Kwa Sakwa erwies sich als ein stark befestigtes Dorf auf der Spitze eines Hügels. Der Sultan, ein dicker alter Herr, geleitete die beiden Europäer zu seiner Residenz und ließ sie auf einem großen freien Platz, in dessen Mitte seine Hütte stand und der umgeben war von den Hütten seiner Weiber, in denen auch Hühner und Ziegen Unterschlupf fanden, ihre Zelte aufschlagen. Sultan Sakwa war der mächtigste Häuptling weit und breit und hatte erst kürzlich seinen Nebenbuhler von Kwa Sundu getötet. Er beschenkte die Ankömmlinge mit mehreren Ochsen und bekam dafür eine Elefantenbüchse, ein Fässchen Pulver, mehrere Spiegel und eine kleine Spieldose mit der Melodie „Du bist verrückt mein Kind!" aus der Operette „Fatinitza" verehrt.

16. Besitzergreifung von Kwa Sakwa und schleierhafte Nachrichten aus dem Postsack von Mr. Jackson

Nachmittags kamen die nach Kwa Sundu ausgesandten Boten zurück – zusammen mit einem Somali, der ziemlich gut Englisch und Kisuaheli sprach. Er stellte sich als Ali Somal vor, Vertreter des Engländers Jackson auf dessen Station in Kwa Sundu.

Ali Somal berichtete, dass Jackson vor zweieinhalb Monaten mit drei weiteren Engländern und 500 Mann durch das Gebiet der Wanandi marschiert sei, mit diesen Krieg bekommen und ihnen eine Menge Vieh weggetrieben habe. Daraufhin habe er die Station in Kwa Sundu angelegt. Er sei zwar zur Unterstützung von Stanleys Emin-Pascha-Mission herangerückt. Aber er sollte auch in Uganda eingreifen. Dort herrsche Krieg. Die christliche Partei unter Führung des Kabaka – des Königs – Muanga sei von den Mohammedanern verjagt worden. Christliche Missionare aus Uganda hätten sich an Jackson um Hilfe gewandt, aber der Bitte hätte er nicht nachkommen können, da der Weg nach Uganda in den sicheren Tod geführt hätte. Mit den Mohammedanern sei übrigens Emin-Pascha verbündet gewesen, der sich vor der christlichen Partei nach Norden habe zurückziehen müssen. Ein Weißer, der bei ihm gewesen sei, sei von Stanley gefangen genommen worden, der mit seinem Gefangenen zur Küste abmarschiert sei. Zur Zeit sei Jackson nach Norden aufgebrochen, um Elfenbein zu holen. In vierzehn Tagen sei seine Rückkunft zu erwarten. Die Engländer hätten ihre Waren und eine Bedeckung von 50 Mann auf der Station zurückgelassen.

Diese Nachrichten brachten etwas Licht in die Sache, waren aber gleichzeitig auch verwirrend. Jackson hatte demnach von seiner Emin-Pascha-Mission Abstand genommen. Und Stanley musste nun nicht mehr als vermisst gelten, sondern schon zurück an der Küste oder auf dem Weg dorthin sein mitsamt einem von ihm gefangenen Weißen, bei dem es sich um Casati handeln könnte. Und Emin-Pascha sollte noch in seiner Provinz sein! Aber dass der mit den Mohammedanern im Bürgerkrieg in Uganda gemeinsame Sache gemacht haben sollte, war kaum zu glauben. Vor allem fehlte eine Aufklärung über die aktuelle Situation in Uganda, das mit dem Land Unjoro und seinem König Kabarega Krieg haben sollte, mit dem Emin-Pascha nach den von ihm früher eingegangenen Nachrichten befreundet sein sollte. Peters musste mehr über die aktuelle Lage in Uganda erfahren.

Ali Somal erklärte sich bereit, noch einmal nach Kwa Sundu zurückzugehen, um am nächsten Tag wieder mit einem Schreiben aus Uganda an Jackson zu erscheinen, das nähere Auskünfte geben würde.

Ali Somal kam sogar mit zwei Briefen zurück. Dem einen, vom Kabaka – dem König – Muanga in Uganda und von englischen Missionaren und dem französischen Missionar Père Luordel unterzeichneten, war zu entnehmen, dass der christenfreundliche Muanga am 4. Oktober den Christenfeind Karema geschlagen und sich wieder in den Besitz des Thrones gesetzt habe. In dieser Lage bat Muanga Jackson, ihn mit 500 Remingtons zu unterstützen und bot dafür der Britisch-Ostafrikanischen Gesellschaft nicht nur das Handelsmonopol in Uganda an, sondern er räumte auch ein, sich unter britisches Protektorat zu stellen.

Offenbar hatte Jackson die Bitte um Unterstützung abgelehnt, denn der andere Brief, datiert vom 1. Dezember 1889, war von Père Lourdel selbst an Jackson gerichtet und berichtete, dass Muanga im November wieder geschlagen worden sei und sich auf die Insel Bullingogwe im Victoriasee zurückgezogen habe. Père Lourdel selbst flehte jetzt Jackson um Unterstützung an. Muanga sei jetzt zu noch größeren Zugeständnissen bereit: Er wolle auch zusätzlich 35 Zentner Elfenbein liefern ... Muanga, der Blutsäufer, der im Jahre 1885 den Bischof Hannington beim Versuch, mit den Seinen von Osten nach Uganda einzureisen, hatte massakrieren lassen – jetzt ein Mann der Christenpartei!

Und merkwürdig, dass Ali Somal so bereitwillig Einblick in die Korrespondenz gab. Der Verdacht lag nahe, dass er Peters vor einem weiteren Vordringen nach Uganda abschrecken wollte. Ali Somal hielt sich auffällig zu den somalischen Askari, seinen Landsleuten. Offenbar fühlte er sich ihnen so verbunden, dass er sie vor einem weiteren Marsch nach Westen schützen und warnen wollte. Am liebsten hätte Peters ihn aus dem Lager geworfen ...

Die Christenpartei in Uganda geschlagen und mit ihrem Anführer und den Missionaren auf eine Insel im Victoria-See geflüchtet? Wenn das der aktuelle Zustand in Uganda sein sollte, dann würde sich ein Marsch durch Uganda auf jeden Fall verbieten. Die Expedition müsste dann Uganda auf jeden Fall links liegen lassen, um über Unjoro nach Wadelei vorzustoßen. Peters war entschlossen, in der englischen Station noch mehr zu erfahren – in Kwa Sundu musste er versuchen, weitere Einblicke in Jacksons Korrespondenz zu bekommen. Vor allem galt es, noch etwas über Emin Paschas Verbleib zu erfahren. Deshalb stellte er sich mit Ali Somal weiter gut, spielte selbst den Vertrauensseligen und bat Ali, Briefe in die Heimat beim Rückmarsch der Jackson-Expedition mit an die Küste zu befördern. Ali sagte zu.

Als Peters Tiedemann aufforderte, Briefe in die Heimat zu schreiben, war der nicht wenig erstaunt, denn es war ja nicht einmal möglich gewesen, aus Lamu Post von Deutschen ins englische Interessengebiet zu schicken. Und jetzt sollten die Engländer selbst zu Postboten für die Deutschen werden? Aber Tiedemann machte sich ans Briefeschreiben.

Der Aufenthalt in Kwa Sakwa zog sich noch ein paar Tage hin, denn der Sultan kam mit der dringenden Bitte zu Peters, dass der ihn bei einem Kriegszug gegen die nördlich wohnenden verfeindeten Mangati unterstützen solle. Peters sagte dem Sultan, dass er nur gegen jemanden Krieg führe, von dem er angegriffen würde – oder für jemanden, der unter seinem Schutz stünde. Der Sultan war darauf hin bereit, sich unter Peters' Schutz zu begeben. Peters stellte daraufhin ein Kontingent von etwa 30 Leuten unter Führung seines Somali Hussein zur Verfügung, der auch die gesamte folgende Aktion anführte. Die Vorbereitung blieb aber wegen der Säumigkeit der Leute des Sultans den Gegnern nicht verborgen, so dass diese ihr Vieh noch rechtzeitig in Sicherheit bringen konnten. Zu den Leuten des Sultans gehörten auch Massaikrieger, die von ihren Landsleuten vertrieben worden waren und hier Landsknechtsdienste verrichteten. Einige Dörfer der Mangati gingen in Flammen auf, und am Ende sollten sie 56 Mann verloren haben. Mehrere Verwundete der eigenen Truppe waren zu beklagen und vor allem natürlich der Munitionsverbrauch, der bei den Patronen für die Repetiergewehre nicht zu ersetzen war und die Expedition weiter schwächte.

Aus Freude über den Sieg betrank sich der Sultan, spendierte Schlachtochsen für die erfolgreichen Krieger, und am folgenden Tag wurde ein Vertrag aufgesetzt, in dem der Sultan Dr. Peters als seinen Herrn anerkannte und kundtat, am gleichen Tag feierlichst die deutsche Flagge hissen zu lassen. Die Flaggenhissung wurde begleitet von einem Ehrentanz der Weiber des Sultans.

Für die Engländer ließ Peters beim Sultan ein Schreiben zurück, in dem er das Land Kawirondo zu seinem Eigentum erklärte. Der Sultan habe die deutsche Flagge genommen und ihm, Peters, eingeräumt, seinen Platz als sein Eigentum zu betrachten. So sah sich Peters, bevor er weiter nach Kwa Sundu zu Jacksons Station zog, im Besitz einer eigenen Station.[56]

Beim Aufbruch nach Kwa Sundu herrschte unter den Leuten eine gedrückte Stimmung, da sie inzwischen viel von der Gefährlichkeit der vor ihnen liegenden Länder erfahren hatten. Peters richtete sich, von Ali Somal freundlich empfangen, in Jacksons Station ein, nachdem er gebeten hatte, ungestört einen längeren Bericht für Jackson verfassen zu dürfen. Tiedemann schrieb währenddessen in seinem Zelt zwar eifrig weiter Briefe in die Heimat, aber vor allem wartet er gespannt darauf, was der Doktor nach seiner Klausur in Jacksons Station zu berichten wüsste, sofern es ihm gelungen sein sollte, ungesehen noch weitere Korrespondenz einsehen zu können. Bei der abendlichen Zusammenkunft holte Peters etwas weiter aus:
„Jener Mr. Martin, der mit zur englischen Expedition gehört, ist kein anderer als der Wegeführer der Emin-Pascha-Expedition des Mr. Jackson. Als solcher nicht ganz ungeeignet, denn er begleitete Thomson auf seiner Reise. James Martin – alias Antonio Martini –: Von Haus aus ein Segelmacher aus Malta! ... Nur recht, wenn die ganze Corona jetzt auf Elfenbein aus ist, nachdem durch Uganda zu Emin zu ziehen der Mut fehlt und es mit deren Emin-Pascha-Expedition nichts mehr ist. Aber machen doch mit Elfenbein noch ein Geschäft, so dass am Ende das Unternehmen rentiert."
Peters machte eine Pause und gab Tiedemann Gelegenheit zu einer Frage:
„Und über Emin-Pascha war nichts zu erfahren?"
Peters hob bedauernd die Hände:
„Über Emin Pascha – nichts!"
„Sie haben etliche Zeit mit Schreiben verbracht ..."
Der Doktor setzte eine sehr bestimmte Mine auf:
„Zeit, um umfangreiche Kopien anzufertigen ... alles aus Jacksons Postsack. Beste Auskünfte über die Zustände in Uganda aus einem Schreiben des schottischen Missionars Mackay vom Ende August, das an Emin-Pascha gehen sollte und hier liegen geblieben ist."
„Mackay hat aus Uganda geschrieben?"
„Dieser Mackay ist 1885 mit Zustimmung Kabaka Mtesas Missionar in Uganda geworden und hat zurzeit seinen Sitz auf der Station Usumbiro am südlichen Gesta-

---

[56] Beigestelltes Bild in: Peters (1891), S. 294.

de des Victoria Njansa. Mackay scheint mir überhaupt der spiritus rector der englischen Interessen in Uganda zu sein. Aber hören Sie die ganze Geschichte!"

Tiedemann nickte erwartungsvoll

„Nach Mtesas Tod im Jahre 1884 wurde dessen Sohn Muanga sein Nachfolger ..."

„Muanga – der Blutsäufer! Der Hannington zum Märtyrer gemacht hat ..."

„Nun – tempores mutantur ... Und zwar folgendermaßen: Nachdem Muanga von seiner Leibgarde, die aus Christen und Muslimen bestand, von seinem Thron vertrieben wurde, kam sein Bruder Kiwewa auf den Thron, der zunächst Glaubensfreiheit proklamierte, sich dann aber gegen die Christen wandte und sie vertrieb. Einige entkamen über den Victoriasee zur katholischen Missionsstation Ukumbi und zur englischen Station Usumbiro am südlichen Ende des Sees, wo sie heute noch sitzen. Die Missionsstationen der Engländer und die der Franzosen in Uganda wurden geplündert. Die Missionare durften immerhin Uganda auf Booten verlassen. Dann wurden die Mohammedaner, die hinter allem steckten und wollten, dass der neue Herrscher sich beschneiden lässt, vom neuen Herrscher auch verfolgt. Die Führer der Mohammedaner tötete er mit eigener Hand, musste dann aber selbst vor denen fliehen, die sich noch rechtzeitig vor ihm hatten retten können. Daraufhin wurde ein weiterer Bruder, Kalema, König, in dessen Hand Kiwewa fiel und getötet wurde. Unser Blutsäufer-Muanga, der erste Nachfolger Mtesas, hatte derweil zuerst bei Arabern Zuflucht gesucht, fühlte sich dort aber nicht gut behandelt und begab sich zu den französischen Missionaren in Ukumbi am Südufer der Victoria Njansa – zu den Christen. Mit Unterstützung des englischen Handelsmannes Stokes landete er wieder in Uganda und gewann einen großen Anhang ..."

„Mit Unterstützung von Stokes?"

„Ja von eben dem, der einst gekommen war, um Uganda zu missionieren, dann aber exkommuniziert wurde, weil er neben einer Afrikanerin, die er geheiratet hat, sich auch noch afrikanische Konkubinen zugelegt hat. Woraufhin er zum Händler wurde und daran interessiert ist, dass Muanga als Mann der Christen in Uganda wieder auf den Thron kommt ..."

„Die Wege des Herrn ..."

„Ja, manchmal scheinen sie unergründlich, denn Muangas Streitmacht wurde von Kalema vernichtet. Aber die Geschichte geht ja weiter: Muanga entkam – und das scheint mir der gegenwärtige Zustand in Uganda zu sein - nach den Sesseinseln und verfügt seitdem immer noch über eine nicht unerhebliche Streitmacht und vor allem über alle Boote Ugandas auf dem Njansa. Franzosen und Engländer habe Muanga inzwischen eingeladen, sich in Sesse niederzulassen, von wo er mit Stokes neuerlicher Unterstützung wieder nach Uganda gehen soll. Muanga, der Mann der Christen!"

„Hört sich alles an wie ein Irrenhausbericht."

„Es wird noch besser! Unser Missionar Mackay gibt in seinem Schreiben Emin Pascha den Rat, bei der Entthronung Kalemas mitzuwirken und Muanga als Mann der Christen wieder auf den Thron zu bringen – und zwar nicht als unabhängigen Herrscher, sondern als Agenten der britisch-ostafrikanischen Gesellschaft! Was uns aber besonders angeht, ist die Tatsache, dass Muanga, mag er zur Zeit auch aus Uganda herausgedrängt sein, mit seinen Booten immer noch Herr über den Victoria-Njansa zu sein scheint. Und da kann er auch unser Mann sein, wenn wir von Wadelei zur Küste zurückgehen: Über den Victoria Njansa ins deutsche Interessengebiet ..."

Peters wartete länger auf eine Reaktion Tiedemanns. Der hatte aufmerksam zugehört und war ins Nachdenken darüber geraten, weshalb der Brief an Emin Pascha hier liegen geblieben war. Dass Jackson nur die kriegerische Tatkraft gefehlt haben sollte, sich zu Emin Pascha durchzuschlagen, entsprach nicht dessen Charakter: Als Friedensengel hatte er seinen Weg bis hierher jedenfalls nicht zurückgelegt. Naheliegend war doch, dass der Brief nicht mehr zustellbar war, weil Emin Pascha längst außer Landes oder unter der Erde desselben war, dass Jackson das wusste und sich nur noch einer Ladung Elfenbeins versichern wollte, um sich dann zur Küste auf und davon zu machen. Der Doktor aber schien anderen Glaubens zu sein oder sich geradezu an seinen Glauben zu klammern, dass Emin noch in Wadelei sei. Kaum vorzustellen, wie der Doktor das überleben sollte, wenn ihm Emin abhanden käme. Zurück zur Küste womöglich mit Mr. Jackson? Unvorstellbar. ... Um Uganda würde es kein Herumkommen geben ... und dann mit Booten über den Njansa ins deutsche Interessengebiet, so Gott will ... Wie wäre es, wenn er, Tiedemann, jetzt, wie seinerzeit der Doktor in Engatana, anstimmen würde ‚Ein feste Burg'? Er befleißigte sich aber einer frommen Rede.

„Uganda – ein Maelstrom. Was für ein Land das, was für Leute! ... ‚Diese alle haben durch den Glauben das Zeugnis Gottes empfangen und doch nicht erlangt, was verheißen war.' Was aber uns anbelangt: ‚Das Volk, das im Dunkeln wandelt, siehet ein Licht'."

Peters nickte und gab zu bedenken, dass es nur noch der Vergewisserung über die einzuschlagende Route bedürfe. Die Frage war, wie am besten zu Emin nach Wadelei vorzudringen sei - und von dort ginge es dann mit Unterstützung Emins von Norden nach Uganda hinein und zum Njansa.

Am nächsten Tag schrieb Tiedemann weiter an Briefen in die Heimat. Wahrscheinlich das Einzige, was von ihm noch übrig bliebe, denn die Überlebensaussichten der Expedition schienen ihm trotz eines Lichtes am Ende des Tunnels trübe.

Ursprünglich hatte die Expedition hunderte von Remingtons samt Munition zu Emin bringen wollen, um den zu retten. Jetzt wurde Rettung von Emin erwartet ...

Peters hatte noch einiges an Korrespondenz einzusehen und zu kopieren.

Ganz überraschend traf ein Bote aus Usoga ein, der Post aus Uganda für Jackson brachte. Peters nahm die Gelegenheit wahr, von dem Boten Auskünfte über dieses östlich von Uganda liegende Land Usoga einzuziehen und erfuhr: Usoga war reich an Nahrungsmitteln und dem König von Uganda tributpflichtig, gehörte zur Partei Muangas und liebte die Weißen.

Schließlich befragte Peters noch den Sultan von Kwa Sundu ausführlich. Der sprach von den Wanjoro, den Einwohnern des Landes Unjoro nordwestlich von Usoga, als Freunden. Und er kannte einen Weg direkt dorthin, der über den Ort Kwa-Telessa führte und Usoga links liegen ließ. Über das Land Unjoro also musste die Route nach Wadelei gehen! Der Sultan versprach Peters Wegeführer, welche die Expedition nach Kwa Telesa, in zwei Tagesmärschen zu erreichen, geleiten sollten.

Hussein, Anführer der Somali.

Dem Aufbruch stellten sich allerdings Hindernisse in den Weg, und fast glaubte Peters seine Expedition am Ende: Seine Askari machten Schwierigkeiten – das hatte es bisher noch nie gegeben! Durch den Umgang mit den Leuten der englischen Station waren sie in Furcht und Schrecken versetzt worden über das, was sie in den westlich liegenden Ländern erwarten würde. Hussein[57] erschien in Begleitung von Ali Somal vor Peters, und beide rieten von dem Weitermarsch ab. Hussein erklärte zwar, bereit zu sein, mit Peters zu sterben, die anderen seien aber nicht bereit, weiter mitzuziehen.

Peters hielt mehrere Schauri mit den Somalis ab und gab mit großzügiger Geste die Erlaubnis, dass jeder Somali, der es vorzöge, bei den Engländern zu bleiben, dies tun möge, auch seinen bisher verdienten Lohn werde er keinem verkürzen. So werde er allerdings erkennen, ob die Deutschen sich in den Somali getäuscht hätten. Der versammelten Schar verkündete er schließlich:

---

[57] Beigestelltes Bild in: Peters (1891), S. 307.

„Was sprecht ihr vom Sterben? Ich habe euch doch gesagt, dass ich nicht wünsche, hier zu sterben. Wir alle sind in Gottes Hand. Wenn Allah will, so sterben wir, sei es hier, sei es irgendwo sonst. Wenn Allah es aber nicht will, so werden wir auch nicht sterben, wohin auch immer wir gehen."

Die Somali wurden gewonnen, und die Träger wurden in gewohnter Weise überzeugt, weiter mitzuziehen, indem die Somali ihnen zu verstehen gaben, dass sie jeden niederschössen, der fortliefe. Tiedemann, dessen Gesundheit inzwischen wieder ganz hergestellt war, übergab die von ihm in Tuch eingenähte Briefpost, die an die Küste gehen sollte, an Ali Somal. Als Parole für den nächsten Tag galt: „Raus aus Metz, Paris ist schöner!"

17. Auf Irrwegen nach Wachore

Kurz vor dem Abmarsch von Kwa Sundu waren plötzlich die vom Sultan zugesagten Wegeführer verschwunden und stellten sich erst ein, nachdem der Doktor dem Sultan einen gewaltigen Backenstreich versetzt hatte. Und als es endlich losgehen sollte, meldete Hussein, dass der Somali Ismail Ali über Nacht ausgerissen sei. Die Nachricht war niederschmetternd. Ismail Ali: Einer der scheinbar Zuverlässigsten! ... Der Aufbruch musste schleunigst erfolgen und vollzog sich fast überstürzt. Den Ausreißer Ismail Ali von Somali aufspüren zu lassen verbot sich aus naheliegenden Gründen – es war ungewiss, ob die Häscher nicht auch gleich die Gelegenheit zur Desertion ergreifen würden.

Der Marsch ging vorbei an verwüsteten Plantagen und teilweise abgebrannten Dörfern, und die Ruhe des Nachtlagers wurde durch Kriegslärm gestört. Die Mangati waren auf dem Kriegspfad.

Bevor am nächsten Tag gegen Mittag der Ort Kwa Tunga erreicht wurde, ließ Peters morgens zwischen zwei Höhenzügen halten und nahm als erster Weißer, der hier durchzog, eine Benennung vor. Tatsächlich fühle er sich, wie er Tiedemann sagte, nunmehr in die Region hineingezogen, in der sich die Wirksamkeit Emin Paschas und dessen Freundes und Genossen Junker abspielte. Die Gebirgsmasse im Süden nenne er deshalb die „Emin-Pascha-Berge" und die Kette im Norden die „Junker-Kette". Und als Geograf und erster Weißer, der die Bildung der Berge erforsche, belehrte er Tiedemann noch mit einer erdgeschichtlichen Erklärung.

In Kwa Telessa, einem anmutig gelegenen, schattigen Dorf, blieb die Kolonne für zwei Tage liegen. Es musste auf einige Somali gewartet werden, die dem Träger Mkuafi nachgeschickt worden waren, der sich bei Gelegenheit der Passage durch einen Papyrus-Sumpf mitsamt seinem Weibe davon gemacht hatte. Weiter galt es, neue Erkundigungen über die Route nach Unjoro einzuziehen und neue Wegeführer anzuheuern. In vier Tagen, so erfuhr Peters, könne man dort sein, und fünf Tagereisen von Kwa Telessa entfernt habe ein Weißer mit vielen Askari eine Station angelegt. Peters schickte Boten mit einem Schreiben an den Kommandanten dieser Station – wer der auch immer sei.

Peters gab jetzt Tiedemann seinen Entschluss bekannt, weiter in nordwestlicher Richtung auf Mruli zu marschieren, wo Emin eine Station habe. Und weil auf diesem Wege das Land Kabaregas, des Königs von Unjoro, liege, mit dem es sich gut zu stellen gelte, ließ er Tiedemann für den Fall einer Begegnung mit dem Herrscher prächtige Uniformen entwerfen. Unter Tiedemanns Anleitung machten sich sein Diener Sadiki und Peters' Diener Mku mit Nadel und Faden an die Arbeit und schufen Kragen, Aufschläge und Achselklappen aus vergoldeten Litzen für die weißen Röcke Peters' und Tiedemanns – eindrucksvoll anzuschauen.

Eindrucksvoll war aber auch die Tracht der Weiber in Kwa Telessa, die lediglich aus einem Schurz frischer Bananenblätter bestand. Nachts, bei Mondschein, entdeckte Tiedemann eine große Schlange in seinem Zelt, der er von seinem Bett aus mit einem Knüppel einen kräftigen Hieb versetzte und die er so in die Flucht trieb.

Die Somali, welche den entlaufenen Träger aufspüren sollten, kamen unverrichteter Sache zurück. Und als Wegeführer angeworben waren, entschloss sich Peters zum sofortigen Aufbruch, denn die Truppe zeigte immer noch eine unglaubliche Angst vor dem Weitermarsch. Eine Antwort auf das Schreiben an den weißen Kommandanten der Station, die sich nordwestlich von Kwa Telessa befinden sollte, konnte nicht mehr abgewartet werden.

Von Kwa Telessa in nordwestlicher Richtung marschierend wurde eine Hügelkette sichtbar. Peters taufte sie „Wissmannhügel". Als er sie links liegen lassen wollte, widersprachen die aus Kwa Telessa mitgegebenen Wegeführer heftig und drängten darauf, die Hügel zu überqueren. Peters gab nach – im Nordwesten sollte Gewehrfeuer gehört worden sein.

Am Fuße der Hügel eilte plötzlich ein in ein reiches arabisches Gewand gekleideter Jüngling mit Gefolge dem Zug nach und setzte sich, auf einer kleinen Flöte spielend, an dessen Spitze. Eine Verständigung mit dem kleinen Wundermann war nicht möglich. Bei Überquerung der Hügel wurde eine reich angebaute Landschaft sichtbar. In einem Dorf schlug man auf ein Zeichen des Flötenspielers hin die Zelte auf.

Es erschien ein weiterer Wundermann mit kleinem Gefolge: Ein großer, schlanker Jüngling mit freundlichem Gesicht, arabischer Kleidung, aber mit einem großen Kruzifix um den Hals. Er sprach fließend Kisuaheli und erklärte, dass der kleine Flötenspieler der Sohn des Königs von Wachore sei, dessen Residenz man in zwei Tagesmärschen erreichen werde. Er selbst stellte sich als Marco vor, Zögling der Missionare in Uganda, der mit einer Gesandtschaft zu Jackson geschickt worden sei, um diesen nach Uganda zu führen – vergeblich, denn Jackson sei auf einer großen Reise. Die Missionare, fünf Franzosen und zwei Engländer samt dem ugandischen König – d.h. dem Kabaka – Muanga hätten sich vor der mohammedanischen Partei, an deren Spitze der Bruder des Kabaka, Karema, stehe, auf eine Insel im Victoria Njansa zurückgezogen. Hier befinde man sich im Lande Usoga, das zum Gebiet des

Sultans von Wachore gehöre, der mächtig sei, aber dem Kabaka Muanga von Uganda gehorche.

Den Namen Emin Pascha kannte Marco nicht. Von Stanley wusste er zu berichten, dass der vor vielen Monaten gekommen und zu Abdallah und einem anderen Weißen gegangen sei. Zusammen hätten beide gegen den bösen König von Unjoro, Kabarega, der mit der mohammedanischen Partei in Uganda paktierte, gekämpft und dessen Hauptstadt verbrannt, und seien dann mit vielen Hundert Kriegern und Weibern zur Küste gezogen, ohne Kabaka Muanga in seinem Kampf beistehen zu wollen. Nördlich von hier befänden sich nun keine Weißen mehr. Von Abdallah wusste er zu berichten, dass der klein sei und Augengläser trage.

Nun war sich Tiedemann sicher: Dieser Abdallah – klein und mit Augengläsern – musste Emin Pascha sein! Peters bestritt das.

Zunächst galt es aber, sich zu orientieren: Man war im Land Usogo, von dem man geglaubt hatte, dass man es umgehen müsse, um direkt zum König von Unjoro vorzustoßen und mit dem Freundschaft zu schließen. Der entpuppte sich nun als Anhänger der mohammedanischen Partei in Uganda, der alle Weißen bekämpft. Man wäre also auf der geplanten Route ins Verderben gerannt! Ursache für diese völlig verfehlte Planung musste ein Verständigungsfehler mit dem Sultan von Kwa Telessa gewesen sein .... Man war noch einmal glücklich davongekommen!

Der flötenspielende Sohn des Königs von Wachore überbrachte eine Einladung zur Residenz des Königs, die der Doktor annahm. Dort würde man erst einmal in Sicherheit sein, und alles Weitere musste sich von dort aus ergeben. Auf dem Marsch nach Wachore machte sich ein Träger davon. Peters ließ ihn unter den Voraussetzungen, auf denen jetzt die Expedition beruhte, nicht verfolgen.

Am 10. Februar wurde vor der Residenz des Königs von Wachore Lager bezogen. Der König ließ seinen Besuch durch mehrere Boten ankündigen, und schließlich erschien ein Zug von mehreren hundert Personen, voran Pauken und Flöten, mit Kriegern der Leibgarde, den Lieblingsfrauen des Königs mit teilweise allerliebsten Gesichtern. Voran der König selbst. Er war von gedrungener Gestalt, mittelgroß.

Tembe wurde herangeschleppt. Der

Doktor schenkte Spiegel für die Frauen.[58] Nach zwei Stunden verschwand der Besuch – der König ließ zwei fette Ochsen zurück.

Da ertönte erneuter Lärm von Pauken und Flöten. Ein alter, streng aussehender Neger erschien mit einem ganzen Zug. Er trug ein schneeweißes Hemd, einen goldbestickten Kaftan, blau bordierte Tuchhosen, eine hohe Tiara mit Perlen. Es war Kamanjiro Kaouta, der vom Kabaka Muanga erfolglos zu Jackson um Hilfe gesandt worden war und nun den Wunsch äußerte, Peters nach Uganda zu bringen. Kamanjiro selbst hatte seinen Sitz an der vom Bürgerkrieg verschonten Südwestecke des Victoria Njansa. Der Oberherr seines Landes war zwar ein Gegner Muangas, aber derzeit auf Reisen ... Kamanjiro versprach Boote zu besorgen, um Peters' Kolonne über den Njansa zur ugandischen Hauptstadt Mengo zu bringen ... Peters bat sich Bedenkzeit aus, und der seltsame Gast verschwand. Peters schrieb Briefe an den Kabaka Muanga und die Missionare, die gegen Abend von einigen Leuten Marcos auf den Weg gebracht wurden.

Peters verkündete nun, dass der Marsch zu Emin direkt über Uganda führen müsse. Und Tiedemann sah sich bestätigt: Uganda war ein Maelstrom.

Am 11. Februar marschierte die Expedition zu ihrem Gegenbesuch beim König von Wachore, die Somali in neuen Galaanzügen, eigentlich angefertigt, um den König von Unjoro zu beeindrucken. Voran flatterte die schwarz-weiß-rote Fahne.

Der König empfing die weißen Gäste in seiner Hütte. Er saß in schwarzem Kaftan auf einer mit einem Kissen belegten Matte, rauchte aus einer langen Pfeife und saugte Tembe. Marco dolmetschte während eines längeren Gesprächs. Der Sultan ließ stolz eines seiner Repetiergewehre mit kunstvollem Beschlag kommen, nahm die Patronen heraus und hantierte mit der Waffe herum. Ein Diener brachte schließlich Gewehr und Patronen weg. Tiedemann bat nach einiger Zeit aus Höflichkeit, das Prachtstück noch einmal sehen zu dürfen. Es wurde ihm gebracht, er machte einige Griffe, legte an in Richtung der Tür der Hütte – und krachend löste sich ein Schuss. Die draußen stehende Menge stob auseinander, aber ein schwarzer Körper blieb reglos liegen. Tiedemann, zunächst ganz perplex, blickte fest den König an, der seinerseits recht gefasst seine Gäste musterte. Während draußen Klagegeheul ertönte, ließ sich Peters vernehmen:

„Mein Freund ist sehr traurig, dass er Deinen Mann getötet hat ...“

Sogleich fiel ihm der Sultan ins Wort:

„Was, weswegen traurig? Die Büchse war es, nicht Dein Freund. Frisches Tembe her!“

---

[58] Beigestelltes Bild in: Von Tiedemann (1892), S. 222.

Draußen wurde Sand über die Blutlache gestreut und bald herrschte wenigstens scheinbar die alte Fröhlichkeit. Der aufs Neue herumgereichte Tembehumpen kam Tiedemann gerade recht, die Szene löste sich für ihn in dämmrige Schatten auf. Er hatte, weiß Gott, schon genug Menschenleben auf dem Gewissen – aber ohne Gewissensbisse ... in offenem Kampf ...

Bald darauf erschien auch Kamanjiro wieder. Der Doktor teilte ihm jetzt seinen Entschluss mit, nach Uganda zu gehen. In kleinen Tagesreisen sollte der Njansa erreicht werden, wo Boote bereit gestellt werden sollten, um die Hauptstadt Mengo zu erreichen.

Zurück im Lager schickte der Doktor an den König als Schmerzensgeld für den Getöteten einen schön gestickten Kaftan, der umgehend zurück kam: Was geschehen war, sei Gottes Wille gewesen, den Kaftan könne er nicht annehmen. Daraufhin wurde der Kaftan noch einmal zum König geschickt, ergänzt um einige Kleinigkeiten und mit der Botschaft, der König möge dies als Abschiedsgeschenk betrachten. Er akzeptierte das und revanchierte sich mit reichlich Lebensmitteln.

18. Der Schleier fällt – Stanley mit Emin-Pascha auf dem Weg zur Küste! Neuen Aufgaben in Uganda entgegen!

Der anschließende mehrtägige Marsch unter Marcos Führung verlief frei von Sorge um Verpflegung. Kamanjiro Kaouta gesellte sich zur Kolonne mit großem Orchester, vielen Bewaffneten und 25 Frauen.

Tiedemann bemerkte am Doktor allerdings eine gewisse Unruhe. Als er eines Abends mit ihm zusammensaß, setzte er selbst eine sorgenvolle Mine auf, was dem Doktor Anlass gab, sich zu äußern.

„Herr von Tiedemann, offensichtlich teilen Sie meine Sorgen. Unsere Lage ist doch die, dass wir vor Angriffen des arabischen Elements hier ganz und gar nicht sicher sind. Und Sie haben auch die entsprechende Stimmung unserer Truppe bemerkt. Dem will ich jetzt begegnen. Irgendeinen nächtlichen Angriff würden wir so und so nicht überstehen. Da würde keine Wache, egal welcher Stärke, helfen. Ich werde deshalb statt der bisherigen vier Posten nur noch einen Posten aufziehen lassen. Das wird der Truppe das Gefühl geben, dass wir in Sicherheit sind."

Tiedemann konnte ein Schmunzeln kaum unterdrücken. Und fast hätte er laut gelacht bei der Vorstellung, der Leutnant von Tiedemann würde eine Wachanweisung für den Felddienst ausgeben: Bei drohender Feindberührung nachts keine Lagerwachen aufziehen lassen, um die Moral der Truppe nicht zu gefährden! Müsste er im Casino mal zum Besten geben, falls es dazu noch mal kommen sollte ... Aber der Doktor war tatsächlich unschlagbar, wenn es darum ging, die Leute bei der Stange zu halten.

Am 13. Februar fand sich im Lager in einem Bananenhain eine große Versammlung von Waganda und Wasoga ein. Kamanjiro ließ seine Kapelle aufspielen und führte einen Kriegstanz auf. Als dann der Doktor seinerseits das Herophon aufspielen ließ, war Kamanjiro vor Entzücken schier außer sich. Das Gerät klang allerdings schon recht heiser und wurde Kamanjiro zu Geschenk gemacht, der in Freudengeschrei ausbrach und einen Siegestanz aufführte.

Nachmittags schlenderte Tiedemann durchs Lager, als er Marco mit einem Boten zu Peters' Zelt eilen und darin verschwinden sah. Nach einer Weile erschien

Peters vor seinem Zelt, nahm ein Schreiben aus einem Umschlag, studierte es aufmerksam und verharrte starr reglos wie eine Bildsäule. [59]

Tiedemann näherte sich langsam und trat an Peters heran. Der reichte ihm wortlos das Schreiben. Tiedemann blickte auf den Umschlag: „Dispatcher Henry M. Stanley. To the leader of the english expedition reported to be in Kavirondo." Aus dem Schreiben entnahm er: Unterzeichnet von Stanley und abgegangen am 4. September 1889 von der kirchlichen Mission Makolo am Südende des Victoriasees, wo Stanley mit seiner Expedition, begleitet von Emin Pascha, Casati, 40 Ägyptern und etwa 400 Sudanesen am 28. August angekommen war, um wenige Tage später via Mwapwa an die Küste aufzubrechen.

Tiedemanns erster Gedanke war: Da haben wir's dann doch endlich schwarz auf weiß! ... Aber es war jetzt vor allem

Dr. Peters liest Stanleys Brief.

ein Wort des Trostes für den Doktor angesagt, um den aus seiner Erstarrung zu erlösen. Tiedemann fiel allerdings, wenig passend, nur ein: „Wie viel Leiden, Mühsal und Menschenleben sind vergeblich geopfert worden!"

Endlich kam eine leichte Regung in den Doktor. Er legte den Kopf in den Nacken, schaute gen Himmel und fand die bestimmten Worte: „Nein – nichts war vergeblich! Auf unserem Weg hat man die schwarz-weiß-rote Flagge kennen und die Wadutschi fürchten gelernt." Dann schwieg er, nahm Stanleys Schreiben wieder an sich, schritt in sein Zelt zurück. Offenbar bedurfte er jetzt des Alleinseins.

---

[59]Beigestelltes Bild in: Peters (1891), S. 340.

Tiedemann setzte seinen Spaziergang durchs Lager fort und stellte einige Berechnungen an. Am 28. August, als Stanley mit Emin Pascha und Casati schon in Sicherheit war – das musste um die Zeit gewesen sein, als der Doktor die Gallas das Fürchten vor den Wadutschi gelehrt hatte – Oddobarurova ... Warten auf Rust. Und zur Zeit der Weihnachtsfeier mit den Massai? Da mussten Stanley und Emin schon an der Küste angelangt sein.

Unwillkürlich hatte sich Tiedemann abermals Peters' Zelt genähert und hörte ein kaum unterdrücktes Schluchzen. Vorsichtig zog er sich wieder zurück und strebte seinem eigenen Zelt zu.

Vor seinem Zelt sitzend kam Tiedemann ins Grübeln. Das Absendedatum von Stanleys Brief der 4. September? Hat lange gebraucht bis hierher – über 4 Monate ... Etwas sehr lange ... Und vom Ende August war der vom Doktor kopierte Brief dieses Missionars Mackay an Emin Pascha, der bei Jackson angekommen war und an Emin weiter befördert werden sollte, worauf hin sich Jackson nicht zu Emin, sondern auf Elfenbeinjagd begeben hatte. Warum wohl? Wahrscheinlich, weil gleichzeitig dieser Brief Stanleys bei Jackson angekommen war – wahrscheinlich mit demselben Boten ... Was der Doktor dem Leutnant Tiedemann eben unter die Nase gehalten hatte, war wohl eher eine Kopie dieses Briefes, die der Doktor in Jacksons Station angefertigt hatte und ihm, Tiedemann, nicht wie die Kopie des Briefes von Mackay zur Kenntnis gebracht hatte ... Und wenn nicht die Kopie, dann womöglich das Original selbst, das der Doktor an sich gebracht hatte ... Was mochte in des Doktors Kopf vor sich gegangen sein, nachdem er den Brief Stanleys gelesen hatte? Unverrichteter Dinge über die Tanaroute zurück? Ein sicherer Weg in den Untergang. Auch der Weg nach Südwesten über den Naiwaschasee zur Küste führte durch Massailand ... Um einer sicheren Rückkehr willen sich dem Schutz Jacksons anvertrauen, der bald zur Küste zurück wollte? Das wäre der sichere Weg zurück – aber die Schande wäre für den Doktor nicht zu ertragen gewesen. Niemals! Es blieb nur ein Weg: Vorwärts mit der sinkenden Sonne! ... Getreu der Losung Peters', mit der er von Sansibar nach Usagara aufgebrochen war, um einer vorzeitigen Rückkehr in Schande zu entgehen ... In diesem Falle: Vorwärts nach Wadelai ... und von dort möglicherweise auf der Spur Stanleys über die Westseite des Victoria Njansa ins deutsche Interessengebiet!

Hatte da der Doktor womöglich gefürchtet, der Leutnant Tiedemann ginge ihm von der Fahne, wie es seine Askari am liebsten getan hätten ... Hatte er ihm deshalb die Nachricht vorenthalten? ... Ziemlich kleinlich gedacht vom Doktor ... Und jetzt, wo der Weg direkt nach Uganda hineinging, war es natürlich an der Zeit, das Theater um die Suche nach Emin zu beenden ... Am besten: Schwamm drüber und kein Wort darüber zum Doktor ... und abwarten, bis der seines Geschluchzes überdrüssig würde und wieder nach Leutnant Tiedemanns Gesellschaft verlangte.

Abends war Peters wieder ganz der Alte und weihte Tiedemann in seine weiteren Pläne ein. „Den Brief Stanleys lasse ich selbstverständlich weiter nach Kawirondo zu Jackson gehen. Dass wir selbst uns zu Jackson zurückziehen, was zweifellos bei unserer heruntergekommenen Stärke nächstliegend und möglich wäre, daran habe ich übrigens keine Sekunde gedacht ...“

Peters ließ seine Worte einige Zeit auf Tiedemann wirken, der gemessen nickte, und kam dann recht in Fahrt.

„Zwar hat die Vorsehung unsere Pläne auf den Norden, Wadelei, vereitelt ... Aber sie weist uns jetzt deutlich und unverkennbar nach Südwesten, wo große Kulturinteressen auf dem Spiele stehen. Die Entscheidung zwischen Arabertum und Christentum fällt jetzt nördlich des Victoriasees in Uganda ... Jackson entzieht sich seiner Aufgabe ... Kämpfen werden wir zwar schwerlich können, aber wir sind von der Vorsehung aufgerufen ... Es muss die Diplomatie zur Fortsetzung des Krieges mit anderen Mitteln werden ... Also auf nach Uganda!“

Tiedemann hätte hinzusetzen können, dass es von da – Kulturinteressen hin oder her – schleunigst mit Booten über den Njansa und dann über Mwapwa weiter zur Küste gehen müsste – vielleicht im Juni zu erreichen. Er beschränkte sich aber auf ein von Herzen kommendes ‚Glück auf!‘

Zwei Tage später wurde in der Nähe von Kamanjiros Anwesen im Lande Kayangas – ein Feind Kabaka Muangas zwar, aber glücklicherweise auf Reisen – gelagert. Bei einem Tembefrühschoppen wurde Kamanjiro mit einem Signalhorn beschenkt und geriet dabei fast in Raserei vor Freude. Nachmittags lud er zu einem Familienfest ein und ließ seine Frauen sich im Tanze produzieren: Obszön und darauf angelegt, die Begierden der männlichen Zuschauer zu erregen! Als Gegenmittel und Abkühlung wirkte auf Tiedemann allerdings das infernalische Lärmen des Orchesters. Abends ließen die Wadutschi zum allgemeinen Gaudium einige farbige Raketen steigen. Ein Fackelzug mit anschließender erneuter Tembekneiperei beschloss das Zauberfest.

Beim nächsten Lager trafen als Antwort auf die Briefe des Doktors an Kabaka Muanga und an die Missionare Boten mit der Nachricht ein, die Anhänger Muangas hätten Kalema geschlagen, der sich nach Norden zurückgezogen habe. Und: In Uganda sollen Pest, Pocken und Hungersnot herrschen. Damit hatte sich auf einen Schlag hin die Lage in Uganda völlig zum Besseren verändert – mit oder ohne Pest, Pocken und Hungersnot. Auf jeden Fall würde man jetzt in kein feindlich beherrschtes Land kommen. Vor Freude über die Siegesbotschaft war der Kamanjiro außer sich, brachte das Herophon zum Einsatz und tanzte mit Peters ein artiges pas de deux ...

Über eine von Peters „Reichhard-Ketten" getaufte Hügelformation kam man nahe an eine Bucht des Njansa heran, wo das nächste Lager aufgeschlagen wurde. Eine Botschaft traf ein, dass Kabaka Muangas Residenz abgebrannt sei. Er verfüge nur noch über wenig Pulver und Munition. Peters Expedition solle mit Booten von der Grant-Bucht aus, nachdem der aus dem Napoleongolf abfließenden Nil überquert sei, nach Mengo gebracht werden – außer Esel und Ochsen, die auf dem Landwege nachzuführen seien.

Tiedemann begab sich mit seinem Skizzenbuch zu der südlich vom Lager liegenden Bucht des Sees. Einen recht malerischen Eindruck galt es festzuhalten: Jenseits der Bucht ein schroffes Bergmassiv, der Strand umsäumt von Bananenwald, Fischerboote lagen in Strandnähe. Tiedemann setzte sich nieder, nahm den Prospekt in Ruhe in Augenschein, als unversehens Peters, den er noch im Lager wähnte, an ihn herantrat.

„Raten Sie, Herr von Tiedemann, wo wir unser Lager aufgeschlagen haben!"

„Etwa eine Meile nordöstlich von dem Ort Ukassa, wenn ich nicht irre."

„Schon – aber unser Lagerplatz selbst ist genau der Ort, wo vor nunmehr über 5 Jahren der Bischof Hannington mit den Seinen niedergemacht wurde."

„Erinnert eine Gedenktafel daran?"

„Nein – aber ich habe eine Reihe von Schädeln und Knochen gefunden."

„Gruselig. Und das alles auf Befehl seiner bluthündischen Majestät, des Kabaka Muanga. Sie denken an eine ehrenvolle Bestattung der verbliebenen Reste?"

Peters überging diese Frage.

„Und Hannington war von den Franzosen und Engländern in Uganda eindringlichst gewarnt. Die Waganda haben eine uralte Prophezeiung: Wer von Osten ins Land einmarschiert, will das Land essen und muss es mit dem Tode büßen. Hannington hat die Warnung in den Wind geschlagen ..."

„Der Wind, der Wind ..."

„Nein – ernsthaft jetzt, Herr von Tiedemann: Meine Expedition ist die erste, die von Osten nach Uganda herein marschiert!"

Tiedemann nickte scheinbar beeindruckt ... an sich war die Sache ja bekannt.

„Wie sollte das entsprechend gewürdigt werden? ..."

„Sehen Sie, Herr von Tiedemann, diesen wundervollen Prospekt. Das Bergmassiv jenseits der Bucht, die malerische Bucht selbst."

Schroeder-Berg und Arendt-Bucht.

Tiedemann nahm sein Skizzenbuch zur Hand, während Peters seinen rechten Arm hob und ausstreckte. „Das Bergmassiv taufe ich auf den Namen ‚Schroeder-Berg' und die Bucht auf den Namen ‚Arendt-Bucht'." Nach kurzem, andächtigem Schweigen fasste Peters sich knapp.

„Und nun, Herr von Tiedemann, gehen Sie zu Werke. Ich wäre Ihnen zu Dank verbunden, wenn Sie mir eine Skizze überließen. Ich will Sie nun nicht weiter stören."[60]

Nach weiterem Marsch durch Wildnis und Urwald mit Spuren von Elefanten, Löwen und Büffeln betrank sich Kamanjiro und zog nachts in Fackelbegleitung im Lager umher, kräftig auf seinem Horn blasend – in der Tat ein Danaergeschenk. Tags darauf eröffnete sich der großartige Ausblick über den Napoleongolf des Victoria Njansa, und bald wurde der Nil erreicht, wo die Boote für den Nilübergang bereit lagen.

---

[60] Beigestelltes Bild in: Peters (1891), S. 333.

Tiedemann entwarf einige Skizzen der höchst originellen Fahrzeuge, und Peters unternahm gemeinsam mit ihm eine Probefahrt. Etwa zwei Kilometer breit sei der Nil an dieser Stelle, schätzte Peters. Tiedemann behielt seine Schätzung, 800 Meter Breite, für sich und wurde überrascht gewahr, dass sich der Doktor in dem etwas schwankenden Gefährt plötzlich aufrichtete, die Hände in die Seiten stemmte, sich in die Brust warf und eine feierliche Mine aufsetzte.

„Was noch keinem bis jetzt gelungen ist, hat die kleine deutsche Emin-Pascha-Expedition erreicht. Tana, Baringo, Nil! Mit einigen 60 Mann sind wir durch Gallas und Massai bis an die Ostgrenze Ugandas vorgedrungen. Was das Schicksal auch ferner über uns verhängen mag – auf alle Fälle ist die Ehre gerettet."

Tags darauf, am 20. Februar, wurde der Nil ohne Zwischenfälle von der ganzen Kolonne in anderthalb Stunden anstrengender Arbeit überquert.[61]

Übergang über den Nil. (Zu S. 346.)

Der Marsch wurde fortgesetzt und nach anderthalb Stunden ein Lager bezogen, als plötzlich ein Schuss krachte. Rukua, der erste Diener des Doktors, mit dem Tiedemann manches Jagderlebnis geteilt hatte, wälzte sich in seinem Blut. Er hatte sein geladenes und gespanntes Gewehr an einen Baum gelehnt, es war umgefallen, losgegangen, und die Kugel war neben dem Rückgrat eingedrungen und unter der rechten Achselhöhle wieder ausgetreten. Aus beiden Löchern trat bei jedem Atemzug Blut,

---

[61]Beigestelltes Bild in: Peters (1891), zu S. 346.

Rukuas riesiger Körper zuckte krampfhaft. Tiedemann legte einen Verband an, den er aber wieder abschnitt, da er Schmerzen verursachte. Rukua lebte noch eine Stunde. Sein Grab fand er unter einem Baum, mit einem Steinhügel geziert.

Am nächsten Tag wurde in einem Bananenwald gelagert, zu Füßen die Grant Bay mit Blick auf die unendliche Fläche des Njansa. Es lag allerdings keines der angekündigten Boote da, mit denen die Expedition zur Hauptstadt Mengo gebracht werden sollte. Stattdessen überbrachten Boten von Kabaka Muanga ein Schreiben des englischen Missionars Gordon, dass Muanga dazu einlade, die Hauptstadt schnell auf dem Fußmarsch zu erreichen, wo er mit Peters zusammenzutreffen wünsche. Man sei dabei, die Insel zu verlassen, und habe keine Angst vor der Pest auf dem Festland, denn das sei menschenleer. Und Muanga verspreche, die Expedition per Boot ans Südufer des Sees zu nach Usukama zu befördern.

All right!, vermerkte Tiedemann in seinem Tagebuch und benannte damit aufs Knappste, was der Expedition an Glück widerfahren konnte: Um den See herum in Richtung Küste zu marschieren war bei der jämmerlichen Verfassung, in der sich die Expedition befand, schier unmöglich – der Weg über den See bot die Aussicht auf eine sichere Rückkehr an die Küste. Muangas Versprechen, die Truppe per Booten über den Njansa an dessen südliches Gestade zu expedieren, war wohl als Lockmittel und Belohnung dafür gedacht, dass Peters Muanga zu Hilfe eilte. Dass Muanga keine Boote stellte, mit denen die Expedition seine Hauptstadt Mengo hätte erreichen können, war vielleicht seinem Wunsch zuzuschreiben, vor seinem Volk mit einem martialisch daher marschierenden Verbündeten zu prunken. Möglicherweise brauchte er die Boote zur Zeit auch noch selbst. Für den Fußmarsch hatte Muanga einen Kisuahelidolmetscher und Wegeführer geschickt.

Peters nutzte die Situation, in der er nun selbst in Kontakt mit dem Kabaka Muanga stand, um das bisher cordiale Verhältnis zu Kamanjiro als Muangas Gefolgsmann zu beenden und zu zeigen, wer hier der Herr sei. Er warf ihm vor, gelogen zu haben, als er Tags zuvor mitteilte, Boote lägen bereit. So könne man mit einem Deutschen nicht umgehen.

Als die Expedition stramm weiter marschierte, war Kamanjiro das Tempo zu schnell, und er verlangte, als das nächste Lager bezogen wurde, eine dreitägige Ruhepause einzulegen. Peters schrieb einen Brief in der Sache an den englischen Missionar Gordon, für dessen Beförderung Kamanjiro sorgen sollte. Es kam zu einer lautstarken Auseinandersetzung, und Peters warf Kamanjiro aus dem Lager. Der nahm sein Orchester mit – für Peters die Kriegskapelle, die er sich schon in Usoga von Kamanjiro erbeten hatte, um der Expedition auf ihrem Marsch einen beeindruckenden Auftritt zu sichern. Später kam Kamanjiro samt Kapelle, einem Ochsen und zwei Ziegen als Geschenk zurück. Peters drängte auf sofortige Beförderung des Briefes.

Kamanjiro kam dem nicht nach und ging während der nächsten beiden Marsch-tage mit seiner Kolonne eigene Wege. Das Land, das man durchquerte, war von drei Jahren Krieg gezeichnet. Die Plantagen waren verwildert, überall fanden sich Spuren von Feuer, zerstörte Hütten, nicht selten ein menschliches Skelett am Wege und auch halbverweste Leichname, die pestilenzartige Gerüche aushauchten.

Als man in einem Bananenwald lagerte, stürzte unter dem Donner der Pauken und dem Gekreische der Pfeifen seines Orchesters Kamanjiro auf den Doktor zu und schloss ihn inbrünstig in seine Arme – eine Geste, die ihm nicht mit gleichartiger Vertraulichkeit erwidert wurde, sondern in der Haltung strenger Würde, als gelte es, einem reuigen Sünder Gnade zu gewähren.

Da in zwei Tagen Mengo erreicht werden sollte, meldete Peters in einem Brief an Mr. Gordon seine bevorstehende Ankunft an. Im nächsten Lager traf die Antwort Gordons ein: Die Missionare und Muanga seien nach Mengo zurückgekehrt und bereit, Peters an der Spitze seiner Expedition zu empfangen.

19. PETERS' UGANDA-VERTRAG MIT DEM KABAKA MUANGA

Der Marsch auf die Residenz Muangas ging durch Bananenwälder und verbrannte Felder, vorbei am Grabmal Mtesas, einem riesigen aus Holz und Bambus erbauten Kegel. Dieses Monument war von beiden Kriegsparteien verschont worden. Ein Volkshaufe gab das Geleit bis zu einer als Lagerplatz bestimmten Bananenplantage. Anders als der Perthes'schen Karte zu entnehmen, lag Mengo nicht nahe am Ufer des Njansa, sondern etwa 10 km landeinwärts. Kaum waren die Zelte aufgeschlagen, erschienen in kurzer Abfolge Boten Muangas: Man möge doch gleich zu ihm kommen.

Peters und Tiedemann restaurierten sich etwas. Sechs Somali, die Leibdiener Sadiki und Mku wurden in ihre Prachtgewänder gesteckt, und mit Selek als Fahnenträger voraus marschierten sie, begleitet von einer Menschenmenge mit Gesang, Flöten und Pauken, zur Hofburg Muangas, die auf einem Hügel lag, umgeben von einem mehrere Meter hohen Rohrzaun. Sie durchschritten eine Pforte ins Innere. Ein zentraler Platz war von hunderten Leuten mit Flinten gefüllt, Askari und aufgeputzten Dienern, die hin und her eilten und eine Gasse frei machten zur Königshütte, die nicht größer war als die anderen Hütten - der Palast war abgebrannt. Die Askari präsentierten, Pauken donnerten, Fanfaren schmetterten, eine europäische Trompete wurde geblasen, dazwischen ertönten Wirbel europäischer Trommeln.[62]

Peters und Tiedemann traten durch den niedrigen Eingang der Hütte und standen vor dem Kabaka Muanga, einer imponierenden Erscheinung, deren Gesichtsausdruck nichts von Blutdurst verriet. Nun war er ein Mann der christlichen Partei. Er trug sein Hauskostüm: Ein langes weißes Hemd, einen weißen Turban und ein grauseidenes europäisches Jackett. Er trat den Ankömmlingen entgegen, schüttelte ihnen die Hand, wies ihnen Sitzplätze an und begab sich auf seinen Thron, einen etwas erhöhten Sessel, vor dem ein Teppich lag. Zu seinen Seiten knieten Würdenträger. An seiner linken Seite saß der Katikiro, der Premierminister und Chef der Protestanten. Muanga selbst gehörte zur katholischen Partei. An seiner rechten Seite lehnte, im Talar und mit einem roten Scheitelkäppchen, mit listigem Fuchsgesicht und höflichen Gebärden Père Lourdel wie Mephistopheles hinter Faust. Schließlich erschienen Mr. Gordon und Mr. Walker, die englischen Missionare.

---

[62] Beigestelltes Bild in: Peters (1891), zu S. 358.

Père Lourdel, dicht an des Kabaka Ohr, dolmetschte aus dem Französischen, da Muanga nur unvollkommen des Kisuaheli mächtig war, zwischen Peters und dem Kabaka. Die Unterhaltung beschränkte sich zunächst auf höfliche Phrasen. Peters trat als Sieger über die Massai und die Mangati bei Kawirondo auf, sprach von seinem Geschütz, das er bei den Gallas zurückgelassen habe und das hoffentlich von der zweiten Kolonne nachgeführt werde, damit es dem Kabaka zum Geschenk gemacht werden könne. So lange könne er allerdings nicht verweilen, weil er weiter in die deutsche Kolonie auf der anderen Seite des Sees hinüber müsse. Muanga beschloss die Audienz mit den Worten: „Eine Botschaft an die Küste möchte ich Dir mitgeben, aber davon wollen wir heute nicht sprechen."

Gleich darauf hatte Peters die Missionare in seinem Zelt zu Gast zum Tee. Die Engländer luden bei dieser Gelegenheit zu einem Gegenbesuch in ihrer Station um 4 Uhr nachmittags ein. Als sie sich fortbegaben, blieb Père Lourdel - Supérieur de la mission catholique – und Peters tauschte sich mit ihm über die Lage in Uganda aus.

Père Lourdel war der Meinung, dass Englands Absicht, Uganda unter englisches Protektorat zu stellen, längst nicht erreicht sei, weil Jackson trotz Muangas Bitte nicht zur Hilfe herbeigeeilt sei. Und Muanga selbst wünsche als Nachfolger eines Mtesa, sofern sich das eben vermeiden lasse, sicher kein Protektorat über sein Land. Er wolle nicht, dass die Europäer „sein Land essen". Sein Vater Mtesa habe sich jedem europäischen Herrscher gegenüber als gleichrangig empfunden. Er habe sogar seine

Hand einer englischen Prinzessin angeboten – ein Angebot freilich, das die englischen Missionare nicht weitergeleitet hätten. Mit Peters war sich Père Lourdel einig, dass das Land neutralisiert werden und für Freihandel geöffnet werden sollte gemäß der Kongoakte, statt zu einem englischen Protektorat mit einem englischen Handelsmonopol zu werden.

Peters unterrichtete den Père Lourdel davon, dass er von einem Privatkomitee zu Emin Pascha geschickt worden sei, dem er ähnliche Vorschläge machen wolle. Nach Uganda sei er zwar nicht geschickt worden, habe auch keinen offiziellen deutschen Auftrag. Wenn aber Muanga solche Vorschläge über ihn, Peters, nach Europa gelangen ließe, dann müsste Muanga den europäischen Mächten die Garantie geben, den Sklavenhandel und die Sklavenausfuhr in seinem Lande zu unterdrücken. Damit wäre dann zweifellos auch dem Arabertum und Mohammedanismus in diesem Lande der Todesstoß versetzt.

Der anschließende Tee bei den Engländern war enttäuschend, denn die tranken wirklich nichts als Tee und waren jedem geistigen Getränk abgeneigt. Interessant wurde die Sache, als der Katikiro erschien, der Premierminister und Chef der protestantischen Partei, und den Wunsch des Kabaka überbrachte, Peters' Expedition möge vier Monate im Land bleiben. Peters gab zu verstehen, dass er nicht länger als zwei Wochen bleiben werde und dann Boote nach Ussukuma haben wolle. Für den nächsten Morgen wurde eine weitere Audienz in dieser Sache beim Kabaka anberaumt.

Zurück im Lager weihte Peters Tiedemann in seine weiteren Absichten ein.

„Der Kabaka würde mir gern eine Botschaft an die Küste mitgeben. Ich werde dafür sorgen, dass die Botschaft ein Vertrag ist, dass er Uganda für den Freihandel öffnen will. So bekommen wir Deutschen hier einen Fuß hinein nach Zentralafrika, und ich kann meinem Werk, das mir an der Küste zu vollenden nicht gegönnt wurde, hier die Krone aufsetzen. Dem Einfluss des arabischen Elements in Uganda, der ganz vom Sklavenhandel abhängt, werde ich mit diesem Vertrag den Todesstoß versetzen, insofern sich Muanga verpflichten muss, dem Sklavenhandel entgegenzutreten. Die Araber haben ja allen Grund, gerade aus Uganda Sklaven zu holen. Die Weiber hier sind von ihrer Rasse her viel begehrenswerter als die Negerweiber der Suaheli. Die Botschaft – d.h. den Vertrag – zu überbringen wird er uns Boote über den Njansa stellen, ohne die wir schwerlich lebend ins deutsche Schutzgebiet kämen. Der Versuch, westlich um den See herumzumarschieren, würde mit unserer geschwächten Truppe ins Verderben führen. Muanga wäre freilich ein Schwachkopf, wenn er mir angesichts der Gefahr, dass seine Botschaft in Europa verhallt, seine Boote stellen würde, ohne noch eine andere Gegenleistung dafür zu bekommen. Ich habe da den Gedanken, ihm die Sache als Expedition einer Flottille unter meiner Führung schmackhaft zu machen, welche den westlichen Küstenstreifen des Sees wieder unter die Tributpflicht gegenüber dem Kabaka zwingt."

Peters ließ seine Worte auf Tiedemann wirken, der beeindruckt schwieg, und fuhr fort.

„So klar die Sache sich anhört, so wenig einfach wird sie vollbracht werden können. Sobald die Engländer Wind von der Sache bekommen, was nicht zu umgehen ist, wird die protestantische Partei unter Führung der Engländer das mit allen Mitteln zu verhindern suchen. Man wird uns unter allen möglichen Vorwänden hier möglichst lange zurückzuhalten versuchen – möglichst so lange, bis dann doch dieser Mr. Jackson hierher zu kommen sich bequemt – was zu versäumen er sich zweifellos nicht leisten kann, wenn er erfährt, dass und weshalb ich hier bin. Die nächsten Wochen werden Wochen der Diplomatie sein, um die Sache noch rechtzeitig zur Reife zu bringen ...“

Das zweite Treffen mit Muanga, bei dem Père Lourdel als Dolmetscher und auch die beiden Engländer zugegen waren, dauerte etwa eine halbe Stunde. Die Abreise wurde auf den 15. März festgesetzt, denn bis dahin würde es brauchen, bis der Kabaka die Boote würde beigebracht haben, die seine Untertanen gern versteckten, wenn etwas von einer Aushebung ruchbar wurde. Im Übrigen war Muanga erstaunt, dass zwei so berühmte Krieger wie gewöhnliche Sterbliche vor ihm erschienen und nicht in Uniformen. Dem sollte anlässlich der nächsten Audienz abgeholfen werden, die für den Nachmittag unter Ausschluss der Öffentlichkeit verabredet wurde.

Beim Davongehen erfuhr Tiedemann von Gordon Näheres über Muanga: Früher ein tapferer Jüngling, sei der jetzt im höchsten Grade feige und faul und habe dadurch mehrfach Niederlagen seiner Partei herbeigeführt. Christ sei er nur dem Namen nach, in Wirklichkeit ein wahrer Baalsdiener, erfreue sich nach wie vor der Annehmlichkeiten eines großen Harems. Seine Liebhaberei sei das Schneidern. Allerdings sei er gänzlich in den Händen der Christen. Alle ihn umgebenden Großen seien getauft.

Vor der nachmittäglichen Audienz machte Peters noch einen Besuch bei den Franzosen, die ein zweistöckiges Haus aus Backstein bewohnten, und besprach mit Père Lourdel genauer den zu beratenden Handelsvertrag und auch die Umstände seiner Überbringung nach Europa durch Peters auf dem Wege eines Flottillenkommandos, bei dem Peters Zoll für Muanga eintreiben solle. Bei der anschließenden Audienz in Muangas privater Hütte wurde ein entsprechender Vertrag im Flüsterton beraten. Zum Abendessen kam dann Père Lourdel ins Zelt von Peters, der den Vertrag schriftlich aufsetzte.

Am nächsten Morgen erschienen die Engländer im Lager und legten es Peters nahe, auch dem Katikiro, dem Premierminister des Kabaka, ihrem Mann von der protestantischen Partei, ein Geschenk zu machen. Peters kam zusammen mit Tiedemann dieser Aufforderung nach. Auf dem Rückweg kam Père Lourdel vom König mit dem Vertrag in der Tasche, um mit Peters ins Lager zu gehen. Die Engländer schienen misstrauisch zu werden und Tiedemann lenkte sie mit einem Spaziergang ab.

Später übernahm es Tiedemann, den Vertrag in dreifacher Ausfertigung – Kisuaheli, Kiganda und Kifransa (französich) – in schönster Schrift zu kopieren.

Am nächsten Tag zog Peters mit Père Lourdel, während Tiedemann, wegen Kopfschmerz entschuldigt, im Lager zurück blieb, zu einer Kabinettssitzung des Kabaka, um den Vertrag zu publizieren. Die Katholiken unterschrieben – aber der protestantische Katikiro wollte sich erst mit Gordon und Walker beraten. Der Konflikt war da, insofern der Vertrag in Uganda selbst erst einmal zur staatlichen Anerkennung kommen musste.

Tiedemann faulenzte unterdessen auf der Kintanda, seinem Bett, herum. Nachmittags wurde er kurz von Mr. Gordon besucht. Ansonsten studierte er in Carlyles „Friedrich dem Großen", machte einige Skizzen und kam zum Fazit des Tages: Röchlings Holzstich „Nichts Neues vor Paris" würde das bezeichnende Bild der augenblicklichen Lage geben.

Abends speisten Walker und Gordon bei Peters und sprachen ihm das Recht ab, mit Muanga Verträge zu machen, da der sich schon unter britisches Protektorat gestellt habe.

Peters war nun entschlossen, die Sache zu einer raschen Entscheidung zu bringen. Er schrieb an den Kabaka, die Engländer hätten ihm gesagt, Muanga sei abhängig von der IBEAC und habe kein Recht, Verträge abzuschließen. Er, Peters, würde nun darum bitten, dass auch alle Großen des Landes sich darüber äußern, ob sie Sklaven sein wollen oder ob Muanga noch dasselbe Recht besitze wie sein Vater Mtesa.

Tags darauf unterschrieben sämtliche Großen der katholischen Partei, welche die Mehrzahl im Lande ausmachten, den Vertrag im Hause von Père Lourdel und im Lager von Peters.

Bei einer Staatssitzung unter Beisein aller Großen am folgenden Morgen hatte dann Peters seinen Auftritt: Haben die Engländer die Wahrheit gesagt, dass Muanga die Flagge der IBEAC genommen hat, was soviel bedeute wie ein Protektorat?

Ein Sturm der Entrüstung brach los. Muanga fragte die Engländer, was sie gesagt hätten, und bekam die Antwort, dass er, Muanga, die Flagge der IBEAC genommen habe, und das bedeute so viel wie das Protektorat. Muanga entgegnete, dass er die Flagge bei englischer Hilfe, wieder auf den Thron Mtesas zu kommen, anzunehmen bereit gewesen sei. Aber Jackson habe nur ein Paket mit einer Flagge geschickt, ohne zu Hilfe zu kommen, derer er jetzt nicht mehr bedürfe. Gekommen seien nur die Deutschen. Wenn er sich unter jemanden stelle, dann unter den Kaiser der Deutschen. Aber er wolle bleiben wie Mtesa. Alle könnten kommen – Deutsche, Franzosen, Engländer – , aber keiner solle sein Land essen ... Stürmischer Beifall .... Peters trat noch einmal auf. Er habe gehört, dass im Westen des Victoriasees noch Feinde säßen, die mit Kalema befreundet seien und Tribut schuldeten. Muanga solle Boote geben, und er, Peters, wolle die Leute zwingen, Muangas Herrschaft anzuerkennen.

Der König lachte vor Freude laut und zog sich zurück. Daraufhin machte sich unter Père Lourdels Führung die katholische Partei zu den Häusern Katikiros auf, um dessen Unterschrift unter Drohungen zu erzwingen.

Am Nachmittag erschienen Gordon und Walker bei Peters, eine Metzelei befürchtend, und wollten den Vertrag lesen. Gordon war der Meinung, dass er seine Leute veranlassen solle, den Vertrag zu unterschreiben. Peters gab nun im Bewusstsein seiner Überlegenheit zu verstehen, dass ihm daran nicht unbedingt gelegen sei, denn staatsrechtlich bindend sei nur die Unterschrift des Kabaka, dessen Meinung sie nun erfahren hätten. Im Übrigen bot er den Engländern Schutz an, wenn es zu Übergriffen kommen sollte.

20. TIEDEMANN BEI DEN FRANZÖSISCHEN MISSIONAREN AUF DER SESSEINSEL

Tiedemann hatte, seit er die Kopie des Präliminarvertrages angefertigt hatte, am weiteren diplomatischen Geschehen kaum Anteil und begann sich zu langweilen. Das änderte sich mit einem Schlag, als er eine neue Aufgabe bekam. Der Kabaka wollte seinen Admiral, den Djumba, zum Eintreiben der Boote für Peters' Flottenkommando losschicken, und der Djumba sollte Tiedemann zur katholischen Mission auf den Sesse-Inseln mitnehmen. Vom Doktor bekam Tiedemann den Auftrag, sofort aufzubrechen und das Eintreiben der Boote zu beschleunigen. Tiedemann war überrascht, dass sein Aufenthalt in Mengo eher als gedacht zu Ende sein sollte. Schleierhaft war ihm allerdings, wie er sich seines Auftrags entledigen sollte nach allem, was er von den Verhältnissen, auf die er bisher getroffen war, mitbekommen hatte.

Die Sache nahm einen stockenden Anfang. Als Tiedemann sich mit Hamiri, Sadiki, sechs Schafen als Mundvorrat und persönlichem Gepäck samt Trägern abmarschbereit gemacht hatte, ließ sich der Admiral nicht blicken. Tiedemann ging am nächsten Tag selbst zu Muanga und erwirkte auf recht unhöfliche Art die sofortige Auslieferung des Admirals. In einem zweistündigen Marsch ging es dann zum See, wo einige Boote lagen und vom Djumba beschlagnahmt wurden. Als der die Abfahrt auf den folgenden Tag verschieben wollte, gab Tiedemann ihm einen furchtbaren Backenstreich, so dass er in die Arme der Seinigen zurücktaumelte. Zehn Minuten später ging es dann hinüber zur naheliegenden Insel Bulingogwe. Der Admiral wurde, als das Lager errichtet wurde, dadurch versöhnt, dass Tiedemann ihm eine Hammelkeule anbot.

Am nächsten Tag ging es mit einem größeren Boot mit 25 Ruderern und einem kleinen Boot mit zehn Ruderern weiter zur Insel Mfoh. Die Eindrücke während der Fahrt waren überwältigend: Wenn Böcklin auch einmal statt einer Toteninsel eine Insel der Seligen würde malen wollen, so müsste er nur auf dem Njansa spazieren fahren. Als gegen Abend die Insel erreicht wurde, zogen Nebel auf, aus der Ferne war das Blasen und Schnauben von Flusspferden zu hören. Das Lager auf der Insel wurde in verlassenen Hütten bezogen. Der nächtliche Aufenthalt wurde dann zu einem Martyrium. Legionen von Flöhen und anderem sechsbeinigem Ungeziefer griffen an. Hamiri bekam starkes Fieber.

Die Weiterfahrt zur Insel Buw begann bei herrlichstem Wetter – allerdings mit den Folgen, dass die von der Wasseroberfläche zurückgeworfenen Sonnenstrahlen

Tiedemanns ungeschützte untere Gesichtshälfte verbrannten, so dass die Haut bei jeder Bewegung schmerzte. Dann schlug das Wetter um. Über tintenfarbigem Himmel zuckten Blitze und der Donner rollte unaufhörlich. Auf Buw überfiel ein großer Schwarm Wanderameisen die gemeinsam mit den Schafen in ihren Hütten untergebrachten Träger. Die Schafe tobten wie wahnsinnig, wurden ins Freie gelassen, und zwei Stunden dauerte es, bis die Invasion mit Feuerbränden bekämpft war. Tiedemanns Moskitonetz hielt nicht dicht, so dass er von dem Getier umschwärmt wurde – am schlimmsten war der infame Ton. Hamiris Fieber wurde schlimmer, und er bekam eine tüchtige Menge Chinin. Vom Ufer der Insel aus konnte Tiedemann merkwürdige Schlangenhalsvögel beobachten, alle möglichen Sorten von Reihern und Störchen, auch graue Papageien und Krokodile.

Am nächsten Morgen wurde nach zweistündiger Fahrt in einem Hafen der großen Insel Sesse gelandet. Ein Schauri mit dem dortigen Chef wurde gemacht, der sogleich versprach, bis zum nächsten Tag so viele Boote einzutreiben, wie zu bekommen seien. Die Weiterfahrt wurde durch einen Orkan unterbrochen, wie ihn Tiedemann noch nicht erlebt hatte. Am Nachmittag lief man dann endlich in den Hafen von Sesse ein, von dem es noch eine Stunde strammen Fußmarsches bis zur französischen Missionsstation brauchte. Der Djumba schlug sein Lager etwas entfernt von der Station auf.

Tiedemann fand die Insel über alle Beschreibung schön. Auf der Station lebten drei Missionare. Monseigneur Livinhac, welcher der Station vorstand und seit 18 Jahren in Afrika lebte, war gerade drei Tage zuvor nach Uganda abgereist, würde dort also auch auf Peters treffen. Anwesend waren der Père Chantemerle und ein dienender Bruder. Beide empfingen Tiedemann herzlich und wiesen ihm ein Zimmer in einem geräumigen Haus aus Holz und Rohr zu. Es war das Zimmer Livinhacs. Tiedemann ließ gleich einen Hammel über die Klinge springen, und das Abendessen wurde zu Tiedemanns Freude bei Kerzenlicht eingenommen. Die Expedition war ja mit Beleuchtungsmaterial, über das Reichard in seinen ,Vorschlägen zu einer praktischen Reiseausrüstung' ausführlich handelte, völlig unzureichend ausgestattet. Nur des Doktors Genie hatte hier eine provisorische Abhilfe schaffen können ... Père Chantemerle schenkte Tiedemann einen grauen Papagei. Einer von der Sorte dieser intelligenten Vögel war Tiedemann in Uganda bereits zu einem überhöhten Preis angeboten worden. Ein Träger, ein in Witu gemieteter Sklave, hatte schon im Auftrage seines Besitzers einen Graupapageien zu einem vernünftigen Preis erstanden, um ihn mit nach Witu zu bringen ... Nun hatte Tiedemann endlich auch einen gefiederten Reisebegleiter, den er mit nach Deutschland zu bringen hoffte.

Die Verständigung mit den Brüdern war anfangs nicht leicht, da sie einen für Tiedemann schwer verständlichen Dialekt sprachen. Bald hatte er sich eingelebt, die

Konversation wurde flotter. Allerdings kamen keine der versprochenen Boote. Als Gast des Königs schickte Tiedemann zum nächsten Chef und ließ für sich und seine Leute Essen bringen. Dann schickte er eine Botschaft zum Admiral, dass er ihn zu sehen wünsche. Unterdessen ging er mit Père Chantemerle auf Vogeljagd, abends gab er auf dem Harmonium Choräle zum Besten.

Die Bootsgeschichte zog sich hin: Der Djumba, der Admiral, hatte ihm versprochen, dass alles auf dem besten Wege sei und er sich mit 30 Booten nach Uganda aufmache. Doch dann stellte sich heraus, das nichts an der Geschichte war und der Djumba sich nur auf eine Nachbarinsel abgesetzt hatte. Als der Djumba sich dann endlich bei Tiedemann sehen ließ, versprach er, die Sache in Ordnung zu bringen, und Tiedemann konnte bei Gelegenheit des Treffens für ein altes wollenes Hemd zwei Graupapageien erstehen.

Monseigneur Livinhac kam aus Uganda zurück, und Tiedemann musste wieder sein Zelt beziehen. Monseigneur Livinhac war eine imposante Erscheinung, hatte beste Manieren. Tiedemann kaufte, um seine Leute zu beschäftigen, Kaffeebohnen, ließ sie rösten und mahlen. Hamiri, der sich inzwischen etwas erholt hatte, bekam als besondere Aufgabe, auf die Papageien Acht zu haben. Inzwischen bekam Sadiki starkes Fieber.

Mit Père Chantemerle ging Tiedemann wiederholt zur Jagd. Und nach Tagen der Ungewissheit, wie es mit den Booten stünde, machte sich Tiedemann in einem Boot mit fünf Ruderern zu der Insel auf, auf die der Djumba sich zurückgezogen hatte. Die Überfahrt nahm beinahe ein schlimmes Ende, als ein Sturm aufkam und eine riesige Wasserhose, eine ungeheure Säule, die Wasser und Wolken verband, wie ein böser Geist auf das Boot zukam und es zu erfassen drohte, bevor sie, nur 200 Meter entfernt, donnernd in sich zusammen stürzte. Das Ergebnis der Fahrt war die Nachricht, dass der Djumba mit 38 Booten nach Uganda abgegangen sei. Ob die Nachricht zuverlässig war, blieb ungewiss.

Zurück auf Sesse war Tiedemann wieder auf Jagd oder saß mit Monseigneur Livinhac in dessen Stube, der ihm die Sage von Kintu diktierte, dem ersten König von Uganda. Tiedemann übersetzte gleich ins Deutsche. Weitere Tage gingen dahin, ohne dass der Doktor mit der Flottille erschien.

Spurlos verschwand eines Tages einer von Tiedemanns drei Graupapageien – wahrscheinlich zur Beute einer Wildkatze geworden.

Père Chantemerle[63] wurde plötzlich krank: Hepatitis! Er würde sterben ... Monseigneur Livinhac machte keine Hoffnung, und der Père selbst hegte auch keine: In Afrika wird man gleichgültig gegen den Tod ... Eine Tasse Bouillon, die Tiedemann dem Père zubereitete, gab dieser wieder von sich. Inzwischen verbreitete sich das Gerücht, dass der Djumba wieder auf Ulamba sei, der Doktor aber immer noch in Mengo, da Muanga ihn nicht weglassen wolle, weil Kalema wieder Krieg angefangen habe.

---

[63] Beigestelltes Bild in: Von Tiedemann (1892), S. 251.

21. Verzögerungen in Uganda

Peters schrieb, als seine Verträge mit dem Kabaka geschlossen waren und Tiedemann nach Sesse beordert worden war, sofort einen Bericht über die Vorgänge in Uganda an das deutsche Generalkonsulat in Sansibar, den der Kabaka mit einem Boot nach Usukama gehen ließ.

Mit gleicher Post schickte Peters ein längeres Schreiben an seinen Freund Dr. Otto Arendt. Arendt – Angehöriger des Preußischen Abgeordnetenhauses und der freikonservativen Partei – war als Mitglied des Emin Pascha-Komitees und Herausgeber des „Deutschen Wochenblattes" Peters' Sprachrohr in Deutschland. Es galt, die Verdienste der Expedition ins rechte Licht zu rücken, die es allen englischen Störversuchen zum Trotz auf der Route Tana-Baringo-Nil dazu gebracht habe, dass in Oddobarurova statt des englischen Einflusses nun der deutsche gelte und am Baringo die deutsche Flagge wehe. Zu Emin Pascha vorzudringen, so schrieb er, sei in Wachores Provinz technisch gelöst gewesen. Noch rechtzeitig habe er an der Grenze von Emin Paschas Gebiet von dessen Abzug erfahren, um nach Uganda abzuschwenken ... Das las sich etwas anders als das, was er Tiedemann am 13. Februar vorgespielt hatte, dass nämlich er, Peters, erst von Emin Paschas Abzug erfahren habe, nachdem die Expedition bereits nach Uganda abgeschwenkt war – angeblich um von dort zu Emin Pascha vorzustoßen -, weil ein direkter Durchzug von Wachore aus zu Emins Provinz nicht möglich gewesen sein soll ... Als bedeutendste Leistung seiner Expedition stellte Peters in seinem Schreiben an Arendt heraus, dass der König Muanga von Uganda sich dem englischen Protektorat entzogen habe und dass er, Peters, einen Handels- und Freundschaftsvertrag zurückbringe. Ob er selbst zurückkomme, wisse er nicht, denn er habe die Aufgabe übernommen, für den König den Westen des Victoria-Njansa von Arabern zu säubern und werde danach, falls die Patronen noch reichten, nach Unanjembe im deutschen Interessegebiet marschieren, um sich dort die Stellung des Sklavenhändlers Tippu-Tip anzusehen. Wenn er, Peters, dabei untergehe, solle die deutsche Flagge seine letzte Decke sein, die er bis Uganda getragen habe ...

Peters richtete sich inzwischen in einem eigenen Haus ein, das ihm der Kabaka überlassen hatte. Er machte die Bekanntschaft mit Monseigneur Livinhac, als der von Sesse auf einen Besuch zur katholischen Mission in Menge herüber gekommen war. Msg. Livinhac hatte, wie Peters bemerkte, einen weiten Blick für die großen Wandlungen, die sich in den afrikanischen Dingen vollzogen. Er machte Peters auch mit der Sage über die Geschichte Kintus, des ersten Königs von Uganda bekannt, des Urahns der jetzt herrschenden ugandischen Königsfamilie. Für Peters war die Sage ein Hinweis unter anderen darauf, dass noch in historischer Zeit eine Völkerschaft aus dem Norden nach Uganda eingewandert sein musste. Darauf deuteten auch sprachliche Besonderheiten des Kiganda hin – eine Bantusprache zwar, aber mit eigentümlichem Dialekt. Und schließlich gehörte das lebhafte und temperamentvolle Volk offenbar einer aufsteigenden Rasse an. Es hatte natürlich seine düsteren Züge – heißblütige Rachsucht und brutale Grausamkeit im Bereich des finstersten zentralafrikanischen Despotismus, wovon die Missionare zu berichten wussten: Von unter fürchterlichen Qualen hingemordeten Untertanen, von abgeschnittenen Gliedern Unglücklicher, die vor deren Augen geröstet wurden, bevor sie diese selbst verspeisen mussten. Mit dem Christentum war aber eine Wendung zum Besseren eingetreten. Entsprechend der eigenen, von einem Überlegenheitsgefühl geprägten Natur hatte diese Rasse schnell die Überlegenheit der weißen Rasse begriffen, und entsprechend schnell drang das Christentum durch und mit ihm die Kunst des Lesens und Schreibens – ganz anders als bei den moralisch und geistig verlumpten Völkerschaften an der Küste. Offenbar handelte es sich hier um eine Rasse mit Zukunft. Schon deren Äußeres sprach für sich – allein wenn man sich die Schönheit der Beyma-Mädchen betrachtete: Schlank, feuchte und träumerische Augen und von fast kaukasischem Gesichtsschnitt. Kein Wunder, dass hier die arabischen Sklavenhändler ihre größten Geschäfte gemacht hatten ...

Peters politisches Tagesgeschäft war darauf ausgerichtet, mit der Abschaffung der Sklaverei dem Arabertum und dem Mohammedismus die Grundlage zu entziehen: Proklamierung des Christentums zur Staatsreligion, Staatsanstellungen nur noch von Christen zu bekleiden, Duldung des Heidentums, Todesstrafe für Mohammedismus. Zu Peters' Genugtuung verlor der Kamanjiro Kauta seine Provinz ...

Bei all diesen ins Große weisenden politischen Aktivitäten war die möglichst baldige Abreise über den Njansa ein ganz unmittelbar drängendes Problem, zumal Peters seine Verträge mit dem Kabaka auch zur Station Jacksons hatte schicken lassen. Jacksons baldiges Erscheinen in Uganda war zu befürchten, und es gab Versuche, Peters' Abreise hinauszuzögern: Er, Peters, solle noch hier bleiben, um einen Angriff von Kalema, Muangas Bruder, abzuwehren.

Nicht sicher war Peters sich, was es zu bedeuten hatte, dass man ihm für seine Njansa-Flottillen-Expedition Stephano an die Seite stellen wollte. Der war ein junger Mann ganz nach Peters' Vorstellungen von der aufstrebenden Rasse: Geübt einerseits im Kommando über tausend Leute und andererseits ihm, Peters, sich zu Füßen werfend. Aber dieser Mensch war ein Mann der evangelischen – d.h. der englischen – Partei!

22. FLOTTENEXPEDITION ÜBER DEN VICTORIA NJANSA

Am 29. März, drei Wochen nach Tiedemanns Abreise aus Uganda nach Sesse, stieg dort endlich auch der Doktor an Land, von der Sonne furchtbar zugerichtet. In seinem Gefolge gewahrte Tiedemann den unvermeidlichen Marco. Und was der Doktor zu berichten hatte, war toll anzuhören.

Nein, Kalema hatte keinen Krieg angefangen. Es wurde nur von den Protestanten das Gerücht von einem Angriff gestreut, um ihn, Peters, länger in Mengo zu halten – möglicherweise so lange, bis Jackson auf der Bildfläche erschiene. Das habe den Doktor zwar einige Zeit aufgehalten, aber die Intrige sei noch rechtzeitig geplatzt – dank Gabriels, des Kriegsministers, des einzigen wirklichen Gentleman, den er in Uganda kennen gelernt habe. Und Jackson sei im Anmarsch. Er habe Muanga geschrieben, dass er auf Befehl seiner und der deutschen Regierung Dr. Carl Peters und den Leutnant von Tiedemann zu verhaften habe. Der König solle beide arretieren und im Notfall Gewalt anwenden. Der Negerkönig habe aber eine anständige Gesinnung gezeigt, auf den Brief gespien und ihn zerrissen. Protestanten und Katholiken in Mengo stünden übrigens kurz davor, sich gegenseitig an den Kragen zu gehen,

Als man beim Abendbrot im Refektorium saß, brachte ein Kurier von der Küste für Monseigneur Livinhac die Nachricht, dass er nach Europa zurückbeordert sei. Er teilte weiter mit, dass drei französische Missionare von Usukuma nach Uganda kämen und schon ganz in der Nähe seien. Und der englische Missionar Mackay sei in Usambiro gestorben. M. Livinhac war traurig, weil er nach Europa zurück sollte. Er wisse gar nicht, sagte er, was er dort anfangen solle. Er wollte noch einmal nach Uganda, um dort Abschied zu nehmen und dann nach Nyagesi am Südufer des Sees fahren, um von dort gemeinsam mit Peters' Expedition weiter zur Küste zu marschieren. Peters und Tiedemann durften sich bei diesem Zusammentreffen mehrerer völlig unvorhersehbarer Umstände als Figuren in einem abenteuerlichen Bühnenstück fühlen.

Anschließend saßen beide im Zelt zusammen. Der Tod Mackays in Usambiro, meinte Peters, müsste der englischen Partei in Uganda den Todesstoß versetzen. Und dann kam er auf das weitere eigene Vorgehen zu sprechen.

„Der Premier Muangas von der protestantischen Partei hat mir übrigens Stephano als Beauftragten für Belange der Bootsexpedition und als Kurier mit Briefen nach Usambiro zur englischen Missionsstation mitgegeben. Ich weiß nicht, ob von der Seite noch irgendwelche Intrigen geplant sind. Unter den neuen Umständen werde ich ihm noch mal ganz deutlich sagen, dass ich Chef der Flottillen-Expedition bin und sonst niemand – auch nicht der Kabaka Nugula."

„Kabaka – der König – Nugula?", fragte Tiedemann erstaunt.

„Das ist hier so üblich: Für die Dauer eines Unternehmens auf dem Njansa ist er Stellvertreter des Kabaka Muanga und nennt sich Kabaka. Was aber diesen Stephano anbelangt: Dem werde ich androhen, ihn bei geringstem Verdacht in Ketten legen und auspeitschen zu lassen. Für Wohlverhalten werde ich ihm reiche Belohnung versprechen. Aber Wachsamkeit ist in jedem Fall geboten. Als ich mit einigen Booten voraus in Bulingugwe angekommen war und mein Zelt aufgeschlagen hatte, machten sich plötzlich alle Boote davon. Das war die Situation, in der mir die Gefahr bewusst wurde, irgendwo einsam abgesetzt und dem Verderben überlassen zu werden. Erst am nächsten Tag geruhten die Boote gegenüber der Insel wieder zu erscheinen, wollten allerdings nicht herüber kommen. Glücklicherweise war auch Père Lourdel unversehens auf der Insel erschienen und klärte mit beherztem Eingreifen die Lage."

„Père Lourdel als Mann kühner Tat?"

„Lourdel schwamm herüber, schnappte sich ein kleines Boot – und da folgten ihm all die anderen. Es war, wie sich herausstellte, einfach die impertinente Faulheit der Rudermannschaften, die sie abhielt, so früh aufzubrechen, wie ich es gewohnt bin. Die beiden größten Boote, das eine zu 30, das andere zu 26 Ruderern habe ich übrigens für uns ausgesucht ... Was nun die vor uns liegende Njansa-Expedition anbelangt: Wir gehen mit 32 Booten voraus, und der Kabaka Nugula wird mit noch 70 größeren und kleineren Booten folgen. Unsere Vorausflottille wird das Muanga tributpflichtige Land Uziba an der Westküste zur Räson bringen, der nachfolgende Nugula den Tribut einsammeln und zurück nach Uganda gehen, während wir noch weiter bis zur französischen Missionsstation Niagezi fahren. Diese an einem Creek gelegene Station hat übrigens Père Lourdel für Flüchtlinge aus Uganda anlegen lassen. Verwaltet wird sie von der den Creek etwas aufwärts gelegenen Station Ukumbi. Und wir werden dort, das ist ja nun die ganz neue Situation, noch auf Monseigneur Livinhac selbst warten müssen, der offensichtlich mit uns zusammen den Marsch zur Küste machen will. Zweifellos wird uns das den Vorteil bringen, auf der Station aufs Liebenswürdigste aufgenommen zu werden."

Zwei Tage später brach Peters mit den 32 Booten seines Teils der Flottille auf.[64] Für den noch nachkommenden Nugula ließ er den Befehl zurück, sich mit ihm in Ba'ale an der Westküste des Sees zu vereinigen. Tiedemann verabschiedete sich vom sterbenden Père Chantemerle, der ihn segnete. Tiedemann küsste ihm Hand und Mund.

---

[64] Beigestelltes Bild in: Peters (1891), zu S. 422.

Gleich am ersten Tag auf dem See und bei schwerem Wellengang kamen Peters und Tiedemann auf einem segelkutterartigen Boot die drei angekündigten katholischen Missionare entgegen. Peters fuhr mit seinem Boot längsseits, gab sich als Führer der deutschen Emin-Pascha-Expedition zu erkennen und erfuhr, dass man sie an der Küste bereits als von Massai vernichtet betrachtete. Er fragte nach Nachrichten über Araber an der Westküste des Sees, wohin er jetzt gehe. Die Missionare wussten nichts, denn aus Angst vor den Arabern hatten sie immer nur auf Inseln gelagert. Als Tiedemann längsseits kam, riefen die Missionare ihm zu, ob es nach Hause gehe. Er rief, wenig einfühlsam, zurück: „Natürlich, was denken Sie denn anders, von Afrika haben wir gerade genug.“

Auf dem Victoriasee. (Zu S. 422.)

Bald darauf wurde Ba'ale erreicht, und am folgenden Tag – das Wetter war schön – beschloss Peters, die Ankunft Nugulas nicht abzuwarten, sondern noch eine kleine Tour voraus bis zum Küstenort Dümo zu fahren, der sich als verödetes Dorf erwies. Irgendein Treffen mit Eingeborenen war hier nicht zu erwarten. Tiedemann hatte seine Freude daran, mit welcher Gewissenhaftigkeit Hamiri sich der Papageien annahm. Er fragte nach Erlaubnis zum Spazierengehen – rukhsa ku tembea – und folgte wie eine Spreewälder Amme den beiden dahinstolpernden Schützlingen in einen Bananenhain. Bis in die Nacht saßen Peters und Tiedemann noch unterm

170

Mondschein zusammen. Tiedemann wollte nicht glauben, dass der Doktor allein des schönen Wetters und einer angenehmen Fahrt auf dem See Ba'ale hinter sich gelassen habe.

„Nun sind wir dem befohlenen Treffpunkt Ba'ale schon voraus ...“

„Ganz recht – und was meinen Sie, weshalb?“

„Wir wollen möglichst schnell zum südlichen Gestade des Njansa gelangen und ziehen den Nugola, wenn wir voraneilen, gleichsam nach. Den Hang des Gesindels zum faulen Ausruhen kennen wir ja ... Recht so?“

„Nicht ganz. Nach wie vor muss ich einer Intrige des Gelumpes in Mengo gewärtig sein. Von Mengo aus sollte ich gegen Kalema ziehen, was glücklich vermieden wurde. Mich nähme es nicht Wunder, wenn irgendeine Nachricht aus der Residenz in Mengo auf den Weg gebracht würde, dass jetzt noch irgendwo im Hinterland irgendeines Nestes hier am Seeufer irgendein unbotmäßiges Völkchen zu bekriegen sei. Wenn so eine Nachricht in Ba'ale eintreffen sollte, sind wir schon über alle Berge – will meinen über alle Wellen. Und morgen, gegen Mittag, werden wir schon bei Sangu sein, danach dann auf der Insel Tabaliro, wo wir Hongo einzutreiben haben ...“

Bei Sangu traf abends ein Teil des Geschwaders Nugulas unter Paukenschall ein. Am nächsten Morgen ging Peters mit seiner Flottille gleich voraus und landete um 2 Uhr auf der Insel Tabaliro, die zu dem aufsässigen Land Uziba gehörte. Die Bewohner waren eine ganz verrückte Gesellschaft von auffallend schwarzer Haut. Tiedemann bemerkte, dass der Gesichtsschnitt nichts Negerartiges an sich hatte, wenig prognath war und dem hamitischer Völker ähnelte. Die Männer waren mit Mantillen aus Gräsern und Bastfasern gekleidet, waren bewaffnet mit Pfeil und Bogen, Wurfspeeren ohne Eisenspitzen und Äxten. Jeder trug eine Tabakspfeife mit sich. Bei den Weibern reichte das gräsern-bastene Kleid bis zu den Füßen – sie glichen wandelnden Reisigbesen. Das Benehmen der Leute war vor der geringen Anzahl der Ankömmlinge völlig respektlos. Der Doktor trat allerdings in gewohnt forscher Weise auf, verlangte den rückständigen Tribut zu zahlen und ordnete seiner Truppe an, sich in einer Bananenplantage einzuquartieren.

Bald allerdings wurde von einem der Eingeborenen, der heimlich ins Lager geschlichen kam, gemeldet, dass seine Stammesgenossen einen Überfall beabsichtigten. Deshalb zog man rasch an den Strand, wo die Verteidigungsmöglichkeit besser war. Aber ein Angriff blieb aus. Hatten die Halunken etwa gar keinen Angriff geplant und nur mit einer plumpen Lüge ihre Bananenplantage von den ungebetenen Gästen frei halten wollen?

Um 3 Uhr erschien dann das gesamte Geschwader Nugulas – 94 Boote mit an die 2000 Mann, mehr also als angekündigt – unter dem Donner unzähliger Pauken. Die Mziba waren jetzt plötzlich sehr gefügig und brachten Essen herbei. Der Strand war abends von vielen Feuern erleuchtet. Im Laufe des nächsten Morgens kam Nugula mit den Ältesten des Stammes herbei und berichtete, dass die Waziba sich Muanga unterworfen hätten und den Tribut bezahlen wollten. Er sei bereit, das Eintreiben selbst zu übernehmen. Und die tributpflichtigen Häuptlinge auf dem gegenüberliegenden Festland wären schon geflüchtet.

Am folgenden Tag versuchte Peters drei Mal vergeblich, mit seiner Flottille voraus Tabaliro hinter sich zu lassen. Der See war zu unruhig, die Hitze unerträglich, dann kam es zu einem schrecklichen Unwetter – und endlich kühlte die Luft ab. Abends gegen 8 Uhr, bei Mondschein, brach Peters mit seinen 32 Booten auf. Nachts um 2 Uhr landete er mit seiner Flottille an einer Stelle Makongo am Festland. Gleich ging wieder ein Gewitter mit Orkan und Wolkenbruch los. Tiedemanns Zelt wurde fast vom Sturm umgerissen, Regen peitschte herein, die Papageien kreischten. Und morgens gab es keinen warmen Kaffee, weil das Boot mit dem Koch noch nicht angekommen war.

Ein Bote sollte zurückgehen, der Tags zuvor mit Briefen, die noch nicht eingesehen werden konnten, angekommen war. Der eine war vom nunmehr zum Superintendenten de Mission d' Alger ernannten Leon Livinhac gezeichnet und an den „Bien cher Docteur" gerichtet. Er vermeldete den Tod Père Chantemerles und gab eine aus Sansibar eingetroffene Nachricht weiter, dass die Karawane Stanley-Emin Ende November glücklich dort angekommen sei. Livinhac versprach dem bien cher Docteur und seinen Leuten eine bequeme Unterkunft in Nyagesi und gab der Hoffnung Ausdruck, dass Peters' Aufenthalt dort die von den wenigen Arabern aufgereizte Bevölkerung gesitteter mache und er, Livinhac, sich selbst auf ein baldiges Wiedersehen und eine gemeinsame Reise an die Küste freue.

Tiedemann nutzte die Gelegenheit, dem zurück gehenden Boten einen Brief an Jackson in Uganda mitzugeben, in dem er als preußischer Offizier seine Zweifel äußerte, ob Jacksons Aufführung in Uganda mit der Ehre eines Gentleman vereinbar wäre, und stellte in Aussicht, ihn an einem geeigneteren Platz für sein Betragen verantwortlich zu machen. Tiedemann las dem Doktor den Brief vor, der zustimmend schmunzelte, dann aber eine ernstere Mine aufsetzte:

„Es gibt da noch einen anderen Brief an mich von Père Lourdel im Auftrag des Kabaka Muanga. Muanga bittet mich, nach Westen durch das Land Mtatembos, eines der tributpflichtigen Häuptlinge, der geflohen ist, zu ziehen, um die Leute dort in Furcht zu versetzen, die Hauptstadt Mtatembos zu verbrennen und seine Söhne an seine Stelle zu setzen."

„Schön, wenn sich Muangas Gegner davon gemacht haben. Aber dahin zu ziehen, die Hauptstadt abzubrennen könnte für uns auch Krieg bedeuten …"

„Eben. Und das können wir uns durchaus nicht leisten. Was Livinhac, wenn auch in sehr milden Worten, über die Umtriebe der Araber mitteilt und von uns erwartet, versetzt mich in einige Sorge. Was wir an Munition noch übrig haben, müssen wir bis Nyagesi zusammenhalten. Bei gerade einmal 40 Schuss für jedes unserer Repetiergewehre ist Zurückhaltung angebracht. Aber wie stehe ich vor Seiner Majestät, dem Kabaka Muanga da, der mich um Hilfe bittet?"

„Der gute Muanga wird offensichtlich ein Problem haben ..."

„Eben. Nämlich das Problem, dass seine Post uns zu spät erreicht hat. Wir müssten wieder kehrt machen, um seiner Bitte nachzukommen. Das schließt unser Auftrag, den Hongo im Lande Uziba, das vor uns liegt, einzutreiben aus. Die Sache läge allerdings anders, wenn die Nachricht Père Lourdels mich schon in Sesse erreicht hätte. Nun liegt sie aber mal so, dass wir Muanga in diesem Falle nicht helfen können ... Und warum sollten wir uns für fremde Interessen einsetzen?"

Das nächste Lager wurde an der Küste bei Bukoba im Lande der Uziba aufgeschlagen, wo es wieder Hongo einzutreiben galt. Die Bewohner zeigten sich als harmlos, aber aufdringlich und neugierig wie die Affen. Als Tiedemann, einem Naturbedürfnis folgend, hinter einen Busch ging, folgten ihm Männlein und Weiblein, standen ernst und würdig um ihn herum und sahen zu.

Peters schickte Stephano in Begleitung von Soldaten zum Sultan. Der schickte abends ein sehr gutes Heschima – ein Geschenk – : Ziegen, Eier, Hühner, Tembe, Heuschrecken und zwei Ochsen. Der Doktor revanchierte sich mit Geschenken. Am folgenden Tag erschien der Sultan selbst und versprach, den Tribut zu zahlen, sobald Nugula mit seinen Booten käme. Da auf den folgenden Stationen das Essen spärlich sein sollte, schickte der Häuptling noch einmal drei Ochsen, eine Menge Heuschrecken und Bananen. Die Ochsen wurden gleich geschlachtet und verteilt.

Abends, bei Vollmond, saßen Peters und Tiedemann noch lange vor des Doktors Zelt zusammen. Die Stimmung war fast besinnlich: Es war Ostersonntag. Die Gedanken richteten sich auf die Heimat.

„Die Zeiten, Herr von Tiedemann, in denen wir mit dem Leben abgeschlossen hatten, sind längst vorbei. Ich hoffe und bin ganz sicher, dass wir wieder an die Küste und nach Hause kommen. Was ich als Kommandeur der Njansa-Expedition zur Tributeintreibung als Auftrag übernommen habe, ist getan. Mag nur Nugula noch kommen und hier das Seinige tun – da sind wir schon längst in Richtung Nyagesi unterwegs."

„Und das alles ohne jede Gewaltanwendung und ohne einen einzigen Schuss abgegeben zu haben ...."

Gewalt hatte Peters nur einmal anwenden müssen – als er nämlich am Morgen des Tages zuvor hatte feststellen müssen, dass sein Leibdiener Mku ein halbes Huhn, das Peters bei seiner letzten Abendmahlzeit übrig gelassen hatte, verzehrt und die Stirn besessen hatte zu behaupten, Peters selbst habe es bereits gegessen. Das war offenbar eine Notlüge und als solche im Kantischen Sinne als Beginn sittlicher Zersetzung zu begreifen. Eine Züchtigung war unausweichlich – in Gestalt des Gebrauchs der Nilpferdpeitsche, die seit einiger Zeit recht wenig zu tun bekommen hatte. 25 Peitschenhiebe belehrten Mku, dass die Wahrheit der Lüge allemal im Leben vorzuziehen sei.

Für Peters war der Auftrag des Hongo-Eintreibens beendet, und er steuerte nun mit seiner Flottille von 33 Booten mit immer noch 800 bis 900 Mann ohne Nugulas Geschwader im Schlepptau Nyagesi entgegen. Die Fahrt bis dorthin dauerte noch eine ganze Woche. Sturm, Regen und Sonnenhitze wechselten einander ab. Gegen die Verbrennung durch Sonnenstrahlen schützte eine Filzmütze unterm Tropenhelm mit einem doppelten Schleier aus Drillichzeug, was so etwa das Bild einer Vogelscheuche ergab. Gegen die heftigen Wellenspritzer bei stürmischer Fahrt schützte bei sitzender Position im Bug ein übergeworfenes Fell.

Tiedemann vermerkte in seinem Tagebuch Beobachtungen zur Geologie und zur Fauna und Flora der angelaufenen Inseln, die mal bewohnt und mal unbewohnt, mal mit und mal ohne Moskitos waren. Als Knabe hatte er in Stanleys Buch „Durch den dunklen Erdteil" vom Schreckenstag gelesen, den Stanley auf der Insel Bumbideh erlebt hatte – von den Eingeborenen an den Ohren aus seinem Boot gezogen und fast totgeschlagen. Jetzt war von den Eingeborenen nichts zu hören und zu sehen, sie hatten sich aus dem Staub gemacht.

Die Bootsleute mussten während der letzten Tage der Fahrt, als die mitgeführte Nahrung bereits knapp wurde, bisweilen energisch angetrieben werden, um ohne Verzug das versorgungssichere Nyagesi zu erreichen. Als Tiedemann sich einmal genötigt sah, mit einem Holzscheit, das gerade zur Hand war, Prügel auszuteilen, hob ein großer, wildblickender Sessemann sein Ruder gegen ihn. Sadiki schrie entsetzt „Allah!", und Tiedemann legte mit dem Holzscheit nach, so dass der Widerborstige sich unter der Ruderbank wiederfand. Das half zwar etwas, aber eine freudigere Einstellung der Bootsleute zu ihrer Arbeit wurde dadurch auch nicht erreicht. Noch am Tag vor Erreichen Nyagesis starb Tiedemann einer seiner grauen Papageien – jetzt blieb ihm nur noch eines dieser Geschöpfe.

23. Auf der französichen Missionsstation am Njansa

Am 12. April, nach 30 Tagen Njansa-Expedition, liefen gegen 7 Uhr abends die ersten Boote mit Teilen der Emin-Pascha-Expedition die französische Missionsstation Nyagesi im Smith-Sund am Ufer des Landes Ussukama an. 20 Boote waren noch als Nachzügler zu erwarten.

Auf der Station Nyagesi befanden sich drei Missionare. Vom Monseigneur Livinhacs auf die Gäste vorbereitet, verhielten sie sich tatsächlich sehr liebenswürdig. Überraschenderweise sprach der Monseigneur Hirth deutsch – wenn auch mit elsässischem Akzent etwas schwer verständlich. Peters und Tiedemann bekamen in einem zweigeschossigen Backsteinbau des recht ansehnlichen Anwesens, das von einem Garten und Getreidefeldern umgeben war, je ein Zimmer zugeteilt. Tiedemann verging fast vor Rührung, als er nach langer Zeit einmal wieder aus europäischem Getreide gebackenes Brot zu essen bekam, Gemüse, Käse – und aus Bananen destillierten Schnaps. Der aufmerksame Père Gouillaud, dem Tiedemanns Zuneigung zu seinem grauen Papagei nicht verborgen geblieben war, schenkte Tiedemann zwei recht bunte Papageien – scheu, aber sehr bissig, wie Tiedemann nach längerer Beschäftigung mit ihnen herausfand.

Am nächsten Morgen, nachdem er in aller Frühe am Gottesdienst teilgenommen hatte, zog Peters sich für längere Zeit auf sein Zimmer zurück. Er fand eine kleine Bibliothek vor, ging einige angestaubte Zeitschriften durch – und war entsetzt über das, was er zu lesen bekam: Bismarck hatte, wovon Peters seinerzeit nichts erfahren hatte, seiner Expedition den Durchzug durch Witu verboten! Das mochte sogar das verrückte Ansinnen des Mr. Jackson, ihn in Uganda verhaften zu lassen, begründet haben. Welch ein Empfang würde ihm an der Küste bereitet werden? Nach einigem Überlegen legte er sein Schreibzeug bereit und ließ Tiedemann zu sich rufen, um ihn mit der Situation bekannt zu machen.

„Ich habe hier in der Bibliothek eine Reihe von deutschen und französischen Zeitschriften gefunden. Die neusten vom vergangenen August. Ganz entstellte Berichte über meine Landung in der Kwaihubucht. An der Küste mag man unsere Expedition inzwischen für gescheitert und uns für tot halten, aber wenn wir dort wider Erwarten lebend aufkreuzen, ist es ungewiss, wie man uns empfangen wird. Deshalb bin ich jetzt dabei, einen Bericht über die Expedition zu verfassen und nach Deutschland gehen zu lassen, um das Unternehmen in das ihm gebührende Licht zu rücken. Sobald ich damit fertig bin, lasse ich den Bericht von zweien unserer Träger als Eilboten an die Küste gehen. Eine Gelegenheit auch für persönliche Post an die Angehörigen ...."

Peters endete seine Rede, als ein Lärm am Ufer des Creeks entstand: Die noch zu erwartenden 20 Boote trafen endlich ein. Peters musste sich erst einmal um die Nachzügler und deren Unterbringung in Häusern der Mission kümmern. Am Abend teilte er noch Zeugstoffe aus, mit dem sich die Mannschaft ausreichend Nahrung eintauschen konnte.

Am nächsten Morgen machte Père Gouillaud fotografische Aufnahmen von Truppe und Lager und übergab Peters die unentwickelten Platten. Anschließend nahm Peters Tiedemann zur Seite.

„Ich werde heute mit dem Gros der Truppe am Creek aufwärts zur Hauptstation nach Ukumbi marschieren. Etwa 3 Stunden Wegstrecke. Livinhac erwartet, dass ich noch etwas gegen das arabische Element in der Gegend unternehme, das noch nicht die deutsche Oberhoheit anerkannt hat. Ein bewaffnetes Vorgehen kann ich mir allerdings nicht leisten – allein vom verbliebenen Munitionsvorrat her gesehen ... und wer weiß, was uns auf dem Weg zur Küste noch begegnet. Statt dessen werde ich im Dorf des Sultans von Ukumbi die deutsche Flagge hissen ... Das sichtbare Zeichen einer Herrschaft, von der die auch in dieser Gegend umherschweifenden Massai mit Schrecken zu berichten wissen. Und dann befindet sich in Ukumbi noch die Niederlassung des Mr. Stokes, wo sich etliches finden wird, was die Moral unserer Truppe zu heben verspricht. Sie können nachmittags per Boot folgen und sind dann bei der Flaggenhissung dabei."

Monseigneur Hirth ritt per Esel nach Ukumbi voran. Peters folgte mit seiner Truppe und schickte von dort zwei Träger mit seinem Bericht und Briefen von sich und Tiedemann nach Deutschland zur Küste. In Ukumbi lebten neben Moseigneur Hirth, der sich geöhnlich dort aufhielt, der Père Hauttecoeur und ein dienender Bruder, der schwer krank an Dysenterie darniederlag.

Tiedemanns Aufmerksamkeit wurde in Ukumbi[65] weniger von der Missionsstation in Anspruchruch genommen als vielmehr vom Warenlager des Mr. Stokes. Hier fanden sich all die Tauschartikel der verunglückten Meyerschen Expedition. Tauschartikel, die Hans Meyer hatte zurücklassen müssen, als er seine Expedition zum Kilimandscharo wegen der Buschiri-Rebellion hatte abbrechen müssen, als ihm die Träger davonliefen. Lauter fantastisches Zeug, das sich Tiedemann stundenlang ansah, um dabei fast zum Kind zu werden: Bilderbücher, Hampelmänner, Harmoni-

---

65 Beigestelltes Bild (nächste Seite) nach einer Fotografie gezeichnet von W. Kunert. In:
Franz Stuhlmann (1894), S. 106.

kas, Tischservice, Handschuhkästen aus Seidenplüsch, Stereoskope etc. Dazu Papier-
kragen der Firma Mey & Edlich! Die Wirklichkeit hatte Tiedemann wieder, als
abends ein starkes Gewitter niederging, Unmassen von Moskitos angriffen und eine
Wanzenart, fast so groß wie Haselnüsse, ein unangenehmes Gefühl der Bedrohung
verbreitete: Ein Wanzenbiss sollte eine dicke bläuliche Geschwulst hinterlassen.

Abb. 37. Katholische Missionsstation Bukúmbi. Im Hintergrunde die
Felsgruppen Ussukúmas; im Hofe Eucalyptus.

Wenig gewürdigt wurde in Tiedemanns Tagebuch der Hoheitsakt am nächsten Tag:
„Um 10 Uhr marschieren Mgr. Hirth, der Doktor und ich nach dem Dorfe Ukumbi,
mit uns die Somali und die deutsche Flagge, die unter mehreren Gewehrsalven gehisst wird. Der Häuptling, ein alter freundlicher Mann, empfängt grinsend einige
Geschenke und verspricht anständiges Betragen.“

Auf der Missionsstation waren unterdessen Nachrichten aus Mwapwa in der
Landschaft Usogo eingelaufen, etwa 6 Wochen Marsch von Ukumbi entfernt und
etwa zwei Drittel des Weges von Ukumbi zur Küste. Dort sollte jetzt eine starke
Besatzung der deutschen Schutztruppe liegen. Und es wurde erzählt, dass Buschiri
aufgehängt worden sei – Buschiri, wegen dessen Rebellion die Expedition mit großer
Verzögerung den unsäglichen Weg über die Tana-Route hatte nehmen müssen. Der
Weg zur Küste war damit sicher – es fehlte bloß noch die Ankunft Livinhacs, der mit
der Kolonne marschieren wollte.

Da in Ukumbi wenig Platz war, machte sich Tiedemann per Fußmarsch mit seinen sieben Sachen wieder auf nach Nyagesi. Monseigneur Hirth blieb in Ukumbi. Tiedemann hielt täglich mit dem Krimstecher vom Dach seiner Unterkunft Ausschau, die Ankunft Msgr. Livinhacs erwartend, und teilte sich ansonsten seine Zeit mit Essen, Schlafen, Harmoniumspielen, Tändeln mit seinem Papagei, Pfeife- und Zigarrenrauchen ein. Zwischen ihm und Peters wurde die Verbindung über Briefboten unterhalten. Nach einigen Tagen beorderte der Doktor auch alle Träger nach Ukumbi, so dass Tiedemann nur noch seine privaten Diener und die Träger für sein persönliches Gepäck und seinen Graupapagei bei sich hatte.

Peters genoss auf der Missionsstation Ukumbi mehrere unbeschwerte Tage. Allerhand Geschichten kursierten – etwa dass Stanley auf seinem Weg mit Emin Pascha zur Küste mit seinem Maxim-Maschinengeschütz in Nera – gut zwei Tagesmärsche entfernt – ein regelrechtes Massaker veranstaltet habe. Und Peters hatte Zeit, weitere Berichte zu schreiben, lesend sich zu erbauen, und er konnte sich seinen Gedanken über die Willenswelt und das anschauende Weltenauge im Sinne Schopenhauers hingeben. Auch an den katholischen Gottesdiensten nahm er unter Harmoniumklängen und den lateinischen Hymnen der Missionskinder in der weihrauchgeschwängerten Kapelle teil und wurde dabei von heftigen Gefühlen der Wehmut und des Mitleids mit sich selbst durchdrungen. Vor seine Seele traten das leidenschaftliche Ringen und die Kämpfe der letzten Monate, nur mühevoll unterdrückte er ein krampfhaftes Schluchzen.

Als er außer den Askari auch alle Träger in Ukumbi zusammen hatte, bekam er Gelegenheit, nach den durchgestandenen Abenteuern für das Selbstgefühl der in Ukumbi versammelten Mannschaft zu sorgen. Per Scheck auf Sansibar kaufte er bei der Missionsstation Zeug ein, das er erstmals als regelmäßige Poscho – Lohn – an die Männer verteilte, die sich mit diesen Mitteln nun bei der eingeborenen Bevölkerung versorgen konnten. Bisweilen musste Peters die Flusspferdpeitsche sprechen lassen, um seinen Leuten klar zu machen, dass sie tatsächlich zu bezahlen hatten, denn sie hatten es hier mit deutschen Untertanen und Schutzgenossen zu tun. Und Peters' Leute bekamen auch Zugang zu den Sklavinnen der Stokes'schen Niederlassung. Die Männer putzten sich auf, und der Biertopf wurde bei Tag und Nacht nicht alle. Ums Feuer gelagert erzählten sie den staunenden Eingeborenen Geschichten von Massai und Waganda.

Inzwischen setzte die Regenzeit mit voller Kraft ein. Von Monseigneur Livinhac traf immer noch keine Nachricht ein. Unter der Truppe riss eine Reihe von Erkrankungen ein, ein Träger starb an Lungenentzündung, und Peters bekam die Nachricht, dass Tiedemann ein heftiges Fieber niedergeworfen habe.

Zu einem Unglücksfall kam es, als zwei seiner Männer im nahegelegenen Creek badeten. Einer von ihnen, der Trägerälteste Musa aus Daressalam, einer der Stanleyschen Unsterblichen, der Stanleys Expedition ins Innere Afrikas mitgemacht hatte, wurde von einem herbeischwimmenden Krokodil gepackt und in die Tiefe gezogen.[66] Peters wurde gerufen. Zu spät! Er vermochte mit seiner Flinte das Tier, das mit seinem Opfer verschwunden blieb, nicht mehr zu bestrafen und konnte nur noch ein striktes Badeverbot für die Truppe erteilen.

Als Peters die Nachricht erhielt, dass Tiedemann womöglich an Hepatitis leide, machte er sich zu einem Krankenbesuch auf.

Tiedemann hatte nach einer Woche in Nyagesi plötzlich starkes Fieber bekommen, sich ins Bett gelegt und angefangen zu phantasieren. Erst zwei Tage später war er wieder bei vollem Bewusstsein und fand Père Gouillaud neben seinem Bett sitzend, der ihn über seinen Zustand aufklärte: Zum Glück keine Hepatitis! Als Peters zu Besuch erschien, erholte sich Tiedemann etwas und betrachtete sich im Spiegel: Die Augen gelb und eingefallen, die Gesichtsfarbe bräunlich-grün.

Er ging mit zur Jagd auf einen Löwen, der aus der Herde der Station einen Hammel geholt hatte und um die Station schlich, und musste feststellen, dass seine Nerven kaum mitspielten. Ohne Fieber ängstigte ihn sein geistiger Zustand: Er fürchtete, auf dem bestem Wege zu sein, verrückt oder zumindest tiefsinnig zu werden, redete konfuses Zeug, hatte Träume, in denen das Harmonium und sein grauer Papagei eine Rolle spielten.

Peters zog nach einigen Tagen wieder nach Ukumbi, und auch Père Gouillaud, der am nächsten Tag gegen Mittag wieder zurück sein wollte, ging mit. Tiedemann hatte sich in Erwartung der Rückkunft des Père Zigaretten rauchend auf seinem Klappstuhl niedergelassen. Auf dem unteren Gestell saß wie gewöhnlich sein grauer Papagei, der sonst an seinem Bett saß oder ihm nachlief wie ein Hund. Plötzlich riss

---

[66] Beigestelltes Bild in: Von Tiedemann (1892), S. 274.

das Band des Stuhls, er klappte unter Tiedemanns Gewicht zusammen, und der kleine Kerl war zerquetscht. „Auch mein letzter grauer Papagei ist tot – jetzt habe ich nichts mehr, worüber ich mich freuen kann", schrieb Tiedemann in sein Tagebuch. Tiedemann bekam am nächsten Tag erneut einen Fieberanfall, und aus Ukumbi traf die Nachricht ein, dass nun der Doktor schwer an Malaria erkrankt sei, heftig deliriere und der dienende Bruder in Ukumbi seinem Leiden erlegen sei. Starke Dosen Opium und Vomitive, verabreicht von Père Gouillaud, halfen Tiedemann über die nächsten Tage.

Endlich traf eine Nachricht des Doktors nebst einer Flasche Cognac, Keksen und zwei Papageien ein: „Weiteres Warten auf M. Livinhac unmöglich. Abmarsch aus Fieberloch nächsten Mittwoch. Mit uns 100 Wassukama und deren Viehherden zum Verkauf in Bagamoyo unter meinem Schutz. Drei Ukumbi aus Mr. Stokes Dienst unter Führung Salims aus Pagani als Wegeführer und zur Vermittlung von Beziehungen zu Eingeborenen. Aus Stokes Magazin 11 Flaschen Cognac, Biskuits, zwei Lasten Reis. Zwölf Träger angeheuert: Es gibt für Sie zu tun!"

Peters schien wieder auf den Beinen zu sein. Endlich heraus aus der Mordgrube! Die letzte Nacht in Nyagesi blieb Tiedemann nur in dunkler Erinnerung. Er war mit Fieber ins Bett gegangen und sah einen Menschen sich über ihn her machen, der ihm die Kehle zusammendrückte. Als er wieder etwas Luft bekam, brüllte er, schrie um Hilfe und bekam seinen Revolver in die Hände, mit dem er sechs Schuss auf seinen Gegner abfeuerte. Als Tiedemanns Diener Sadiki ins Zimmer stürzte, fand er Tiedemann neben seinem zertrümmerten Bett liegend, mit dem Revolver in der Hand. Nach diesem Kampf, der Krisis des Fiebers, schlief Tiedemann ruhig.

Am Tage des Abschieds fiel im Hof der Mission ein Schuss, und ein Missionsjunge lag blutend am Boden. Ein anderer hatte unvorsichtig mit einer geladenen Büchse hantiert und ihm eine Ladung gehacktes Blei in den Rücken gejagt. Tiedemann zog ihm die Bleistücke mit einer Pinzette heraus, wusch mit Carbolwasser die Wunden aus, streute Wundpulver darüber, ließ eine Trage bauen und den Verletzten zur Pflege nach Ukumbi schleppen. Er selbst folgte zu Esel, seinen Leuten voran und traf auf den ihm entgegenkommenden Peters. Beide lachten, als sie sich gegenseitig beschauten. Tiedemann bemerkte:

„Schwerebrett, was für Gesichter! Es ist ein wahres Glück, dass keine europäischen Damen in der Nähe sind. Wir müssten unser Leben lang Junggesellen bleiben."

Peters lächelte, nahm dann einen bestimmteren Gesichtsausdruck an.

„Richten wir den Blick erst einmal bis zur Küste! Die Ernährung bis dorthin ist vollständig geregelt. Für nija stokesi – Stokes' Weg – haben wir Wegeführer, welche die Wasserverhältnisse des Landes kennen. Und wir marschieren durch deutsche Interessensphäre. Nach zwei Tagesmärschen werden wir in Nera zwei Esel zur Marscherleichterung zugeführt bekommen, die ich bereits gekauft habe. Verglichen mit den Anstrengungen in den wüsten Steppen im Norden werden wir den Weg zur Küste wie Ballettmädchen dahintanzen."

24. Der Marsch ins Land Ugogo und Krieg mit den Wagogo

Der Abmarsch am 8. Mai verzögerte sich um Stunden, da es bis zur Mittagszeit in Strömen regnete. Endlich wurde das Trompetensignal zum Aufbruch gegeben, und unter Trommelschlag setzte sich die Kolonne in gewohnter Marschordnung in Bewegung, voran die deutsche Flagge – nur noch in Fetzen zwar, aber immer noch zu erkennen. Tiedemann bekam mit seiner Rhinozerospeitsche viel zu tun, um die Neuzugänge unter den Trägern an die Marschordnung zu gewöhnen: Ballettunterricht!

Die nächsten Marschtage führten durch morastiges Gebiet, Tiedemanns und des Doktors Stiefel blieben in zähem Lehm stecken. Der durch den Regen stark angeschwollene kleine Fluss Makoko konnte auch nach mehreren Versuchen nicht durchwatet werden. Als auf einem trockenen Hügel gelagert wurde, notierte Tiedemann in seinem Tagebuch: „Ich bin überanstrengt, bekomme gegen Abend wieder Fieber und schlafe trotz reichlichen Morphiums nicht eine Minute. Ich bin keineswegs mehr mein altes Ich; meine ganze Constitution hat einen Stoß erhalten, und die früher eisernen Nerven fangen an zu rosten."

In Nera bekamen Peters und Tiedemann ihre zugesagten Esel. Tiedemanns Esel war allerdings noch niemals geritten worden und gebärdete sich wie rasend, als Hussein ihn probierte. Auf den weiteren Märschen wurde Tiedemann von Fieberfrost geschüttelt. Nachts hatte er verrückte Halluzinationen. Er hatte wieder einmal in Carlyles „Leben Friedrichs des Großen" gelesen, und während des Fiebers erschienen ihm einige der Helden. Nach erhöhter Morphiumdosis marschierte Tiedemann im Rausch. Im Tagebuch hielt er fest: „Die Beine fliegen nur so, als ob sie mir nicht gehörten; Bäume, Felder, Menschen, Alles tanzt in drehendem Wirbel um mich herum; ich habe fortwährend Gelüste, Grimassen zu schneiden, dabei furchtbaren, nicht zu stillenden Durst."

In den nächsten Tagen machten die Eingeborenen um das Dorf Zekke – die Wazekke – Ärger. Mit Geschrei, Geheul und trillerndem Gekreisch tauchten sie mit geschwungenen Waffen ringsherum im hohen Grase auf. Die Träger wurden unruhig. Ein Nachzügler kam herbeigeeilt und berichtete, dass ihm ein Speer am Kopf vorbei gesaust sei. Tiedemann blieb stehen, legte drohend seine Büchse an: Höhnisches Gekreisch und Getriller! Jetzt ließ es Tiedemann krachen. Die Wirkung konnte er wegen des hohen Grases nicht feststellen. Vorn schoss der Doktor mehrmals. Der Lärm verstummte, und der Marsch ging weiter.

Bei Tiedemann stellte sich ein neues Übel ein. Die vielen Vomitive, Purgative, Opium, Morphium und Chloralhydrat hatten seinem Magen arg zugesetzt. Im Tagebuch notierte er: „In der Nacht habe ich wieder solche Schmerzen, dass ich genötigt bin, in der Position eines Trauerengels, die Arme über den Knien verschränkt, den Kopf auf die Knie gelegt, stundenlang im Bett aufzusitzen."

Schließlich bekam auch der Doktor, der sich schon ganz sicher gefühlt hatte, wieder einen Fieberanfall. Im Lager bei dem Dorf Sai erfuhren Tiedemann und Peters, dass die Wazzeke drei oder vier Mann verloren hatten.

Nach 10 Marschtagen beschloss Peters, Stokes' weiter nach Süden führenden Weg zu verlassen und auf eine unbekannte Route nach Südosten abzuschwenken, um auf diesem Wege das Land Ugogo zu erreichen. Dadurch wurde der Weg verkürzt und gleichzeitig das gefährliche Arabernest Tabora vermieden. Als man sich dem Dorf Ketelessa näherte, wurde zum Erstaunen der Ankömmlinge dort die deutsche Flagge gehisst, und der entgegen kommende Häuptling Ketelessa erwies sich als Freund der Deutschen, der zur Zeit des Aufstandes mit gegen Buschiri gefochten hatte. Wegeführer für die Route, welche zum Teil durch unbewohnte Steppe führte, konnte er nicht stellen, aber er verwies auf Spuren und Lagerplätze seiner Karawanen.

Beim Weitermarsch brach plötzlich wieder Tiedemanns Dysenterie aus, die er sich im Massailand geholt hatte. Er musste auf seiner Bettstelle von vier stämmigen Wassakuma getragen werden. Der Marsch führte nicht nur durch Steppe, sondern auch durch Sümpfe, die mit dem Gedanken an gefräßige Krokodile nur schwer zu überwinden waren. Nach vier Tagen traf man wieder auf Menschen: Wa-iramba, vor denen man auf der Hut sein musste. Mit einem Häuptling ließ sich Freundschaft schließen, und er erhielt die deutsche Flagge. Bei einem weiteren Versuch der Kontaktaufnahme stellte sich die Schwierigkeit ein, dass die Hoheiten samt Hofstaat zu betrunken für Verhandlungen waren.

Vier Tage verbrachte man bei der Sultanin von Ussule, mit deren Prinzgemahl Tiedemann Verhandlungen aufnahm, während der Doktor mit Fieber darniederlag. Die Sultanin bat am Ende um die deutsche Flagge, was der Doktor gewährte. Drei Somali gaben zur feierlichen Hissung drei Salven ab. Als der Doktor zum Weitermarsch wieder einigermaßen hergestellt war, traf es wiederum Tiedemann, der sich hinter der Karawane her schleppen ließ. Die Steppe bot mit einigen verwilderten Feldern und verbrannten Dörfern, welche umherschweifende Massai hinterlassen hatten, einen trostlosen Anblick. Nach drei Wochen auf dem Wege der Abkürzung war man im Lande Ugogo angekommen.

Die Wagogo im Lande Ugogo galten als unverschämtes, räuberisches Gesindel. Wie die Massai forderten sie von Durchreisenden Hongo. Die Expedition konnte keinen Tribut zahlen, und für Kämpfe standen die Aussichten mit bloß noch einigen dreißig Mann und keiner Munition für die Vorderlader der Träger schlecht.

Es brauchte nicht lange, bis sich die Situation zuspitzte. Als man ein Lager bezogen hatte, erschien ganz respektlos ein angetrunkener Mgogo, der sich nur durch Anwendung von Knüppeln vertreiben ließ. Daraufhin erhob sich ringsum Kriegsgeschrei. Träger, die aus der Steppe Wasser ins Lager brachten, wurden von Wagogo verfolgt. Der Doktor streckte einen von ihnen mit der Büchse zu Boden und verwundete einen anderen. Die Wagogo ließen sich daraufhin auf Verhandlungen ein und bekamen vom Doktor zu hören, dass er sie in Ruhe lassen wolle, wenn sie ihn in Ruhe ließen. Unterdessen wurde der letzte Rest Eisendraht in Stücke zersägt und als Munition für die Vorderlader an die Träger verteilt. Nachts blieb es ruhig.

Der Weitermarsch durch die Steppe wurde von hunderten bewaffneter Wagogo unter deren Geschrei begleitet. Als sie den Weg versperrten und Hongo fordern, zeigte der Doktor auf seine Büchse. Der Pfad wurde freigegeben und in der Nähe eines Dorfes auf einer Anhöhe das Lager bezogen.

Der Doktor schickte eine Botschaft an den Häuptling Makenge, ob der Krieg oder Frieden wolle. Währenddessen kamen von einer an die 1000 Meter entfernt lagernden Wanyamesikarawane, die etwa 1000 Mann stark war, zur Küste marschieren wollte und noch mit den Wagogo über Zoll verhandelte, Klagen über Gewalttätigkeiten der Wagogo. Mit der Karawane, die sich bisher den Wagogo nicht widersetzt hatte, wurde ein Bündnis abgeschlossen.

Als der Doktor und Tiedemann sich zu Tisch setzten, gab der Doktor Anweisungen für einen bevorstehenden Kampf. Bald darauf erschienen die Boten des Häuptlings und berichteten, dass Häuptling Makenge Frieden wolle, und gleich darauf krachten Schüsse, und es ertönte das Geschrei der eigenen Leute: „Bunduki, bunduki, wa na kuja Wa-gogo!" – an die Gewehre, die Wagogo kommen. Sofort stürzten Peters und Tiedemann hinaus. Die Wagogo hatten sich durch Maisfelder, die das Lager umgaben, herangeschlichen. Zur Abwehr wurden Feuerbrände in die Maisfelder geworfen.

Die eigenen Leute sammelten sich rasch und warfen sich mit Hurra dem anstürmenden Feind entgegen.[67] Tiedemann war mit seinen 25 Leuten entgegen dem Schlachtplan dabei, so dass das Lager zunächst völlig entblößt war. Gerade noch rechtzeitig zog er sich zum Lager zurück und konnte, nachdem er die anstürmenden Wagogo in die Flucht geschlagen hatte, von einem Feldstuhl aus mit einer Tasse

---

[67] Beigestelltes Bild in: Peters (1891), Vollbild zu S. 500.

Kaffee das Scharmützel, das sich um das Lager herum abspielte, entspannt beobachten.

Peters schwärmte mit seinen Leuten ins umliegende Land der Wagogo aus, stürmte ihnen voran. Als einziger, der noch über hinreichend Munition verfügte, musste er von seiner Waffe besonders ausgiebigen Gebrauch machen. Seine Doppelbüchse wurde fast zu heiß, um sie noch halten zu können. Er ging gegen Dörfer der Wagogo vor, die er plündern und in Brand stecken ließ – insgesamt zwölf. Das machte einige Schwierigkeiten, weil die Hütten aus schlecht brennbarem Material – Lehm und Kuhdünger – bestanden. Äxte mussten das Zerstörungswerk vollenden. Als deutlich wurde, wer Sieger im Kampf werden würde, griffen auch die Waniamesi ins Geschehen ein. Eine stattliche Herde Vieh konnte zusammengetrieben werden. Hirten, die nicht flohen, wurden niedergemacht. Bei Sonnenuntergang erschien Peters unter lautem Siegesgesang seiner Leute wieder im Lager. In seinem Zelt, noch erregt von der vorangegangenen Anspannung, tat er einen kräftigen Schluck Cognac und löschte seinen Durst mit Wasser. Gleichzeitig empfand er eine eigentümliche Schwere in seinem Kopf vom vielen Laufen in der Sonne.

Angriff und Niederwerfung der Wagogo. (Zu S. 500.)

Im Lager hob eine fröhliche Viehschlachterei an, während eine zahlreiche Gesandtschaft zu Makenge ging, ob der nun Frieden haben und seinerseits Tribut zahlen wolle. Makenge schickte sofort einen großen von drei Mann getragenen Elefantenzahn, versprach für den nächsten Tag Vieh und erklärte sich zu einem Freund der

Deutschen. „Im Ganzen war das heute ein genialer Tag", vermerkte Tiedemann in seinem Tagebuch.

Am nächsten Morgen brachten die Wagogo 38 Ochsen und eine Anzahl Kleinvieh. Nach ihren Angaben hatten sie 50 Mann verloren und baten um Abreise der Deutschen. Der Weitermarsch wurde allerdings noch verschoben, weil sich der Doktor nach der Anstrengung des Vortages ziemlich schlecht befand. Er klagte über rheumatische Schmerzen, Kopfweh und Taubheit.

Für den Weitermarsch musste auch für den Doktor eine Tragbare angefertigt werden. Die Kolonne traf mit der Wanyamwesi-Karawane zusammen – einem ungeheuren Schwarm von Männern, Weibern, Kindern, ungezähltem Vieh und einer großen Anzahl von Trommlern: die reine Völkerwanderung. Eine Abordnung an den Doktor hatte diesen gebeten, ihr Führer zu sein. Verlassen waren die Wagogo-Dörfer, die man passierte. Ugogo zeigte sich als ein hässliches Land: Flach wie ein Teller, dürr und staubig, außer seltenen krüppligen Mimosen nur zahlreiche Dornengewächse.

Am nächsten Tag, bei dem Dorf Ungombe, traf man auf eine ungeheure arabische Elfenbeinkarawane, die weit aus Zentralafrika kam und nach Irangi wollte. Einige Tage marschierten die Expedition, die Wanyamesi-Karawane und die Elfenbeinkarawane der Araber zusammen – nach Tiedemanns Schätzung zwei- bis dreitausend Mann. „Der Doktor hat den Oberbefehl über den ganzen Troß", notierte Tiedemann in seinem Tagebuch. Nachts ertönte aus dem arabischen Lager ein schauerliches, tierisches Gebrüll. Sadiki, Tiedemanns Diener, erzählte seinem Herrn, dass das Zentralafrikaner seien, die durch Haschisch-Rauchen in einen Zustand der Ekstase versetzt worden seien und mit schäumendem Mund, auf der Erde liegend, diese furchtbaren Töne von sich gäben.

25. Das Treffen mit Emin Pascha in Mwapwa

Bei Musanga traf man auf eine entgegenkommende arabische Karawane, die unter deutscher Flagge wanderte und ins Innere zog. Von ihr kam eine unglaubliche Nachricht: Emin Pascha, der vor einigen Monaten mit Stanley an die Küste gekommen war und lange krank gelegen habe, sei wieder auf dem Rückmarsch ins Innere! Er führe bei sich zwei Kanonen, 100 Askari, hunderte von Trägern und hätte Vieh wie Sand. Er lagere jetzt schon mehrere Wochen in Mwapwa, wo Bana Bilo befehlige. Viele Weiße seien dort, und Mwapwa sei sehr stark befestigt. – Der Mann schien nicht zu lügen. Bana Bilo: Bülow – ein Jahrgangskamerad Tiedemanns auf der Kadettenakademie! Bülow – der Bruder der Freiin von Bülow! Aber was will Emin im Innern? Aufklärung konnte nach einem Parforce-Marsch in drei Tagen in Mwapwa erwartet werden.

Vor Mwapwa eilte Peters der Kolonne weit voraus, aber auch Tiedemann beschleunigte den Marsch und sah endlich auf der Spitze eines Hügels das Fort Mwapwa, auf dessen beiden Türmen die deutsche Flagge flatterte.[68] „Das große Haus der Deutschen", brachen Sadiki und Hamiri, wie immer hinter Tiedemann, in einen Freudenschrei aus.

Drei Reiter kamen entgegen. Einer, auf einem Reitesel, war Bülow, ein anderer, auf einem Ochsen, der Proviantmeister Janke, mit dem Tiedemann auf seiner Reise mit der „Oriental" eine Kabine geteilt hatte, und der Dritte, auf einem Esel, wurde als

---

[68] Das ‚Fort' ist auf dem beigestellten Bild die ‚Station Mpwapwa im Jahre 1890', gez. von W. Kuhnert nach einer Fotografie von Franz Stuhlmann. In: Franz Stuhlmann, 1894, Abb. 14, S. 41.

Leutnant Langheld von der Expedition Emin Paschas vorgestellt. Nur mit Mühe konnte Tiedemann einen stürmischen Freudenausbruch unterdrücken. Bülow ließ Tiedemann auf seinem Esel aufsitzen, schritt nebenher und nahm als erster das Wort.

„Bismarck ist zurückgetreten."

Tiedemann verschlug es für einige Zeit die Sprache, und er schwieg auch weiter, als Bülow weiter informierte:

„Caprivi ist Bismarcks Nachfolger."

Als Tiedemann sich endlich besann, dass er nicht sprachlos bleiben konnte, kam er auf's Nächstliegendste – auf das, was ihn hierher getrieben hatte:

„Was macht Emin Pascha bei Dir in Mwapwa?"

„Hat sich an der Küste von Stanley getrennt ... Deutschland ist wohl sein gelobtes Land. Hat eine Art Schutzbrief unseres Kaisers erhalten. Beim Lesen hat er aus lauter Freude das Gleichgewicht verloren: Sturz aus einem Fenster ... Schwer lädiert ... Jetzt ist er wieder hergestellt ... Macht sich zum Abmarsch ins Innere bereit. Als Reichskommissar für's Binnenland ..."

„Und was ist aus der Kolonne Rust geworden?"

„Schon am unteren Tana gescheitert ... fast alle Tauschwaren einem Feuer zum Opfer gefallen ... Rust, schwer erkrankt ... Borchert hat ihn da rausgeholt ... ist dann selbst noch den Tana aufwärts bis zum Von-der-Heydt-Haus ... Galla in Odobarurova feindlich ... musste wieder zurück ... ist dann Stanley und Emin-Pascha entgegen und hat sie mit zur Küste geleitet ..."

Tiedemann versuchte sich von der Geschichte eine Vorstellung zu machen und wollte nach weiteren Umständen fragen, als Bülow einen Arm ausstreckte:

„In dem großen Zelt im Zeltlager links neben dem Fort ... "

„Ich sehe ..."

„Da ist schon dein Doktor beim Pascha. Die werden sich in den nächsten Tagen einiges zu erzählen haben ... Zu Emin Paschas Truppe gehört übrigens auch der Dr. Stuhlmann, seit mehr als zwei Jahren als Zoologe in Deutschost ... hat während des Aufstandes auch freiwillig Kriegsdienst geleistet ... im Gefecht mit einer Kugel belohnt ... jetzt wieder genesen und auf Vermittlung des Reichskommissars, Major Wissmann, bei Emin."

Als Tiedemann zögernd Emin Paschas Zelt betrat, schritt ihm ein freundlicher kleiner Herr mit schwarzem Backenbart, Brille und tiefdurchfurchtem gelbbraunem Gesicht entgegen, fasste Tiedemanns Hände und schüttelt sie kräftig, sagte Liebenswürdiges und drückte Tiedemann auf einen Stuhl.[69]

---

[69] Beigestellte Bild in: Von Tiedemann (1892), S. 305.

„Trinken Sie Sekt?!"

„Ja!"

„Rauchen Sie auch?!"

„Ja!"

„Zigaretten oder Zigarren?!"

„Zigaretten!"

Emin Pascha steckte ihm vier Pakete mit feinsten ägyptischen Zigaretten zu, und Tiedemann blickte auf ein großes Glas Schaumwein, das vor ihm stand. Hatte er eine Fieberhalluzination? Emin Pascha saß ihm gegenüber, und er, Tiedemann, vermochte nichts weiter zu sagen als „Prost!"

Der Rest der Begegnung an diesem Tag verwirrte sich ihm, denn es gab noch Portwein, Chartreuse, Sherry, Whisky und Bordeaux. Auch Flaschenbier. Später saß man noch in  der Messe des Forts – 14 Weiße: So viele hatte Tiedemann lange nicht mehr auf einem Haufen gesehen. Sauber gekleidete Boys trugen auf, Pfropfen knallten, Gläser klangen. Dazwischen fröhliches Reden in deutscher Sprache und ab und zu ein donnerndes vielstimmiges Hoch. Für die Nacht waren der Doktor und Tiedemann in Zimmern des Forts untergebracht.

Am folgenden Tag traf Tiedemann Emin Pascha damit beschäftigt, kleine, ausgestopfte Vögel zu sortieren, und bekam von ihm Strümpfe, Parfüm, ein Paar Schlafschuhe, eine Haarbürste, eine Nagelschere und andere Utensilien geschenkt, die ihm wieder zu einem zivilisierten Zustand verhelfen sollten. Er revanchierte sich seinerseits mit einem Paar ungebrauchter Stiefel, das er noch mit sich führte. Tatsächlich war er mit einem einzigen Paar Stiefel von seinem Schumacher Priestab in Berlin – er sei gelobt! – von der Küste bis über den Baringo-See hinaus marschiert. Von Emin Pascha bat er sich noch ein kleines schriftliches Andenken aus und nahm dankend ein kleines Kärtchen in Empfang:

„Herrn A. von Tiedemann zur freundlichen Erinnerung und mit der dringenden Bitte um seine Mitarbeiterschaft in der Sache Deutsch-Afrikas und – wenn es nicht unbescheiden – baldiger Rückkehr. Mwapwa 20.6.90. In herzlicher Dankbarkeit Dr. Emin Pascha."

Peters versorgte Emin Pascha vor dessen Aufbruch ins Innere Afrikas mit Informationen vor allem über die Zustände in Uganda. Zu einem Fototermin versammelten sich die Herren von Tiedemann, Janke, Emin Pascha, Dr. Stuhlmann, Peters, Leutnant Langheld und von Bülow.

Nach vier Tagen Aufenthalt in Mwapwa ging es ans Abschiednehmen von Emin Pascha.

Zusammentreffen zwischen Peters und Emin Pascha in Mpapua.
Juni 1890
Von links: v. Tiedemann, Janke, Emin Pascha, Dr. Stuhlmann, Peters, Lt. Langheld, v. Bülow

Foto Scherl-Bilderdienst. In: Peters, Gesammelte Schriften, Bd. 2. S. 32.

26. Durchs Land Usagara und Aufenthalt in der Missionsstation Mrogoro

Tiedemann hatte von Bülow einen kleinen Reitochsen geschenkt bekommen, der sich auf dem weiteren Marsch vorzüglich bewährte. Bald ging es ins Land Usagara – neben Kikuyu das schönste Land, das Tiedemann in Afrika gesehen hatte. Und Tiedemann war erstaunt, wie materiell man wird, wenn man einige Zeit in der Wildnis gehaust hat: Ein Bote brachte eines Tages eine Nachricht von der Küste, dass der Expedition sieben Lasten mit allerhand Leckereien entgegen geschickt würden, und der Doktor las den beigefügten Brief mit pathetisch melodischem Tonfall vor und Tiedemann lauschte andachtsvoll: Sekt, Cognak, eingemachte Wurst, Kaviar, Hummer, Puten, Schnepfen, Hasenbraten, Pickles, Jams etc.

Nach sechs Marschtagen wurde das Dorf Farhani mit dessen Missionsstation Longa in der Nähe erreicht. Im Dorf wurden der Doktor und Tiedemann von einem ehrwürdig weißbärtigen Araber, Bana Hassani, zu einem Mittagessen eingeladen. Der Doktor und Tiedemann zogen dann weiter zur Missionsstation, um dort noch den nächsten Tag zu bleiben. Die Kolonne zog nach und lagerte in dem Dorf unterhalb der Station.

Am Tage des Abmarsches, einem Sonntag, setzte sich die Kolonne um 10 Uhr in Bewegung, während der Doktor und Tiedemann die Absicht hatten, erst um 1 Uhr nach dem Mittagessen zu folgen. Beide wohnten vorher dem Gottesdienst bei. Die Kirche war schön ausgestattet, für die weißen Zuhörer waren Bänke aufgestellt und für die schwarzen Zöglinge Matten ausgebreitet. Tiedemann ließ sich still in einer Ecke nieder und winkte Sadiki und Hamiri, die ihm unaufgefordert gefolgt waren, Plätze zu. Die beiden kauerten sich nieder und hörten die wundersame Geschichte von dem Erlöser, der sein Leben für die Menschen dahingegeben hat. Die Klänge eines Harmoniums durchbrausten das Gotteshaus, begleitet vom Gesang der schwarzen Gemeinde. Tiedemann war tief gerührt. In seinem Tagebuch vermerkte er: „Mich ergreift ein Gefühl unendlicher Wehmut. Die harte Kruste, mit der sich das Herz umgeben hat in dieser Zeit der Krankheit und Leiden, voll Gefahren und Todesnot – die harte Kruste schmilzt; ich schlage die Hände vor das Gesicht und weine bitterlich."

Nach dem anschließenden Mittagessen fühlte Tiedemann plötzlich wieder sein Fieber kommen. Schnell verabredete er mit Peters: Der Doktor marschiert weiter und erwartet Tiedemann in der Station Mrogoro – drei Tagesmärsche entfernt. Gleich darauf lag Tiedemann klappernd trotz mehrerer wollener Decken auf dem Bett im Zimmer Pater Hornes. Nach zwei Stunden trat das Hitzestadium ein, Tiedemann nahm Vomitive und Purgative und erleichterte sich aus allen Leibesöffnungen. Spät abends endlich begann er zu transpirieren. Vier Mal war er so durchnässt, dass er, auf Rat Pater Hornes, seine Wäsche wechseln musste. Es war der stärkste, aber kürzeste Anfall, den Tiedemann gehabt hatte.

Am nächsten Tag fühlte er sich zwar schwach, aber frisch und brach abends mit seinen beiden Boys und sechs Trägern zu einem Nachtmarsch auf, bei dem ein französisch sprechender Zögling als Wegeführer diente. Auf dem weiteren Marsch bekam er wieder einen Fieberanfall und blieb einen ganzen Tag in der Steppe liegen. Auf dem Weitermarsch stieß er um Mitternacht auf das Lager einer Abteilung der Schutztruppe, die von Bagamoyo zur Ablösung der Besatzung von Mwapwa unterwegs war. Deren Führer trommelte er aus dem Schlaf und saß noch lange mit ihm zusammen bei einer Flasche Wermut und später auch Tee. Als er am nächsten Tag bei einem Dorf lagerte, trafen aus Mrogro zwei Lasten für ihn ein: Sekt, Rotwein, Gänsebraten, Kaviar, Keks, Eingemachtes. Der angekündigte Proviant war also beim Doktor angekommen, und der schickte jetzt eine tüchtige Portion davon. Tiedemann zog sich von Kopf bis Fuß sauber und schneeweiß an, wobei ihm die von Emin Pascha überlassenen neuen Strümpfe und Schlafschuhe zu Diensten waren, ließ den Pfropfen knallen und aß zu Abend wie ein wirklicher Gentleman.

Tags darauf erreichte Tiedemann die Missionsstation Mrogoro[70] – gerade rechtzeitig zum Mittagessen – und saß gleich mit Vater Karst, Bruder Basili und dem Doktor zu Tisch. Die Station war nur fünf Tagesmärsche von Bagamoyo entfernt. Tiedemann war erstaunt, als ihm vom Doktor eröffnet wurde, dass der sich hier, trotz des Dranges zur Küste, für mehrere Tage aufzuhalten gedachte. Was mochte den Doktor dazu veranlassen? Tiedemann erinnerte sich des unfreiwillig längeren Aufenthalts in Engatana, den der Doktor dazu genutzt hatte, ihn, Tiedemann, auf die richtige weltanschauliche Spur für die Reise ins Innere zu bringen. Möglicherweise ging es jetzt darum, ihn auf Loyalität einzuschwören, wo es galt, die Erträge der Expedition nach Deutschland zu bringen und das ganze Unternehmen samt der Verdienste des Chefs zu würdigen. Schlechte Erfahrungen hatte der Doktor ja mit dem Grafen Pfeil nach der Usagara-Expedition gemacht, der jetzt längst nicht mehr zu den Peters-Bewunderern zählte und dessen Name in Peters' Gegenwart möglichst nicht genannt werden sollte. Der Doktor hatte unterwegs etliche Schreiben über seine kolonialpolitischen Ein-, Aus- und Absichten nach Deutschland verfasst, mit deren Inhalt er

---

[70] Beigestelltes Bild in: Von Tiedemann (1892), S. 317.

Tiedemann vertraut zu machen noch nicht Gelegenheit gehabt hatte – sei es, weil er, Tiedemann, aus Gesundheitsgründen als Gesprächspartner ausgefallen war, sei es, weil die gemeinsam verbrachte Zeit den Forderungen des täglichen Kampfes ums Durchkommen und ums nackte Überleben gewidmet war. Da galt es sicher, einiges nachzuholen. Im Tagebuch würde das alles keinen Platz finden. Falls es zur Veröffentlichung kommen sollte, wollte er natürlich keinen Zweifel an seiner Loyalität dem Doktor gegenüber entstehen lassen und ihn als einen Mann mit durchdringendem Scharfblick, nicht zu erschütternder Entschlossenheit und unerreichtem diplomatischem Geschick im Umgang mit Wilden und Halbwilden erscheinen lassen. Und sein, Tiedemanns, eigenes Verdienst? Vielleicht das, dass er die Trägertruppe durch strenge Disziplin zu ordentlichen Menschen gemacht hatte, soweit das bei Negern überhaupt möglich war... Ansonsten würde er Afrika nach getaner Arbeit für immer Valet sagen. Für die fünf Tage vom 5. bis zum 9. Juli in Mrogoro vermerkte Tiedemann in seinem Tagebuch lediglich: „Wir verleben einige Tage in beschaulicher Weise bei anregenden Gesprächen und kulinarischen Genüssen aller Art."

Missionsstation Mrogoro. (Nach einer Originalphotographie.)

27. Gefeierte Helden in Bagamoyo

Peters und Tiedemann verließen Mrgoro in gesundheitlich guter Verfassung und stießen mit ihrer Kolonne am 16. Juli 1890 vor Bagamoyo auf ein Zeltlager der Schutztruppe. Sie wurden mit Sekt begrüßt. Tiedemann wurde noch einmal von einem Fieberanfall niedergeworfen.

Peters eilte mit der Kolonne voraus nach Bagamoyo, wo er vor Monaten mit der „Neera" und seiner Truppe aufgebrochen war. Der Ort, damals verwüstet, machte jetzt einen aufgeräumten Eindruck. Nach Begrüßung durch den stellvertretenden Stationschef der Schutztruppe bezogen die Leute von Peters' Kolonne in Schuppen der Station Quartier.

Als Peters gemeinsam mit dem stellvertretenden Stationschef auf dem Weg zur Messe war, erhielt er eine Nachricht, die ihn wie ein Faustschlag traf: Er erfuhr von dem deutsch-englischen Abkommen, das alle Errungenschaften seiner Expedition im Norden des 1.° südlicher Breite an England abtrat. Seine große Politik in Uganda: Alles ein Scherbenhaufen, Kehricht! Peters bat, in seiner Gegenwart nicht weiter über das Abkommen zu sprechen und zog sich für zwei Stunden auf sein ihm zugewiesenes Zimmer zurück, um selbst mit der Nachricht fertig zu werden.

Allein, auf seinem Zimmer, fand er mehrere Telegramme vor – vom Emin-Pascha-Komitee, von der Deutsch-Ostafrikanischen-Gesellschaft, von Wissmann und von Fritz Krupp – die ihn zu seiner Rückkehr beglückwünschten. Diese Teilnahme richtete ihn so weit auf, dass er der Einladung zum Bankett folgen konnte, bei dem sämtliche deutsche Herren aus Bagamoyo und auch der österreichische Konsul zugegen waren. Auch Tiedemann kam hinzu, noch rechtzeitig von einem weißen Unteroffizier mit zwei Pferden herbeigeholt und durch den anderthalbstündigen Ritt wieder völlig gesundet. Bereitwillig hatte man ihm Garderobe zur Verfügung gestellt, so dass er sich in der Gesellschaft sehen lassen konnte. Bei der Tafel ging es hoch her, Klaviermusik ertönte, Gläser klangen, des Weins wurde nicht gespart. Die Stimmung war eine freudige, wie Peters, der noch nicht über seinen eigenen Gemütszustand mit sich eins war, feststellen konnte. Als es etwas still wurde und sich aller Blicke auf ihn richteten, erhob er sich und ergriff das Wort.

„Meine Herren! Unserem Landsmann Emin Pascha beizuspringen war deutsche Ehrenpflicht. Zwar ist Stanley meiner, der deutschen Emin-Pascha-Expedition zuvorgekommen und hat Emin Pascha aus seiner Provinz entführt. Was aber die deutsche Emin-Pascha-Expedition geleistet hat, ist dabei noch allemal aller Ehren wert.

Ich bin nicht nach Afrika gegangen, um Schmetterlinge zu fangen oder Elefanten zu jagen. Ich habe den Tana erforscht und dafür gesorgt, dass unter Wilden und den räuberischen Massai der deutsche Name mit Schrecken genannt wird. Ich habe Baringo genommen, um es dem Deutschen Reich zu Füßem zu legen. Ich habe Muanga nach Uganda zurückgebracht, um das Land dem englischen Protektorat zu eintziehen – nun, es hat nicht sollen sein.

Zu Beginn meiner Expedition hatte ich noch geglaubt, dass mit bestimmten Tauschartikeln der Durchzug durchs Massaigebiet erkauft werden müsste. Aber ich habe gelernt, dass deren ungerechtfertigten Ansprüchen von vornherein massiv entgegenzutreten ist. Mit einer Sonnenfinsternis, von der sie glaubten, dass ich sie herbeigezaubert hätte, habe ich sie nicht beeindrucken können. Ich habe sie im Kampf besiegt. Möglich wurde das durch ein fast dämonisches Band zwischen dem Expeditionsführer und der Kolonne, welches den Krisen und Katastrophen Widerstand zu leisten vermochte.

Die Menschenmassen einer aus Zentralafrika stammenden Trägertruppe lassen sich nur durch rücksichtslose Entschlossenheit und nicht ohne Körperstrafen beherrschen. Wo Lüge, Diebstahl und Vertragsbrüchigkeit um sich greifen, muss sich unsere Rasse den niedrigen Charaktereigenschaften der Neger entschieden entgegenstellen. Inmitten einer nach Zehntausenden zählenden Volksmasse habe ich Träger, die nach vorab erhaltenem Lohn davon laufen wollten, mit Schüssen niederstrecken lassen. In kritischen Augenblicken werden nicht die sogenannten Buana Wasuri, die guten Herren, die Truppe durch kriegerische Gefahren hindurchbringen, sondern solche, die im Urteil der Leute kali sana laikini hodari sana – sehr streng, aber sehr tüchtig – sind. Eine Empfehlung für alle Expeditionsführer.

Die Somali sind von großer Sensibilität und, wenn man ihre Vorurteile schont, leicht zu leiten. Aber auch bei ihnen habe ich im Verlaufe der Expedition Körperstrafen eingeführt und rigoros zur Vollstreckung gebracht.

Zur Gefechtsführung hier nichts weiter. Ich werde meine Erfahrungen noch in einer Gefechtslehre für Afrika niederlegen.[71] Nur so viel: Stanley, im Besitz eines Maxim-Maschinengeschützes, hat den Wagogo Hongo gezahlt, einer unverschämten Räuberbande, die ich mit meinen wenigen Mann zur Räson habe bringen können ... Wenn ich ein Maschinengeschütz gehabt hätte, wie Stanley, dann wäre ich in Afrika

---

[71] So geschehen 1892, nachdem Peters noch weitere Erfahrungen während seiner Zeit als Reichskommissar am Kilimandscharo (1991-1892) hatte sammeln können. (Carl Peters, Gefechtsweise und Expeditionsführung in Afrika. (Motto: Toujours en vedette! (Immer bereit)) In: Carl Peters, Gesammelte Schriften, 2. Bd., München und Berlin 1943. S. 515- 528.

überall hin marschiert, wo ich hin gewollt hätte – und sei es durch ganz Ägypten. Stanley hat, geradezu ehrlos, nicht einmal in Uganda auf Seiten der christlichen Partei eingegriffen. Stanley hat Emin Pascha aus seiner Provinz entführt – aber Emin Pascha ist unter deutscher Flagge, die ihm unser Kaiser angeboten hat, wieder ins Innere Afrikas aufgebrochen. Ein Hoch auf Seine Majestät!"

In das Hoch auf den Kaiser stimmten alle lautstark ein. Schnell bildeten sich verschiedene Gesprächskreise. Peters ging mit den ihn umgebenden Herren in eher gedämpftem Ton ins Geschäftliche über – zu regeln gab es genug.

Tiedemann wurde unter den ihn umgebenden jungen Offizieren kräftig Bescheid getan. Gefragt, wie er denn dem Doktor Peters auf dämonische Weise verbandelt gewesen sei, antwortete er, dass er dem Doktor, einem ganz inkommensurablen Mann, stets völlig loyal zur Seite gestanden habe und ansonsten selbst ein ganz freier Mann gewesen sei. Ein Gefühl von Freiheit habe er in Afrika genossen wie sonst nie – jedenfalls auf Büchsenschussweite.

„Ein Gefühl, das sich erheblich hätte potenzieren lassen, wenn eine Maxim-Maschinenkanone dabei gewesen wäre", fiel eine Stimme mit ironischem Unterton ein. „Wobei freilich in Rechnung hätte gestellt werden müssen, dass bei einem Munitionsverbrauch von 400 Schuss in der Minute und ohne Nachschub für die Kolonne ein irrsinniger Munitionsvorrat hätte mitgeschleppt werden müssen, wenn diese Waffe mehr als zwei Mal zum Einsatz hätte kommen sollen – für eine kleine Kolonne, über 1000 Kilometer unterwegs und ohne Nachschub wie gesagt, gar nicht zu machen. Wenn Stanley möglichst seltenen Gebrauch von seinem Maxim-Geschütz machte, dann lag das sicher nicht an einem Mangel von Entschlossenheit. Prost dennoch auf unseren dämonischen Schrecken der Massai! Aber es hat doch nicht nur kritische Gefechtssituationen gegeben?"

Tiedemann, zunächst etwas irritiert wegen so unverblümter Kritik an der Großsprecherei des Chefs, kam erleichtert ins Erzählen. Mit welchem Volk er da zu tun gehabt hatte: Gleich am Anfang der Expedition hat sich ein Boy mit Tiedemanns ganzer Barschaft und dem gesamten Vorrat an Zigarettenpapier davon gemacht, und andererseits wuchs ihm der kleine Hamiri ans Herz, den er gerne mit nach Deutschland nehmen würde, dem aber besser getan wäre, wenn er ihn als Boy an einen Offizier hier vermitteln könnte. Und die Schwierigkeiten des Marsches: Alles auch eine Frage des Schuhwerks, wobei er auf seinen Berliner Schuhmacher schwören konnte. Zuverlässiger jedenfalls als die Karten, die der Expedition zur Verfügung standen. Die Schönheit und Majestät mancher Landschaft, die noch kein Europäer gesehen hat. Und dann die Jagderlebnisse mit Löwen, Nashörnern, Flusspferden, Zebras, Antilopen und Hyänen. Nein, auf einen Elefanten hatte er nie zu schießen die Gelegenheit gehabt. Überhaupt die Tierwelt: Moskitos, nächtliche Überfälle im Zelt von

Ameisen, sogar von Schlangen. Und was die Welt der afrikanischen Evas-Töchter anbelangt ... Da hat er sich bisweilen die Hände vor die Augen halten müssen angesichts derer völliger Nacktheit. Krankheiten? Dagegen ist man nicht gefeit, wird blitzartig niedergeworfen, ist nicht mehr man selbst, und die große Gnade dabei ist, dass man das Bewusstsein verliert. Und wenn man das Glück hat, überhaupt wieder zu sich zu kommen, dann geht es eben weiter – bis zum nächsten Mal. Und sein Verdienst bei der ganzen Sache? Aus einer Truppe, deren Mehrheit reif für den Galgen war und der Rest für's Zuchthaus, halbwegs anständige Menschen gemacht zu haben. Aber das alles ist nun für ihn ausgestanden. Und glücklich wird er sein, wenn er in einer Garnison in Preußen endlich wieder seine Rekruten drillen kann.

Erst spät am Abend kam Tiedemann auf sein Schlafzimmer, das ihm im Fort eingeräumt worden war. Seit einem Jahr, einem Monat und einem Tag, so notierte er in seinem Tagebuch, lag er wieder in einem ordentlichen Bett. Das hieß: Vom 16. Juli zurück gerechnet war das der 15. Juni, an dem er auf Töppens Farm weilte, kurz bevor ihn die Nachricht von der Ankunft der „Neera" mit Peters' Expedition erreichte. Und schreiben ließ sich das als 111 – eine Zahl durch Drei teilbar – Peters' Schicksalszahl! Ironie des Schicksals oder Walten der Vorsehung? Für den 16. Juli erklärte Tiedemann in seinem Tagebuch das Ende der deutschen Emin-Pascha-Expedition.

Seinen zur Buchveröffentlichung gegebenen Briefen an Daheim und den Tagebuchauszügen schloss Tiedemann noch eine Ergänzung an. Er berichtet dort, dass er an der Küste noch eine Rundfahrt machte, um ihm bekannte Offiziere der Schutztruppe aufzusuchen, und dass er Hamiri, der bereit gewesen sei, mit Tiedemann nach Deutschland zu gehen, nach reiflicher Überlegung eine Stelle als Boy bei einem Offizier der Schutztruppe verschafft habe. In Sansibar habe es ihn noch einmal auf das Krankenlager geworfen. Zurück in Deutschland habe es noch längerer Pflege im Elternhaus bedurft, um von den Nachwirkungen seiner Afrikareise zu genesen und endlich wieder im Truppendienst zu sein – und bald auch glücklich verheiratet. Das Buch schließt mit einer längeren Eloge auf Peters:

„Das letzte Wort aber sei dem Manne gewidmet, dem ich (...) mit unbedingtem Vertrauen gefolgt bin. (...) Wenn heute zwischen Tana und dem Victoria Nyansa der deutsche Name mit Ehrfurcht genannt wird und die deutsche Flagge als das Wahrzeichen siegesgewisser Überlegenheit gilt, so ist das ein Erfolg, auf den die deutsche Emin-Pascha-Expedition, eingedenk ihrer geringen Kräfte und Hilfsmittel, mit berechtigtem Stolz zurückblicken darf. Daß dies aber erreicht werden konnte, war nur möglich unter der Führung eines so rücksichtslos kühnen Mannes wie Doctor Carl Peters."

Das ‚letzte Wort' nimmt sich neben Tiedemanns Tagebuchaufzeichnungen, die am Flaggenhissen auf der Route Tana-Baringo-Nil wenig stolzen Anteil nehmen, etwas fremd aus. Und worin sollte ein berechtigter Stolz begründet sein, wenn die deutsche Flagge in Gegenden als Zeichen siegesgewisser Überlegenheit gelten soll, die unter die englische Flagge gekommen waren?

28. ZURÜCK IN DEUTSCHLAND

Peters hatte sich bald nach dem Empfang in Bagamoyo nach Sansibar eingeschifft, dort seine von 90 auf 30 Mann zusammengeschmolzen Truppe entlassen und sich mit einer englischen Dampferlinie (Tiedemann folgte später mit einer französischen) auf die Rückreise begeben. Nachrichten aus Berlin hatten sein baldiges Erscheinen dort wünschenswert gemacht.

Er berichtet, dass er am 25. August vom Emin-Pascha-Komitee in Jüterbog und dann am Anhalter Bahnhof nach einer Abwesenheit von genau auf den Tag einein-halb Jahre herzlich willkommen geheißen wurde.[72] Er erwähnt nicht, dass er mit

---

[72] Beigestelltes Bild in: Peters (1891), S. 533.

199

Tiedemann, wie von diesem berichtet, in Jüterbog zusammentraf und mit diesem gemeinsam nach Berlin dampfte. Mit einer in ein Bild gesetzten Jubelszene schließt die letzte Seite von Peters' Bericht über die deutsche Emin-Pascha-Expedition..

Dr. Carl Peters,
Kaiserlicher Reichskommissar für Ostafrika.

Tiedemann stellt seinem 1892 erschienen Expeditionsbericht ‚Tana-Baringo-Nil' ganzseitig ein Foto bei[73]: Ein Brustbild Peters' in festlichem Zivil, unterschrieben mit „Dr. Carl Peters, Kaiserlicher Reichskommissar für Ostafrika." Oben auf der Seite wird ein Textbezug zur nebenstehenden Seite (zu S. 72) angegeben: Die Durchschleusung des Kriegs-materials unter den Augen der Engländer, nachdem Peters gerade die englische Blockade umgangen hat. Was hat das mit einem Kaiserlichen Reichskommissar für Ostafrika zu tun?

Peters hatte als Direktor der DOAG vor seiner Emin-Pascha-Expedition vergeblich den Posten eines Reichskommissars für Ostafrika angestrebt. Was mag Tiedemann bewogen haben, seinem Bericht ein Foto beizustellen, das Peters wahrscheinlich in ungerechtfertigter Vorwegnahme seiner künftigen Bedeutung von sich hatte anfertigen lassen? Versteckter Spott – vielleicht auch über den Peters, der sich nach der Emin-Pascha-Expedition wiederholt vergeblich Hoffnung auf den Posten des Reichskommisars für Deutsch-Ostafrika gemacht hatte?[74]

Auch der Titel von Tiedemanns Buch ‚Tana-Baringo-Nil. Mit Karl Peters zu Emin Pascha', der auf den ersten Blick die Geschichte eines bewundernswerten Unternehmens anzudeuten scheint, könnte zu denken geben (von der Schreibung „Karl" mit „K" einmal abgesehen, der gegenüber Peters „Carl" schrieb): Zu Emin

---

[73] Beigestelltes Bild in: Von Tiedemann (1892), zu S. 72.
[74] S. hierzu unter ‚Biografische Nachträge – Peters'.

Pascha gelangte Tiedemann mit Peters zwar – allerdings an einem Ort, der nicht das ausgemachte Ziel der Tana-Baringo-Nil-Route war, und dies unter Umständen, welche den kolonialpolitischen Ambitionen, die Carl Peters mit seiner Emin-Pascha-Expedition verbunden hatte, den Boden entzogen hatten.

BIOGRAFISCHE NACHTRÄGE

•EMIN PASCHA[75]

Emin Pascha.

Nach einer Originalaufnahme von Baron Walther von St. Paul.
Zanzibar 1890.

---

[75] Foto in: Adolf von Tiedemann, Tana – Baringo – Nil, Berlin 1892 (zu Seite 304).
Vom Originalfoto ist Gaetano Casati, neben Emin Pascha stehend, wegretuschiert.
Das Foto entstand nach der Befreiung durch Henry Morton Stanley. (R.F.)

Über die Rückführung Emin Paschas aus seiner Provinz zur Küste berichten ausführlich Stanley[76] und der italienische Major Casati, der seine eigene Rückkehr an der Seite Emin Paschas erlebte.[77]

Als Stanley, Casati, Peters und Tiedemann ihre Berichte schrieben, wussten sie noch nicht, dass sich Emin Paschas Schicksal in Afrika bald vollenden sollte.

Ende Juni 1890 zog Emin Pascha als Reichskommissar für das Binnenland des deutschen Interessengebiets im Auftrag des Reichskommissars Wissmann von Mwapwa, wo Peters ihn im Juni 1890 getroffen und mit seinen Informationen besonders über Uganda versorgt hatte, mit seiner Truppe zunächst nach Tabora, das Peters gemieden hatte, und handelte dort einen Schutzvertrag aus. Dann teilte sich die Truppe: Leutnant Langheld, Offizier der Wissmann-Truppe, zog nach Urambo, um ein Schutzversprechen einzulösen, und Emin Pascha zog weiter nach Ukumbi am Victoria Njansa, weil die dortigen Missionare um Hilfe gebeten hatten. Im Januar 1891 vereinigten sich beide Truppenteile wieder. In Bukoba am westlichen Ufer des Sees, schon nördlich des 1. Grades südlicher Breite, wo Peters als Oberkommandierender der Njansa-Flottille des Kabaka von Uganda Station gemacht hatte, wurde von dem Forscher Stuhlmann, der an der Expedition teilnahm, Kontakt mit dem Kabaka Muanga in Uganda aufgenommen. Über die dort zu erwartende Lage hatte Peters Emin Pascha unterrichtet. Da traf der Befehl Wissmanns zur Umkehr ein, weil inzwischen das Gebiet nördlich des 1. Breitengrades dem englischen Interessengebiet zugeschlagen worden war.

Emin Pascha hielt sich allerdings nicht an den Befehl zur Rückkehr. Als er Nachricht von ehemaligen Gefolgsleuten bekam, die er während seines Rückzuges mit Stanley am Albert-See hatte zurücklassen müssen, entschloss er sich, zunächst diese abzuholen. Leutnant Langheld zog sich gemäß einem Befehl Wissmanns mit seinen Soldaten zurück und legte die Station Mwanza in Usukuma am Victoria Njanssa an, nahe Nyagesi, wo Peters' Fahrt mit seinem Flottillenkommando geendet hatte. Stuhlmann, der mit Emin Pascha zum Albert-See zog, kehrte mit einem Teil der abzuholenden Leute und nachdem er vergeblich in Ussukuma auf Emin Pascha gewartet hatte, zur Ostküste zurück,[78] während Emin Pascha nach Westen zog, wo er im Oktober 1891 im Kongogebiet einem Anschlag von Sklavenhändlern zum Opfer fiel.

---

[76] Dt.: Henry Morton Stanley, Im dunkelsten Afrika. Aufsuchung, Rettung und Rückzug Emin Pascha's, Leipzig 1890.

[77] Dt.: Gaetano Casati, Zehn Jahre in Äquatoria und die Rückkehr mit Emin Pascha, 1891. 2 Bde. Zur Rückkehr mit Emin Pascha s. den 2. Bd.

[78] Hierzu: Franz Stuhlmann, Mit Emin Pascha ins Herz von Afrika, Berlin (Reimer) 1894.

Möglicherweise hatte Emin Pascha vor, Afrika zur Westküste, hin zum deutschen Schutzgebiet Kamerun, zu durchqueren. Und möglicherweise mögen die Motive hierfür gewesen sein, sich seinen deutschen Landsleuten mit der Durchführung eines solchen Unternehmens als Held präsentieren zu können, nachdem ihn Stanley auf für ihn, Emin Pascha, letztlich schmähliche Weise zur Küste gebracht hatte. Eine Liebe zu Afrika oder seinen Bewohnern, welche ihn wieder ins Innere gezogen hätte, spielte dabei sicher kaum mit. Für ihn stand fest: „Mögen die Neger intellektuell höher stehen als die Tiere, psychisch und moralisch ist kein großer Unterschied. Die Negernatur ist völlig negativ."

•ADOLF VON TIEDEMANN

1892 kam Tiedemann an die preußische Kriegsakademie und wurde später im Generalstabsdienst eingesetzt. Wenn er auch nach der Emin-Pascha-Expedition glaubte, Afrika für immer Valet gesagt zu haben, kam er doch noch einmal dorthin. Als Militärattaché im Range eines Majors des großen Generalstabes nahm er 1898 am Feldzug Herbert Kitcheners gegen die Mahdisten im Sudan teil und erhielt von Kitchener die „Ägyptische Feldzugsmedaille" verliehen. (1906 erschienen seine ‚Erinnerungen eines preußischen Generalstabsoffiziers an den englischen Sudanfeldzug' – „Mit Lord Kitchener gegen den Mahdi".) Der Sieg der anglo-ägyptischen Truppen war wesentlich moderner Kriegstechnik mit dem Einsatz von Maxim-Maschinengewehren zu verdanken. Kavallerieeinsätze, wie sie hier noch Winston Churchill mitgeritten hatte, kamen seitdem zunehmend außer Gebrauch. Der Sudan wurde in der Folge ein anglo-ägyptisches Kondominium und Kitchener sein erster Generalgouverneur.

1900/ 1901 kam Tiedemann im Stab des ‚Weltmarschalls' Graf Waldersee, der den Oberbefehl über die Interventionstruppen zur Niederschlagung des Boxeraufstandes übertragen bekommen hatte, nach China. Bei der Ankunft Waldersees waren die wesentlichen Kampfhandlungen bereits abgeschlossen, und Ruhmestaten unter seinem Kommando konnten nicht mehr vollbracht werden. Für das deutsch-nationale Gemüt schuf Carl Röchling das Gemälde „The Germans to the front", auf dem deutsche Kompanien auf Befehl des englischen Admirals Seymor zum Angriff vorgehen, als der Rückzug von Seymours Expedition zu einem Desaster zu werden droht. Tiedemann erkrankte in China und litt weiter an den Folgen der Krankheiten, die ihn während der Emin-Pascha-Expedition heimgesucht hatten.

Nach der Entlassung aus dem Generalstabsdienst lebte er in Lübeck. Zu Beginn des 1. Weltkriegs gab er seine „Ägyptische Feldzugsmedaille" an Kitchener zurück, der bei Kriegsausbruch zum Kriegsminister ernannt worden war. 1915 verstarb Adolf von Tiedemann in einem Frankfurter Sanatorium.

• CARL PETERS

Der deutsch-britische Helgoland-Sansibar-Vertrag, der Peters' weitreichende Kolonialpläne zunichte machte, fand viele Gegner. Als Reaktion auf ihn gründeten Alfred Hugenberg u.a. unter Mitwirkung Peters' den ‚Allgemeinen deutschen Verband', der später zum ‚Alldeutschen Verband' wurde, einem mächtigen Agitationsverein. Der zurückkehrende Peters wurde von nationalen Kreisen in deren Presse als Kolonialheld gefeiert, und die Reichsregierung stand vor dem Problem, wie sie Peters in ihre Politik einbinden konnte.

Das deutsche Interessengebiet in Ostafrika konnte in Zukunft nicht mehr der DOAG als Hoheitsgesellschaft unterstellt werden und musste auf Dauer zum Schutzgebiet des Deutschen Reiches werden. Peters machte sich Hoffnungen auf den Posten eines Gouverneurs des Schutzgebietes und hielt sich mit der Kritik an dem Helgoland-Sansibar-Vertrag und der Mitarbeit im ‚Allgemeinen deutschen Verband' zurück. Kaiser Wilhelm II. verlieh Peters einige Orden. Der Gouverneursposten blieb Peters allerdings versagt, denn der auswärtigen Politik galt er als unberechenbar, und die Militärs, deren Einfluss in Form einer dauerhaft im Schutzgebiet zu stationierenden Truppe bedeutend wurde, gaben wenig auf seine Kompetenz. Peters war allerdings bereit, den ihm angebotenen Posten eines Reichskommissars unter einem Gouverneur anzunehmen. Spiritus rector für diese Entwicklung war der Geheime Rat Dr. Kayser.

Als Peters im Sommer 1891 seinen Dienst unter dem Gouverneur von Soden antrat, war er als Reichskommissar am Kilimandscharo mit Weisungen zum zurückhaltenden Umgang mit der Bevölkerung ausgestattet worden. Militärische Aktionen sollte er nicht eigenmächtig vornehmen. Peters Kommissariat geriet allerdings zu einer Schreckensherrschaft mit ausgedehnten, brutalen Militäraktionen, wobei er glaubte, die Feindschaft zwischen Eingeborenenstämme nutzen zu können. Dabei wurde die eigene Sicherheitslage eher fragwürdig, und sie wurde auch dadurch nicht verbessert, dass Peters vor seiner Station als Zeichen der Abschreckung einen Galgen aufstellte. Tatsächlich hatte er schon in eigener Gerichtsverantwortung zwei Schwarze aufhängen lassen, darunter eine Konkubine Peters'. Der Gouverneur war von den Nachrichten, die er über Peters Wirken erhielt, entsetzt. Peters wurde an die Küste gerufen, um mit den Engländern Grenzfragen zu klären. Sein Stellvertreter, Leutnant Alfred von Bülow, der Bruder der Freiin von Bülow, wurde mitsamt seinen Offizieren bei einer Militäraktion nach Petersschem Muster massakriert. Die mit den Engländern begonnenen Verhandlungen über Grenzfragen schloss Peters Ende 1892 in Berlin ab.

Eine Untersuchung von Vorwürfen, die gegen Peters' Amtsführung am Kilimandscharo laut wurden, ließ Reichkanzler Caprivi im gleichen Jahr einstellen. Peters machte mehrere Monate Urlaub in den USA und kehrte danach nicht auf seinen Posten am Kilimandscharo zurück, denn der Nachfolger des Gouverneurs von Soden, Scheele, lehnte eine Zusammenarbeit mit Peters ab.

Im Auswärtigen Amt stellte sich die Frage, was mit Peters anzustellen sei. Zunächst beschäftigte man ihn damit, eine Studie über das Deutsch-Ostafrikanische Schutzgebiet zu schreiben, die dann auch 1895 erschien.

Ein Versuch Peters', im Jahre 1895 im Reichstag einen Sitz zu bekommen und als Parlamentarier in die Politik einzusteigen, scheiterte.

Als es wiederum galt, den Gouverneursposten in Deutsch-Ostafrikanischen Schutzgebiet neu zu besetzen, sah sich Peters hierzu berufen. Seine ohnehin nicht guten Chancen verschlechterten sich aber, als von Sozialdemokraten im Reichstag die Rede auf Peters' Hinrichtungen von Schwarzen am Kilimandscharo gebracht wurde. Kayser, der im Reichstag die Kolonialpolitik vertrat, konnte zu diesem Zeitpunkt verhindern, dass daraus eine Affäre wurde. Als schließlich vom Reichkanzler Hohenlohe, der Caprivi folgte, Wissmann für das Amt des Gouverneurs bestimmt wurde, bot man Peters das Amt eines Landeshauptmanns unter Wissmann an. Peters lehnte ab, um sich für künftige andere Posten im Reichsdienst bereitzuhalten.

Peters betrat dann aber eine andere Bühne: Kaiser Wilhelms II. eingeschlagene imperiale ‚Weltpolitik' in Verbindung mit seiner Flottenpolitik fand in Peters einen Agitator, der bald zum führenden Kopf der Flottenbewegung wurde.

Im März 1896 begann Peters' Sturz, als August Bebel im Reichstag eine flammende Rede gegen Peters' brutale Herrschaft am Kilimandscharo hielt, die nun schon einige Jahre zurück lag, und aus dem sogenannten Tucker-Brief zitierte, d.h. aus einem Brief von Carl Peters an den englischen Bischof Tucker, in dem Peters die Hinrichtungen seiner schwarzen Konkubine damit begründet haben sollte, dass er nach afrikanischem Recht mit ihr verheiratet gewesen sei und an ihr nur dieses Recht vollzogen habe. Drei Tage beschäftigte sich der Reichstag mit der ‚Sache Peters', die zu einem sich länger hinziehenden Skandal wurde, denn auch kolonial Gesinnte, die sich der Aufgabe der Christianisierung und Zivilisierung der Schwarzen verpflichtet sahen, mussten sich empören: Peters hatte sich auf die Stufe eines Negerhäuptlings begeben und alle Ideale eines Zivilisationsbringers verraten! Als Kayser sich nicht mehr in der Lage sah, sich vor Peters zu stellen, wurde er von Peters' jüdischstämmigem Freund Arendt des Verrats bezichtigt, und die antisemitische Presse bezichtigte den Juden Kayser, Peters jüdischen Machenschaften opfern zu wollen. Kayser verlor am Ende die Nerven, kam um die Demission von seinem Posten im Auswärtigen Amt ein und wurde stattdessen Präsident des Reichsgerichtshofes in Leipzig.

Das Auswärtige Amt untersuchte den Fall Peters. Der Tucker-Brief, mit dem der Skandal begonnen hatte, erwies sich als nie geschrieben, und außer den bekannten Verfehlungen Peters' wurde nichts wesentlich Neues festgestellt, was aber hinreichend war, Peters im April 1897 in einem Disziplinarverfahren wegen dienstlicher Verfehlungen aus dem Kolonialdienst zu entlassen und ihn seiner Pensionsansprüche für verlustig zu erklären. Die Sozialdemokratische Partei wünschte zwar eine Mordanklage gegen den „Hängepeters", der aber mit dem Argument begegnet wurde, dass Peters' Taten im seinerzeitigen Interessengebiet am Kilimandscharo noch nicht der deutschen Rechtsprechung unterlagen.

Peters zog sich nach England zurück und blieb dort bis zum Ausbruch des 1. Weltkrieges. Seine Freunde in Deutschland kämpften in der Presse für seine Rehabilitierung, was dazu führte, dass Kaiser Wilhelm im Jahre 1905 in einem Gnadenakt Peters seinen Titel wieder zuerkannte. Eine vollständige Rehabilitierung, welche Peters auf die Pensionsliste des Auswärtigen Amtes gesetzt hätte, war nicht möglich, doch Kaiser Wilhelm gewährte Anfang 1914 eine entsprechende Unterstützung aus seinem persönlichen Fond.

Peters selbst blieb die ganze Zeit nicht untätig, um sich in Deutschland wieder als politisches Gewicht zu etablieren – sowohl in öffentlichen Auftritten in Deutschland, auf Versammlungen, in der Presse, als politischer Visionär mit seinem Buch „England und die Engländer" (1906) und als Autobiograf mit seinem Buch „Die Gründung von Deutsch-Ostafrika" (1906).

Aus einem von ihm in England betriebenen Unternehmen für Goldbergbau in Afrika zog sich Peters unter Verlusten zurück.

Seine Beziehung zu der unglücklich in ihn verliebten Freiin Frieda von Bülow, Autorin der „Deutsch-Ostafrikanische Novellen" (1892) und eines Romans „Im Lande der Verheißung" (1899),[79] hatte Peters schon seit längerem aufgegeben, bevor diese 1909 starb. Im gleichen Jahr heiratete er in Berlin Thea Herbers aus Iserlohn. Mit ihr kehrte er aus England zu Beginn des ersten Weltkrieges nach Deutschland zurück, lebte in Bad Harzburg und war bis zu seinem Tode an einem Herzschlag kurz vor Kriegsende für die nationale Sache publizistisch tätig.

---

[79] Frieda von Bülow, Deutsch-Ostafrikanische Novellen, Berlin 1892.
Im Lande der Verheißung. Ein deutscher Kolonialroman, Dresden 1899.
(Frieda von Bülow war 1893/94 bei dem Versuch, die Plantagen ihres gefallenen Bruders zu erhalten, gescheitert und wieder nach Deutschland zurückgekehrt.)

LITERATURHINWEISE

Bibo, Hermann: Wie erzieht man am besten den Neger zur Plantagenarbeit?, Berlin 1887.

Bülow, Frieda von: Deutsch-Ostafrikanische Novellen, Berlin 1892.
Im Lande der Verheißung. Ein deutscher Kolonialroman, Dresden 1899.

Casati, Gaetano: Zehn Jahre in Äquatoria und die Rückkehr mit Emin Pascha, Bamberg 1891.

(Gordon; Charles George:) Gordon, der Held von Khartum. Ein Lebensbild nach Originalquellen, F.a.M. 1885 (Schriften-Niederlage des Evangelischen Vereins. Ohne Angabe des Verfassers oder Herausgebers in Person).

Höhnel, Ludwig: Zum Rudolph-See und Stephanie-See. Die Forschungsreise des Grafen Samuel Teleki in Ost- und Aequatorial-Afrika 1887-1888, Wien 1892.

Krapf, Ludwig: Reisen in Ostafrika, ausgeführt in den Jahren 1837-1855, Stuttgart 1858.

Livingstone, David, Missionsreisen und Forschungen in Südafrika, Leipzig 1858.

Peters, Carl: Willenswelt und Weltwille. Studien und Ideen zu einer Weltanschauung, Leipzig 1883.
Die deutsche Emin-Pascha-Expedition, München und Leipzig 1891.
Gefechtsweise und Expeditionsführung in Afrika (in: Peters, Gesammelte Schriften, München und Berlin, 2. Bd., 1943).
Die Gründung von Deutsch-Ostafrika, Berlin 1906.
Lebenserinnerungen (1918) (in: Peters, Gesammelte Schriften, München und Berlin, 1. Bd. 1943).

Reichard, Paul: Vorschläge zu einer praktischen Reiseausrüstung für Ost- und Centralafrika, Berlin 1889.

Ruete, Emily: Memoiren einer arabischen Prinzessin, Berlin 1886.

Schweinfurth, Georg: Im Herzen von Afrika, Leipzig 1874.

Stanley, Henry Morton: Wie ich Livingstone fand, Leipzig 1879.
Im dunkelsten Afrika. Aufsuchung, Rettung und Rückzug Emin Pascha's, Leipzig 1890.

Thomson, Joseph: Durch Massai-Land. Forschungsreisen in Ostafrika zu den Schneebergen und wilden Stämmen zwischen dem Kilima-Ndjaro und Victoria Njansa in den Jahren 1883 und 1884, Leipzig 1885.

Tiedemann, Adolf von: Tana-Baringo-Nil. Mit Karl Peters zu Emin Pascha, Berlin 1892.

Wissmann, Hermann von: Unter deutscher Flagge quer durch Afrika von West nach Ost, Berlin 1889.